世界史のなかの戦国日本

村井章介

筑摩書房

花鳥蒔絵螺鈿聖龕　16世紀末〜17世紀初期。九州国立博物館蔵。

目次

世界史のなかの戦国日本

【第1章】一六世紀、または世界史の成立

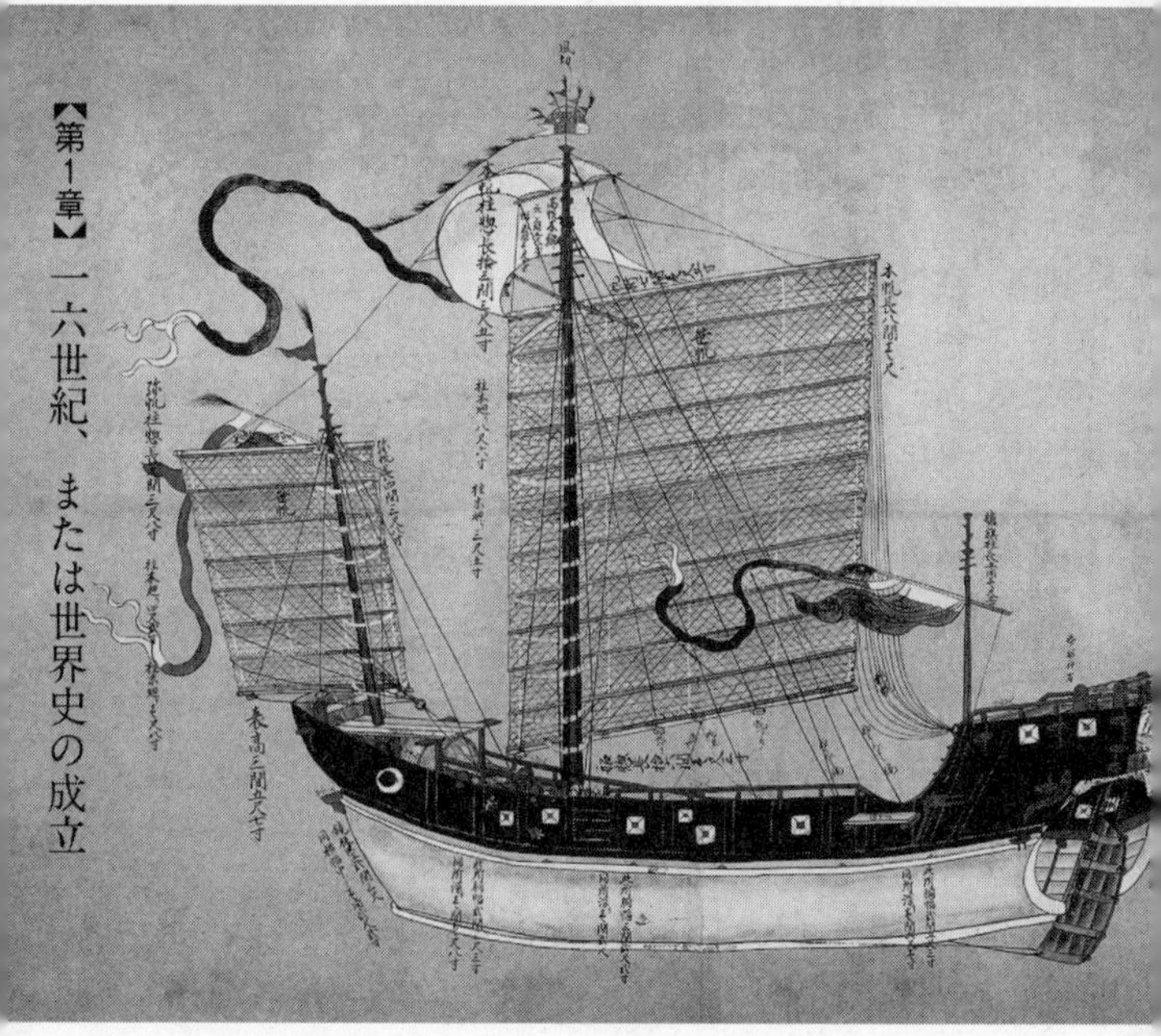

寧波《ニンポー》船　東アジア・東南アジア海域の交易の主役は、中国式外洋帆船ジャンクだった。港町寧波は、明が日本に開いた公式の窓口である。松浦史料博物館蔵。

【年表】

1368　明の成立
1392　李氏朝鮮の成立　南北朝の合一
1402　足利義満、明の建文帝から日本国王に封じられる
1402　永楽帝、建文帝を倒して帝位につく（靖難の変）
1404　第1次勘合船、明に渡る（勘合貿易の開始）
1405　鄭和の大航海（～1433）
1419　朝鮮軍、対馬を襲撃（応永の外寇）
1422　尚巴志、琉球の三山を実質的に統一
1456　コシャマインの戦い（～1457）
1467　応仁・文明の乱（～1477）
1470　尚円、琉球王となる（第2尚氏王朝の成立）
1510　朝鮮の三浦で倭人の暴動（三浦の乱）
1511　ポルトガル、マラッカを占領
1521　マゼランの艦隊、フィリピンに到達
1523　寧波で細川船と大内船が衝突（寧波の乱）
1526　このころより双嶼、密貿易の基地となる
1526　博多商人神屋寿禎、石見銀山を発見
1533　灰吹法、石見銀山に定着
1540　ポルトガル人、浙江省の沿海に誘引される
1542　鉄砲、種子島に伝わる（1543説あり）
1545　王直、博多商人を双嶼に誘引
1547　第17次勘合船、この後日明国交絶える
1547　ザビエル、マラッカで薩摩人アンジローと出会う
1548　王直、明軍に双嶼を追われ、平戸に本拠を移す
1549　ザビエル、鹿児島に来てキリスト教を伝える

（第6章扉裏に続く）

列島の周縁と世界史

これから私が語ろうと思うのは、一六世紀から一七世紀前半にかけての、日本列島および周辺地域・海域の歴史である。

この時代は、日本史の流れでいえば、社会分裂と戦乱が長期におよんだ戦国の乱世のなかから、信長・秀吉・家康という「天下人」が出現し、やがて〈徳川の平和〉の開始で幕を閉じる、大きな変動期である。

それは、政治的にとらえれば、中世的な権力の分散状況が克服され、相当程度中央集権的な官僚機構を備えた「幕藩制《ばくはんせい》国家」が生み出される過程だったし、経済的にとらえれば、めざましい生産力の拡大が人口や耕地面積の急増をもたらし、それらが日本の社会を根本から変えていく過程だった。「中世から近世への移行」と特徴づけられるこの時代の画期性は、だれの眼にも明らかだろう。

しかしこの変動の歴史的な意味を汲みつくすには、右のような「一国史」的な見方だけでは不十分だ。日本列島をとりまくはるかに広い世界の文脈に即して、列島にうち寄せる歴史の波をとらえなければならない。

そのためにこの本では、戦国の英雄たちが活躍する日本の中央地帯の歴史については、くわしく述べることをしない。むしろ蝦夷地《えぞち》・琉球・対馬といった列島の周縁部に目をむけ、そこで起きている事件を、世界史的な文脈のなかで理解することを試みたい。さらには、中国大陸における明から清への交代に象徴されるアジアの地殻変動や、ヨーロッパ勢力のアジアへの出現というあらたな歴史的経験のなかに、その不可分の一部として、列島の歴史を位置づけることを試みたい。

ひろい眼で見れば、この時代は、人類史上はじめて世界史と呼べるような地球規模の連関が、端緒的に生まれた時代だった。むろん従来より、そのことの世界史的意味は、ヨーロッパの歴史学によって、「地理上の発見」とか「大航海時代」とかいうことばとともに語られてきた。

そこでの「世界史」とは、エジプトから始まって、ギリシア・ローマの古典古代、中世ゲルマン世界、ルネサンスそして「地理上の発見」、さらにはイギリスの産業革命と世界市場制覇、そして近代へ、といった流れで理解されていた。のちに「ヨーロッパ中心史観」として批判の対象となるこの見方は、「欧米」を目標に近代化を急いだ一九世紀の日本に直輸入された。それは日本人の歴史認識に大きな影響を与え、われわれもまた世界史をそういう眼で見てきたことはいなめない。

しかしほかならぬ「欧米」の内部から、ヨーロッパ人の歩んできた歩み――それ自体が極端に理念的な歴史理解であることは、エジプトやギリシアやローマの黄金時代における北西ヨーロッパのようすを想像してみれば明瞭なのだが——イコール世界史だなどというのは、まったくの思いあがりだという批判がなされている。

近年では、ヨーロッパ人の他者認識におけるステロタイプが自身をも呪縛するくびきであることをえぐり出したE＝サイードの『オリエンタリズム』などは、印象的な仕事だったが、ここでは、本書のテーマに直接かかわるI＝ウォーラーステインの「世界システム」論をとりあげてみよう（以下は川北稔訳『近代世界システム——農業資本主義と「ヨーロッパ世界経済」の成立』I・II、岩波現代選書、一九八一年による）。

ウォーラーステインの「世界システム」論

ウォーラーステインによれば、地球上の各時代には、地球規模にはいたらない多くの「世界システム」が、ヨーロッパのそれをも含めて存在した。世界システムには、「その領域全体にいちおう単一の政治システムが作用している」世界帝国と、「全空間（ないしほとんどの空間）を覆う単一の政治システムが欠如している」世界経済との二種類があった。

近代以前の世界経済は構造的にきわめて不安定で、まもなく世界帝国に転化してしまうかまったく分解してしまうか、いずれかの道をたどった（Ⅱ二八〇頁）。しかし一六世紀にスペイン・ポルトガルが地球を一周して、地球規模の連関を作りあげたことを端緒に成立した、近代世界システム＝資本主義世界経済は、主導権こそイベリア両国からオランダ・イギリス（とくに後者）そしてアメリカへと移ったものの、システムそのものは五〇〇年間も存続し、発展をとげながら現在にいたっている。

数ある世界システムのなかで、資本主義世界経済のみが他に例をみない生命力を保ちえたのは、内部に分立する政治システムとしての国民国家ないしその連合体が、その支配領域に対応する自己完結的な経済システムを作ることができず、どの国家や国家連合の経済も、資本主義世界経済に組みこまれるかたちでしか存立できなかったからだ。「これこそ、資本主義という名の経済組織が有する政治面での特性にほかならない。「世界経済」がその内部に単一のではなく、複数の政治システムを含んでいたからこそ、資本主義は繁栄できたのである。」（Ⅱ二八〇頁）

したがって個々の国民国家には栄枯盛衰があっても、資本主義世界経済そのものは発展を続けることができた。そのよい例は、イギリスの産業革命とイベリア両国の辺境化であろう。そして第二次世界大戦後のコメコン・ブロックが、社会主義圏の経済的自立を掲げながら、結局資本主義世界経済の「田舎」という状態から離脱できなかったことは、最近のロシアの姿を見れば明らかだ。このことは、ウォーラーステインの見通しのたしかさを証明している。

資本主義世界経済は、一六世紀、スペイン・ポルトガルの地球規模の活動によって端緒的に成立したが、その段階で地球をくまなく覆っていたわけではない。

ヨーロッパ世界経済は、一六世紀末までには北西ヨーロッパと地中海のキリスト教徒支配地域のみならず、中欧やバルト海地方も包含していた。それどころか、……新世界の一部をさえ含んでいたのである。つまり、スペインとポルトガルが有効な支配を確立していた地域はすべて含まれていたのである。……(しかし)インド洋地域は含まれない。一時期のフィリピン諸島を除いて、極東も入れるべきではないし、オスマン・トルコ帝国も含めない方がよい。ロシアもせいぜいごく短い期間、その周辺部が含まれた程度で、全体としては含まれていなかったというべきである。(I 一〇二頁)

「ヨーロッパ世界経済」が「スペインとポルトガルが有効な支配を確立していた地域」であるなら、それはむしろ両国の政治システムのもとにある「世界帝国」ではないか、という疑問が生じる。やはり政治システムの領域をはるかに超える「世界経済」の本格的登場は、産業革命を待たなければならないのであろう。

ただここで確認しておくべきことは、ウォーラーステインがアジア地域を注意ぶかく「ヨーロッパ世界経済」から除外していたことである。その根拠は、アジアには独自の世界システムが存在したという事実にあった。

ポルトガル人はアジアに来て、そこに繁栄している「世界経済」を見出したのである。彼らはそれをいささか改良し、その努力への報酬としていくらかの商品を持ち帰ったのであり、アジアに実在した「世界経済」の社会組織にも、その上部構造としての政治機構にもほとんど手をつけることはなかったのだ。（Ⅱ二四三頁）

ウォーラーステインは、一六世紀シナ海の海上貿易に関しては、C＝R＝ボクサーの業績に依拠しながら、ポルトガル人は「倭寇の手にあった既存の商業網を簒奪《さんだつ》したにすぎない」と指摘し（Ⅱ二四二頁）、他方一七世紀日本の対外政策に関しては、ボクサーの意見に異をとなえて、国内産業の発達の結果中国産の絹を必要としなくなり、「いまや鎖国することも可能になっていた」と述べる（Ⅱ二五四頁）。

これらの断片的な記述にはいくつか誤りもふくまれている。しかし、かれの著述の目的が「ヨ、ー、ロ、ッ、パ、世界経済」の成立を描き出すことにあった以上、それはやむをえないことである。ヨーロッパ世界経済から自立したアジアの世界システムを正面からとりあげ、その構造と論理を明らかにし、そのうえでヨーロッパ世界経済の影響を測定することは、われわれアジアの研究者こそがはたすべき課題だといえよう。

日本列島周辺の一六世紀

一六世紀、イベリア両国が地球を逆まわりしてアジアで出会ったことにより、有機的連関で結ばれた地球規模の「世界」が、ヨーロッパの主導権のもとで端緒的に成立した。その波は、確実にユーラシアの東の涯にある日本列島にまでうち寄せた。「世界史のなかの日本」という命題は、このとき真の意味をもって成立したのである。

ヨーロッパ人の「新世界発見」のもくろみがどの辺にあったかは、ポルトガル人メンデス＝ピントがその著『東洋遍歴記』のなかであけすけに語っている(第一四三章)。

この島(琉球)についてここで簡単に何か話してみたい。それは、いつか我らの主なる神がポルトガル人を鼓舞して、第一にかつ主としてその聖なるカトリックの教えの高揚、発展のために、そして次にそこから手に入れることのできる多くの利得のために、この島の征服を意図させることを思し召すような場合に、どこから踏み入るべきかを、また、この島の発見によって獲得される多くのものを、そして島の征服がいかに容易であるかを、知らんがためである。

第一にキリスト教の伝道のため、第二に貿易の利得のため、ある地を征服することを、神がポルトガル人に命じたときに備えて、どこから侵入すべきか、征服後に何が獲得できるか、そして征服がいかに容易かをひろく知ってもらうために、その地について語る、というのだ。そしてスペイン人がインディアスで行なったことは、それを地でいくものだった(ラス=カサス『インディアスの破壊についての簡潔な報告』)。

しかしアジアにおいては、なりゆきはまったく異なっていた。ポルトガル人がアジアでも植民帝国の形成を夢みていたことは、右に引いた琉球についてのピントの一文からも明らかだが、現実にポルトガルがアジアにおいてなしえたことは、すでにアジアで活発に機能していた交易ルートへの割りこみと、いくつかの戦略的・経済的な拠点の確保を出るものではなかった。インディアスにおいてのように、現地の経済構造を根底から変更し、ひいては人口の激減をすらひきおこすような事態は、アジアでは起きなかった。したがって、本書の立てるべき問題はこうである。

ヨーロッパ人の出現以前、日本列島をふくむ東アジア地域にはどのような世界システムが存在し、それはどのような政治と経済の連関のうえになりたっていたのか。それが「ヨーロッパ世界経済」との接触によって、どのように変貌していったか。

この地域の世界システムの中心に中国が位置したことはいうまでもないが、その辺境部にある日本やその周辺は、中国から一定程度自立したサブ・システムを形成または指向していたと考えられる。その構造と論理は、中国中心の世界システムとどこが共通し、どこがちがうのか。また、このサブ・システムは、「ヨーロッパ世界経済」との接触においても、独自の様相を示すと予想されるが、その具体像はどうか。

ところで五年ほど前、荒野泰典・石井正敏と私は『アジアのなかの日本史』と題する全六巻のシリーズを編集し、その第一巻「アジアと日本」の冒頭に、シリーズ全体の序論的意味をこめて、「時期区分論」を三人の連名で執筆した(東京大学出版会、一九九二年刊)。そこでは、アジアのなかでの日本の歩みを、一国史としての日本史でもなく、固定的な東アジア世界の歴史でもない、伸び縮みする〈地域〉の歴史としてとらえ、そのBC三世紀から一九世紀末までを一〇の時期に区分するという試論を提示した。これは、中国中心の世界システムに包みこまれたサブ・システムの歴史を描こうとする試み、といいかえてもよい。

そこで私たちは、時期区分を行なうための基本的な視角として、つぎのようなものを設定した。

列島地域に対する対外的インパクトが比較的弱く、安定的な通交関係が存続した相対的安定期と、安定期を通じて蓄積された矛盾が表面化して、対外的緊張のもとで急速に交通のありようが変貌し、それが地域内の政治・社会の状況と密接にからみあう移行期ないし変動期とを識別し、双方が交互にあらわれる脈動《パルス》として、列島地域の史的展開をとらえることを試みたい。（二一頁）

精緻な理論で組立てられたもろもろの発展段階論とくらべると、きわめて単純な論理ではあるが、伸び縮みする〈地域〉の歴史といったものは、一方向的な「発展」の論理ではとらえきれないと思ったのである。

この視角から設定された第Ⅶ期と第Ⅷ期はつぎのようなもので、いうまでもなく前者が相対的安定期、後者が移行期・変動期である。

Ⅶ　一五世紀はじめ～一六世紀前半――冊封体制の完成と勘合貿易システム

Ⅷ　一六世紀前半～一七世紀末――倭寇的状況と新秩序の模索

前述のように第Ⅷ期は、Ⅰ～Ⅹのうちの第八番目という以上に、「世界史との出会い」という特別に大きな画期である。しかし、一六～一七世紀のアジアを見た場合に、ヨーロッパが出会う相手となったことだけが、この時期のアジアが世界史的文脈のなかで担った役割ではない。むしろアジア自身のなかで、この時代には大きなうねりが、ヨーロッパをかならずしもふくまないかたちですでに生じていた。そのなかにヨーロッパ勢力の先端部分が食いこんで、かれらもアジア的文脈のなかでそれなりの重要な役割をはたす、といった見方が必要である。

もうすこし具体的にいえば、最初にふれた日本史における統一権力の登場、中世から近世への移行という事態も、中国における明清交代という世界システムの激変と、共通の性格をもつものと考えるべきではないか。

その本質をひとことでいえば、世界システムの辺境から軍事的な組織原理で貫かれた権力があらわれ、あらたな生産力を獲得し、やがては中華に挑戦して崩壊させてしまう、という事態である。江戸幕府のブレーン林家《りんけ》が使った「華夷変態《かいへんたい》」ということばは、それをみごとに要約している。

豊臣秀吉はこの挑戦に失敗して自滅への道をあゆみ、秀吉を倒した江戸幕府は軌道修正に腐心することになるが、挑戦にあざやかに成功して中華を併呑したのが、女真族の後金（のち清）であった。このようなアジアの巨大なうねりに重なるかたちで、ヨーロッパ勢力のアジア進出、地球規模の関連性の形成も生起した。だからアジアからの眼、ヨーロッパからの眼の両方で見ないかぎり、この時期のアジアの動きのもつ世界史的意味をとらえつくすことはできない。

東アジアの世界システム

右のような第Ⅷ期における激動の前提条件は、相対的安定期である第Ⅶ期において作られた。第Ⅶ期は、中華帝国を中心とする東アジアの世界システムが、ひとつの完成した姿をあらわした時期といえる。そのなかで日本も、一五世紀以来ひさびさに中国と「冊封」と呼ばれる正式の外交関係を結ぶことになった。

一五世紀の初頭、明《みん》の永楽帝（在位一四〇二～二四年）は、初代洪武帝の嫡孫である甥建文帝を倒して帝位についた（靖難《せいなん》の変）。かれは簒奪者という非難をかわすためにも、対外的にきわめて積極的な姿勢をとった。即位後まもなく、建文帝による朝鮮国王・日本国王冊封を再確認し、ここに明の建国以来試行錯誤をくりかえした両国との関係は、ようやく安定した秩序を実現した。

また永楽帝は、一四〇五年から、イスラム教徒の鄭和《ていわ》を将とする大船団を七回にわたってインド洋方面へ派遣し、その先鋒ははるか東アフリカにまで達した（〜一四三三年）。中国史に例を見ないこの大事業は、遠征先の征服よりは、諸国の王を明に入貢させて貿易関係を開くことを目的とするもので、中国中心の世界経済の創出をめざしたものといえよう。

注目されるのは、この時期には明の周辺諸国の側でも、内部対立を克服して政治の安定が実現したことである。日本では、一三九二年に南北朝の内乱が終息し、足利義満による「公武統一政権」が確立した。朝鮮半島では、辺境から擡頭した武人李成桂《イソンゲ》が高麗に替わってあらたな王朝を創め、五〇〇年におよぶ李氏朝鮮王朝の基礎を作った。琉球でも、一四二〇年代に沖縄本島にあった中山・山南・山北の三小王国（三山）が中山の尚巴志によって統一された。ベトナムでも、一四二八年に黎利《レロイ》が後黎朝を開いてから安定期を迎えた。

東アジア諸国間の関係は、明の皇帝を君、諸国の王を臣として結ばれる冊封関係を中核としながら、それぞれの国家が領域外との交通関係を独占することを建前とした。冊封とは臣下を領土に封ずるという意味で、中国内部の〈皇帝—臣下〉の主従関係にもとづく封土授与を、諸国の君長にまでおよぼすという法的形式をとるが、その実体は国家間の外交関係であった。

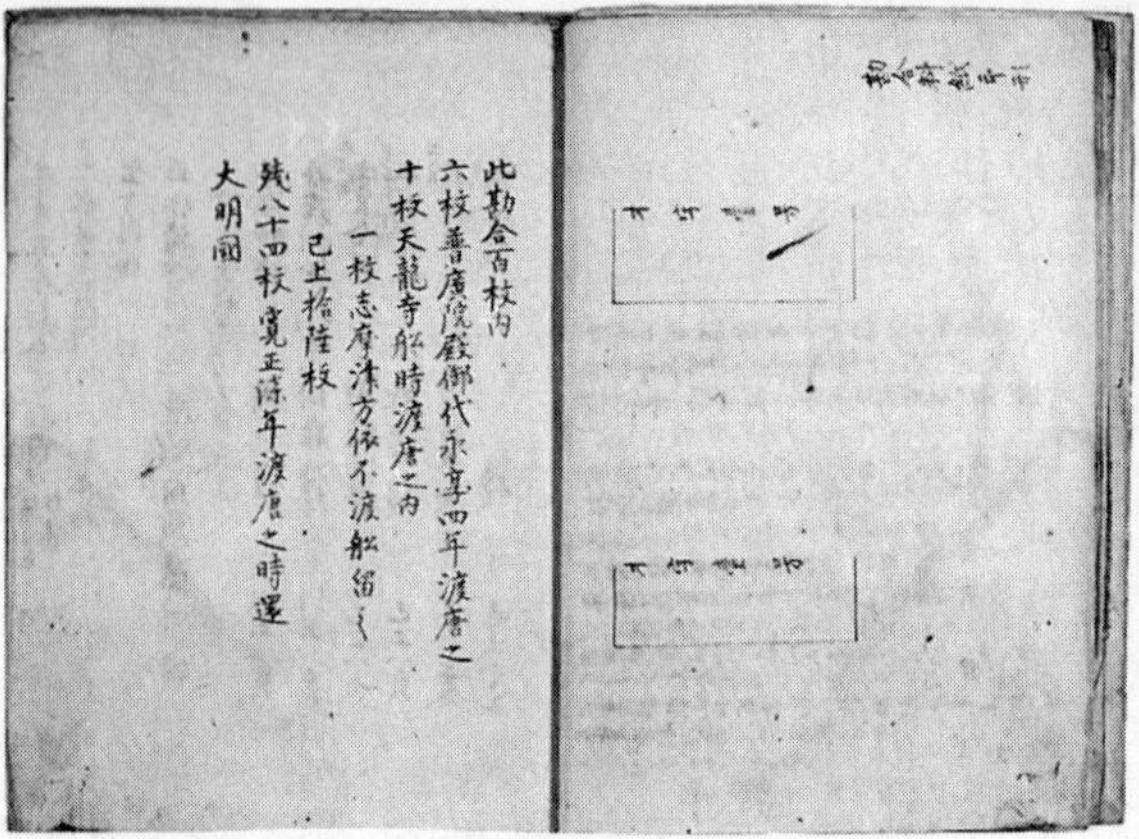

此勘合百枚内
六枚善廣院殿御代永享四年渡唐之
十枚天龍寺船時渡唐之内
一枚志摩津方依不渡船留之
已上拾陸枚
残八十四枚寛正陸年渡唐之時還
大明國

勘合印影のスケッチ　『戊子入明記』（天龍寺妙智院蔵）

冊封の体制のもとでは、皇帝および諸国の王のみが外交に参加する資格をもち、王の臣下にはその資格がなかった。これを「人臣ニ外交ナシ」と表現する。そこで、外交使節が皇帝や王の派遣したものであることを証明する渡航証明書が必要となるが、これが勘合である。

対日関係を例にとると、勘合は明皇帝の一代ごとに一〇〇通が交付され、日本側はそれを一船に一通ずつもたせ、寧波《ニンポー》の浙江《せっこう》布政司と北京の礼部で照合原簿である底簿《ていぼ》と突き合わせられた。皇帝が交代すると、未使用分は明に返納するのがきまりだった。勘合は各皇帝固有の年号を付して、永楽勘合・宣徳勘合などと呼ばれた。

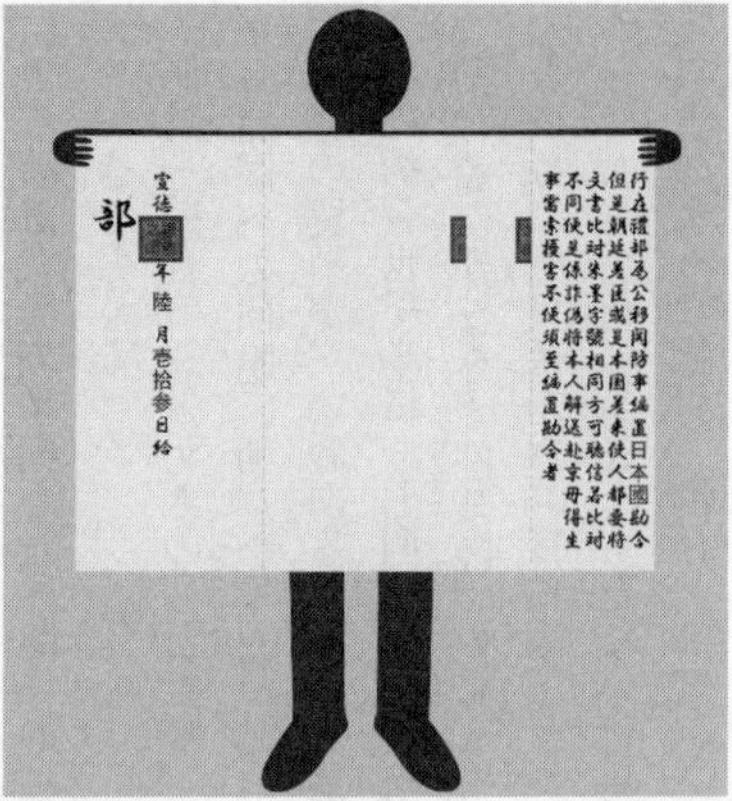

日明間の勘合貿易システム　明は皇帝の一代ごとに100枚の「本」字勘合を日本に交付し、北京の礼部および杭州の浙江布政司に、「本」字勘合の底簿各一冊を置いた。遣明船は勘合を一枚ずつ携行し、浙江布政司・礼部それぞれが底簿と突き合わせ、審査を行なう。「日」字勘合は日本に向かう明船が携行するもので、出発時に礼部の底簿と、日本到着時に幕府の底簿と照合するシステムだった。なお、『戊子入明記』（24頁）のスケッチは、印影を表現した輪郭線から、ほぼ原寸大の書写であることが判明する（「礼部之印」は一辺約10センチ）。勘合の全体復元案は、このスケッチの比率にしたがって、折り幅や縮尺などを考えて作成した。「本」字勘合には、「本字壹號」のような字号の割書とともに、明の礼部の印鑑（「礼部之印」）の割印がほどこされるが、さまざまな実例から、勘合紙の方を折って底簿のうえに置き、割書・割印したものと見られる。清代中国国内で使用された勘合や日本側史料に記録された勘合箱の大きさを考慮すると、この復元案のように非常に大きなものとなる（縦81cm、横108cm）。中央の余白部分に、使節団の構成や朝貢品（あるいは回賜品）・貿易品のリストが書き込まれたとおぼしい。なお、底簿は史料に「大冊」とあり、かなり大きな冊子状の帳簿であったと推察されるが、法量に関する具体的な情報はない。
作図・解説：橋本雄

また明は、冊封・勘合に対応する国内政策として、海禁を施行し、国家の公的使節として以外に自国民が海外へ赴くことを禁止した。はじめ海禁は、明初の反国家勢力が倭寇と結びつくのをおそれて、沿海人民の下海を禁じたことから始まったが、やがて国家による沿海人民の掌握と対外関係の独占に目的が拡張されて、規制内容・罰則ともにしだいにきびしくなった。

冊封・勘合のシステムのもとで唯一合法的な貿易の形態は、諸国から明への朝貢と明から諸国への回賜《かいし》（朝貢へのお返し）というものだった。そして日明間で行なわれたこの形態の貿易が、いわゆる「勘合貿易」である。勘合船は、一四〇四年から一五四七年までの約一世紀半に一七回、明に渡航した。

勘合船がかならず室町殿《むろまちどの》（室町幕府の首長のことで、多くの場合将軍）の名義を必要としたのは、明皇帝から「日本国王」に冊封された室町殿しか対明通交の資格がなかったからである。その名義をもたない貿易船は海禁によって海賊とみなされた。

以上のような冊封・勘合・海禁の三点セットは、国家による対外交通管理のもっとも完成された形態といえる。これは明瞭に政治的なシステムであるが、冊封を受けた諸国は基本的に独立国であって、その領土内に明が有効な支配を確立していたわけではない。「冊封体制」と呼ばれるこのシステムは、諸国の王を皇帝の臣下とするという世界帝国的な擬制をとりながら、実態としては中国を中心とする貿易システムとして機能した。その意味では世界経済の性格をも帯びていたのである。

明の周辺諸国は、このような明中心の秩序体系を、国際的にも国内的にも受容した。自国民の対外交通管理を明にならって実行し、また周辺諸国相互間の関係においても、勘合類似の制度を創出して、副次的な通交システムを形成した。日本は諸国中でいちばんいい加減にしかそうした制度を実行しなかったが、それでも「日本国王使」の名義は、明や朝鮮との通交において特別の重みがあった。

そもそも中国の冊封を受け入れたこと自体が、五世紀以来絶えてなかった異例であり、いくら東辺の列島を領土とする国家とはいえ、孤立しては生きていけない状況が生じてきたことを示している。

体制のゆるみ

右のように一五世紀の東アジア地域には国家的な秩序が貫徹しているかにみえるが、その秩序は国の枠を超え出ようとする人々の動きを根だやしにしたうえに構築されたものではなかった。海禁や勘合の制度自体が、一四世紀に国際問題となったいわゆる倭寇(国境を超えて海賊活動を展開する海民集団)の動きに対して、その一部を制度内にとりこみ、なおはずれた部分を軍事的に封じこめることで、なりたっていた。

中国―東南アジア間の中継貿易による琉球の国家的統一と繁栄や、西日本の多様な勢力の参加による朝鮮通交の活況は、そんな不安定な土壌に咲いた花だった。

やがて世紀の末ころから、公的外交秩序崩壊へのきざしがあらわれてくる。もともと国家的統合の弱体だった日本で、応仁・文明の大乱の結果、幕府・朝廷という中央権力が決定的に没落すると、対外関係設定への国家レベルの規制はほとんどなくなり、大内氏が朝鮮通交に圧倒的なヘゲモニーを確立したり、島津氏が琉球通交の掌握をねらったりという、地方権力独自の動きが目立ってくる。明に対する体裁上、国王通交の形態が守られていた対明勘合貿易も例外ではなく、一四六〇年代以降、細川氏＝堺商人と大内氏＝博多商人との争奪の対象になってしまう。蝦夷地には安藤氏の勢力下にある和人勢力が進出し、交易をめぐってアイヌとのトラブルが頻発するようになる。

安定した国家間秩序を背景に実行されていた使節の往還とそれにともなう公的貿易にも、かげりが見えはじめる。使節行の重点は外交から商取引へと移ってきており、明は日本や琉球からの、朝鮮は西日本の諸勢力からの使節の受け入れに、しだいに消極的になっていった。そうなれば、思い通りの利益をあげられなくなる使節側に、不満が鬱積するのはさけられず、倭寇的な行動に出て受け入れ側に脅しをかけるという事態も起きてくる。

三浦の乱と対馬 - 朝鮮関係

一六世紀初頭、前世紀のはじめ以来朝鮮半島南辺に形成された倭人の居留地＝都市である「三浦《さんぽ》」（慶尚道の乃而浦《ネイポ》〈薺浦《チエポ》〉・釜山浦《プサンポ》・塩浦《ヨンポ》三港の総称）では、朝鮮側との交易をめぐって、監督官の融通を欠く対応に不満をつのらせていた（以下この項については、村井『中世倭人伝』岩波新書、一九九三年を参照）。三浦と直結する対馬でも雰囲気は同様だった。

ついに一五一〇年、三浦の倭人たちは、対馬島主宗盛順《もりより》の代官宗国親の援軍を得て、武力蜂起を起こした。倭軍は釜山浦僉使《せんし》李友曾を殺し、薺浦僉使金世鈞をとりこにし、周辺各地を掠奪しつつ、有利な条件で講和にもちこもうとしたが、朝鮮側は講和に応じず、逆に反攻して、倭人を三浦から追い出してしまった。倭人の意図は完全に裏目に出て、営々として築いてきた朝鮮通交の諸権益を、貴重な居留地ともども、ことごとく失うはめになった（三浦の乱）。

三浦の乱の二年後、対馬の必死の努力が実って、また朝鮮側も断交状態を続けることが本意ではなかったので、「壬申約条」が結ばれ、薺浦が再開された。しかしこれはた

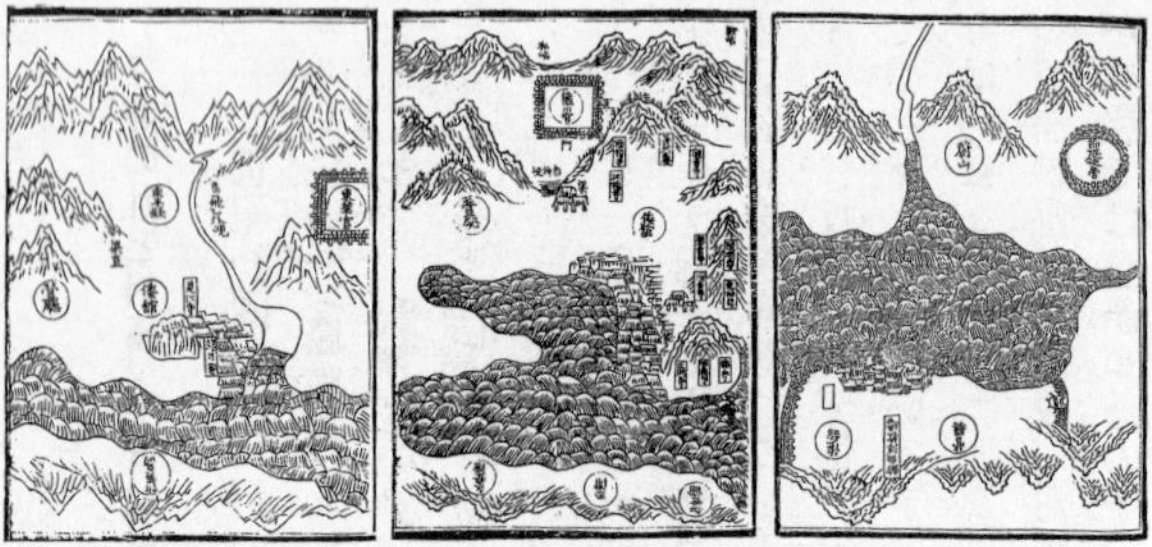

朝鮮の三浦　申叔舟『海東諸国紀』（1471）に収められた三浦の絵図。左から東萊富山浦（釜山市）、熊川薺浦（乃而浦とも、鎮海市）、蔚山塩浦（蔚山市）。相似した立地に注意。東京大学史料編纂所蔵。

んなる入港場としてであって、倭人の居留はきびしく拒絶された。

一五二一年に入港場は釜山浦を加えて二カ所となったが、一五四四年に慶尚道でまたも倭寇事件が起きて再度断交する。一五四七年の「丁未約条」による復交時には、窓口は釜山一港になっていた。これが江戸時代の釜山倭館につながり、〈四つの口〉（長崎・対馬・薩摩・松前）のひとつとして、対馬藩が幕府からの委任のもとに対朝鮮関係を管理する場となってゆく。

壬申約条によって対馬－朝鮮間の公に認められた交通の規模は、大幅に縮小されてしまったが、実際の交易の規模はさほど縮小しなかったようである。それは密貿易のほかに、対馬が仕立てたにせの「日本国王使」を活用することで可能となった。当時対馬は、「日本国王使」の資格証明に必要な国王の印を偽造して所持しており、偽作した外交文書にこの印を捺して使者にもたせたのである。壬申約条の締結を実現させたのも「日本国王使」弸中《ほうちゅう》だったが、その後「日本国王使」は対朝鮮貿易（とりわけ銀貿易）の規模を維持するための方便として利用されてゆく。

さらに対馬は、一五世紀段階で日本の諸勢力に朝鮮から付与されていた朝鮮通交の権利（朝鮮の官職をもらっている受職人、年に何艘という貿易船を送る権利を意味する歳遣船《さいけんせん》、外交文書の署名に捺して有資格者であることを証する図書《としょ》などがある）を、有償・無償でかきあつめ、名目上の権利者の名称で朝鮮通交を続ける、という詐術も弄している。

対馬が朝鮮通交の確保に知恵をしぼっていたこのころ、豊臣秀吉の明侵攻作戦と、その手段としての朝鮮侵略計画が本格化していく。一五八九年、宗義智《よしとし》は、朝鮮に明侵攻の道を仮《か》る（借りる）ことをもとめた日本国使臣の副使に起用され、正使景轍玄蘇《けいてつげんそ》とともにソウルにいたった。戦争になることをさけたい使者は、秀吉の要求を通信使派遣要請にすりかえて朝鮮に伝え、実際、通信使黄允吉《ファンユンギル》・金誠一《キムソンイル》をともなって帰国したが、秀吉の専制的な意志の前ではこうした画策もむなしかった。結局一五九二年に始まる戦争で、宗氏は秀吉軍の先鋒を勤めざるをえなくなってしまう。

寧波の乱と対明関係

明との関係においても、対朝鮮関係の推移とよく似た様相が見られる。後期の勘合貿易が細川・大内両氏の争奪の的になっていたことはすでに述べたが、この対立は、ついに明が日本に開いていた入港場寧波における騒乱事件を引き起こした。一五二三年、大内義興の派遣した遣明使謙道宗設《けんどうそうせつ》らが、一五一三年に第一六次遣明使から大内氏が奪取していた正徳（一五〇六～二一年）勘合を携えて、寧波に入港した。それを追いかけるように、将軍足利義晴・管領細川高国派遣の遣明使鸞岡瑞佐《らんこうずいさ》らが入港した。鸞岡らが携えていたのは、すでに無効となったはずの弘治（一四八八～一五〇五年）勘合だったが、副使の中国人宋素卿《そうそけい》は、検査官に賄賂を使って、大内船より先に受け入れさせた。憤激した大内側は、鸞岡と明側の指揮袁璡《えんしん》を殺し、細川船を焼いた。さらに寧波の市街地にとびだして放火・略奪し、寧波から西の紹興方面へむかい、ついに船を奪って東シナ海に逃げ去った（寧波の乱）。

事件の経過は三浦の乱とだいぶちがっているが、底流には勘合貿易の縮小をねらう明側の動きがあって、三浦の乱前の朝鮮政府の姿勢と共通している。秩序を無視した武力の行使という日本側の姿勢も、両事件を貫くものである。

寧波の乱後、勘合貿易は大内氏の独占物となり、一五三八年に第一八次、一五四七年に第一九次の遣明使が送られた(勘合船としては第一六・一七次、いずれも二年後に北京にいたる)が、一五五一年に大内義隆が臣下の陶隆房《すえ》に攻められて大内氏が滅んだのと道づれに、遣明使も廃絶してしまう。

三五年ののち、豊臣秀吉が明の征服を考えはじめたとき、客観的にみてもっとも重要な外交課題は、絶交状態の続いていた対明国交をどのようなかたちで復活させるかにあった。実際の秀吉のやり口が国際感覚を欠く乱暴なものだったことはいうまでもないが、緒戦の快進撃が挫折したころから、日本側の講和条件に「勘合」復活が登場してくることは、注目される。対明関係の安定が日本にとって肝要であり、そのために一六世紀前半以前の勘合貿易時代の遺産が無視できないものであったことが、暗示されているからだ。

戦争が終ったのち、天下をとった江戸幕府が、日明関係の復活のためにあらゆる外交手段を尽くしたのも、同様の動機にもとづくものだった。しかし、後期倭寇と朝鮮侵略戦争の苦い記憶は、ついに中国をして対日復交に踏みきらせなかった。江戸時代の対中国関係は、長崎に来航する中国民間の貿易船との商取引にとどまり、近代にいたるまで正式の国家間関係は成立しなかったのである。

倭寇的状況

一六世紀になると、シナ海上の倭寇の動きも復活するだけでなく、一四世紀の前期倭寇にはなかった新たな相貌を帯びはじめる。海禁によって海外活動が非合法化された中国人商人が、下海して直接密貿易に携わるようになり、かれらを中心にシナ海をとりまく地域で活動する交易者たちが結集した集団、これが倭寇の実体となってゆくのである。一四世紀段階の倭寇と区別して、これを「後期倭寇」と呼んでいる。

かれらは中国大陸沿岸の密貿易ルートを通じて南海方面の物資を中国・日本・朝鮮へもたらしたから、琉球の中継貿易にとってもっとも手ごわい競争相手となった。一七世紀の初頭に琉球の国家的自立が奪われるにいたる種子が、ここに蒔かれた。

明や朝鮮は海禁を強化したり海防をひきしめることで倭寇に対抗しようとしたが、倭寇はむしろ郷紳《きようしん》（中央・地方の官僚を輩出する在地有力者層）や経済発展で財力をたくわえた豪商と結んで、明や朝鮮の国内経済へくいこむ勢いをみせた。

一六世紀前半までなら、明や朝鮮は大内氏を通じて日本列島の状況をある程度つかむことができた。その大内氏が滅んでしまったいま、明や朝鮮は手探りで、疑心暗鬼に駆られながら、倭寇対策に腐心しなければならなかった。

しかも倭寇を構成する人間類型はますます複雑なものになっていった。西からはポルトガルを先頭とするヨーロッパ勢力が腕力にものをいわせて密貿易ルートに参入してくる。一五一一年、アルブケルケ率いるポルトガル海軍がマラッカを占領し、伝統ある港市国家マラッカが栄光の歴史を閉じたことは、アジアとヨーロッパとの関係のうえで、指標となる事件である。

その後ポルトガルは、東南アジアから華南に進出し、中国大陸ぞいの密貿易ルートに乗って、広東《カントン》・福建《ふっけん》・浙江へと東進する。その過程で日本人とも接触があり、それを通じてキリスト教や鉄砲が日本に伝わった。逆に日本人も、おなじルートを逆進して東南アジアにいたり、「日本人町」と呼ばれる居留地を作るまでになった。徳川家康時代の朱印船貿易は、このような場で活動する日本商人に依拠したものであり、いまだ権力側が主体となった能動的な対外関係の編成とはいえない。

こうして一六世紀のシナ海域では、国家間の合法的な交通にかわって、さまざまな人間集団を包含する〈倭寇的勢力〉が地域間交通の主役となっていった。ものや人間の動きの総体としては、国家的交通の衰退にもかかわらず、未曾有の活況を呈したといってよい。こうした〈倭寇的状況〉こそ、一七世紀に権力的集中をとげたあらたな国家権力——幕藩制国家や清朝——が対決をせまられた相手だった。

松前屏風　北前船のターミナルとしてにぎわう江戸時代の松前港。15～16世紀のアイヌの攻勢の結果、渡島《おしま》半島の南端にへばりつく港町松前が、松前藩の城下となった。松前町郷土資料館蔵。

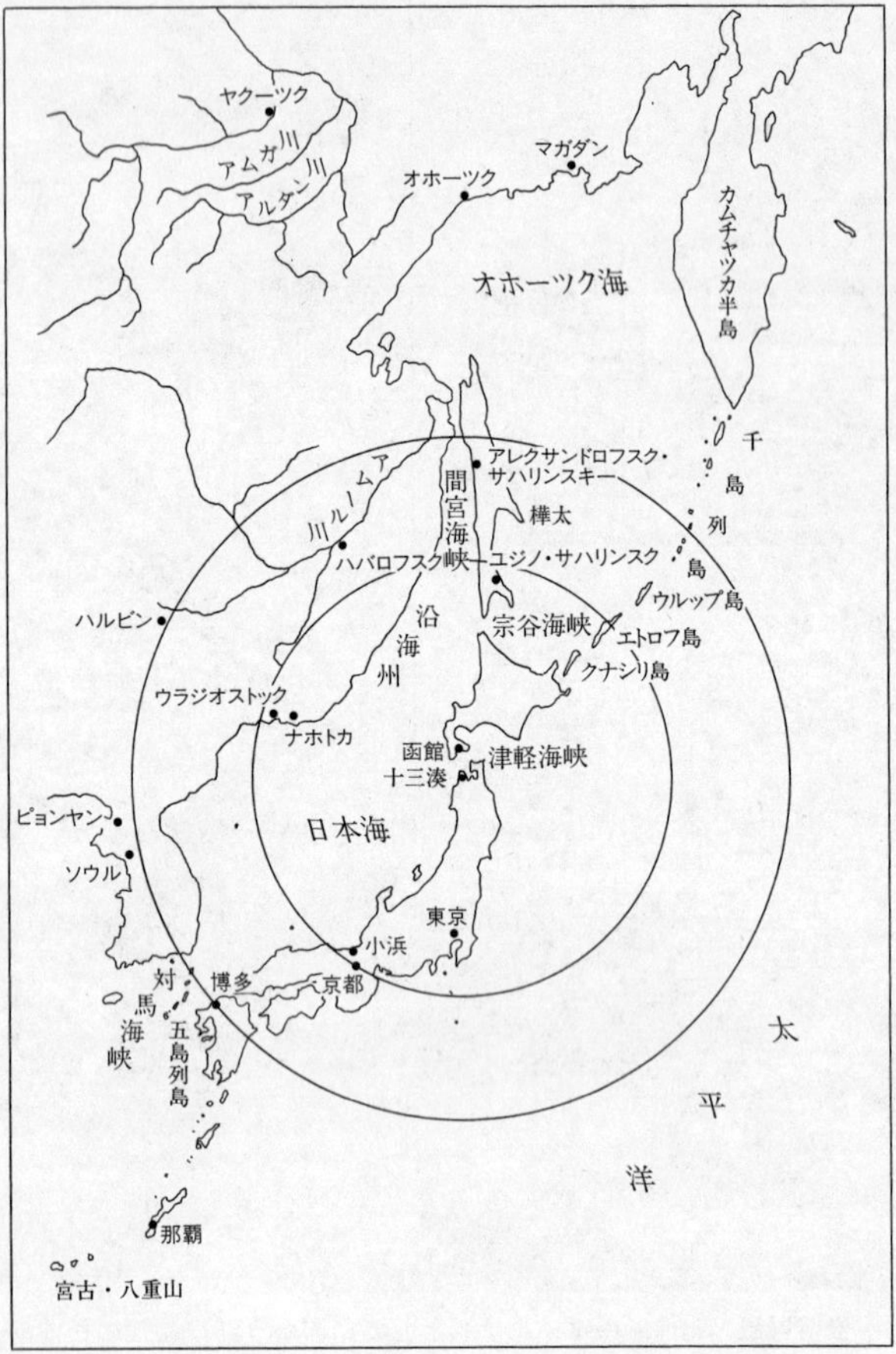

十三湊《とさみなと》を中心に取ると、千島や樺太《からふと》の北端と南九州がほぼ等距離になる。十三湊は、南西から来る和人と北東から来るアイヌが出会う場だった。

「小中華」の世界像と北方

日本列島の北方地域は、古くからヤマトの中央国家によって、中華世界の辺境にありながらみずからも「夷」を従える「小中華」であることのあかしとして、位置づけられてきた。

たとえば、七一五年の元日、元明《げんめい》天皇は大極殿《だいごくでん》に出御して朝賀を受けたが、その場に「陸奥・出羽の蝦夷《えみし》ならびに南島の奄美・夜久（屋久島）・度感（徳之島）・信覚（石垣島）・救美（久米島）等」が列席して、方物（土産）を貢じた（『続日本紀』）。また六五九年に唐にいたった遣唐使は、わざわざ「道奥蝦夷《みちのくのえみし》」二人を帯同して天子に会わせ、「これらは毎年本朝に入貢しております」と説明している（『日本書紀』斉明《さいめい》五年七月三日条）。

こうした「小中華」の世界像のなかで、北方は人間世界と人ならぬものの住む異界との境界領域であった。一六世紀にいたってもそうした観念が健在だったことは、つぎの例から知られる。

一五九一年八月に会津の蒲生氏郷《がもううじさと》が陸奥国九戸《くのへ》城を攻めたとき、松前氏配下の「夷人」が毒矢を手に加勢したが、『氏郷記』はかれらを「其形ハ人間ニテ、身ニハ残所《のこるところ》モナク毛生《けはえ》、恐《おそろ》シ気《げ》ナル風情ニテ、サナガラ牛ニ異ナラズ」と描いている。『平家物語』

（巻二、大納言死去）が西の境界領域鬼界島《きかいがしま》の住人を、「をのづから人はあれども、此土《このど》の人にも似ず。色黒うして牛の如し。身には頻《しきり》に毛お（生）ひつゝ、云詞《いうことば》も聞しらず」と描写していたことを思い出させる。

しかし現実の北方世界は、その先には物怪《もののけ》の住む世界しかない辺境ではなかった。近年、前近代「北方史」研究がめざましく進展し、サハリンや千島を通じたユーラシア大陸との交流や、内海である日本海が周囲の諸地域——北海道、サハリン、沿海州、朝鮮半島東岸、対馬・壱岐をふくむ北九州、そして本州の日本海側——を結びつける役割に、照明があてられてきた。

それは北奥羽や北海道を列島の北の〈果て〉と見るのでなく、その外に広がる広大な世界、北方諸民族の活躍する海や大地とのつながりのなかでとらえようとする視角であり、琉球を日本列島・朝鮮半島・中国大陸沿海部・東南アジア島嶼世界を結ぶ交易ルートの中心としてとらえる見方（第3章参照）と共通する。

北方世界の交易

海保《かいほ》嶺夫の労作『中世蝦夷史料』『中世蝦夷史料補遺』から、一五世紀以前の北方との交流を示す例をいくつかあげてみよう。

①一一世紀の『今昔物語集』巻三一に、「胡国《ごこく》トイフ所ハ、唐ヨリモ遥《はるか》ノ北ト聞ツルニ、陸奥ノ国ノ奥ニ有《ある》、夷《えびす》ノ地ニ差合《さしあい》タルニヤ有ラム」とあって、陸奥の国から夷の地を経てさらに進むと、中国北方の胡国へ行きつくことが、すでに知られていた。この認識は、日本海が内海であることを前提にしなければ成立しえない。

②『中外抄』によれば、一一四三年、前関白藤原忠実《ただざね》は「(琵琶などの)宝物袋は、えぞいはぬ錦などを袋可レ用ニ、下品生絹《げぼんきぎぬ》を縫レ袋テ入たるなり」と語ったという。のち沿海州方面との山靼《サンタン》交易品として著名になる高級織物蝦夷錦が、このころの京都ですでに知られていた。

またおなじころの和歌に「わが恋はあしかをねらふえぞ舟の/よりみよらずみなみ間《ま》をぞ待《まつ》」というのがある(『夫木《ふぼく》和歌抄』巻三三)。

③日蓮のある手紙に、「去《さる》文永五年(一二六八)の比《ころ》、東には俘囚《えびす》をこり、西には蒙古よりせめつかい(責使)つきぬ」とあるが、この俘囚蜂起は別の手紙に「ゑぞは死生不知のもの、安藤五郎は因果の道理を弁《わきまえ》て堂塔多く造りし善人なり、いかにとして頸をばゑぞにとられぬるぞ」とある事件にあたるらしい。

蝦夷管領の安藤氏が蝦夷に殺されるという大事件が起きたわけだが、その直前の一二六四年に沿海州・サハリン方面で、ギリヤークがモンゴルに服して、モンゴルが「骨《ク》鬼《ウエイ》」（＝アイヌ）を征討するという動きがあり、続いて一二八四〜八六年にも骨嵬征討があった。北海道を中にはさむふたつの動きには、何らかの関連があったと思われる。

④一三五六年の『諏訪大明神絵詞』によると、鎌倉末期に「東夷蜂起して奥州騒乱する事」があったが、これは安藤五郎三郎季久《すえひさ》と同又太郎季長の嫡庶相論をきっかけに始まったもので、双方の与党は「数千夷賊《えぞ》を催集之《もよおしあつめ》、外の浜内末部《うちまっぺ》・西浜《にしのはま》・折曾関《おれそのせき》に城郭を構て相争」ったという。この「夷賊」は「蝦夷が千島」に住んで「奥州津軽外の浜に往来交易す」る「日《ひ》の本《もと》・唐子《からこ》・渡党《わたりとう》」の三類からなり、「渡党」は「和国の人に相類」しているが、日の本・唐子は「其地外国に連て、形体夜叉の如く変化《へんげ》無窮なり、人倫、禽獣《きんじゆう》魚肉等を食として、五穀の農耕を知《しら》ず、九訳を重ぬとも語話を通じ難し」という異類だったという。

鎌倉幕府の命取りのひとつとなった奥州騒乱が、奥羽で完結するものではなく、北海道からさらにその北の「外国」にまでつながる事件だったことがわかる。

⑤一四二三年、将軍足利義量《よしかず》は、安藤陸奥守から馬二〇匹・鳥五千羽・鵝眼《ががん》（銅銭）二万匹・昆布五〇〇把が献上された——たぶん将軍就任祝として——のに対し、太刀一腰・鎧五領・香合《こうごう》・盆・金襴《きんらん》一端を返している。蝦夷地貿易で安藤氏の築いた富の大きさがわかる。

⑥一四八二年、夷千島王《えぞがちしまおう》遐叉の使者と称する宮内卿が朝鮮を訪れ、大蔵経の賜与を願ったが、その携えてきた書面に「朕が国は卑拙と雖も、西裔は貴国と接す、これを野老浦と謂う、聖恩を蒙ると雖も、動《やや》もすれば返逆《(ママ)》を致す、若し尊命を承らば、征伐して以て其の罪を罰せん者なり、朕が国人の言語通じ難し、国中の扶桑人に命じて専使と為す」とあった(『朝鮮成宗実録』)。

この使者の派遣主体については、アイヌ首長とする説から対馬人とみる説まであるが、安藤政季(師季)に宛てるのが妥当である(使者宮内卿はその被官蠣崎《かきざき》光広か)。夷千島の西の果ては「野老浦」と呼ばれる朝鮮と接する地だ、ということばは、日本海を内海とする地理認識を示している。安藤氏は、北海道・サハリンと沿海州方面とを結ぶ山靼交易に携わっていたアイヌとの接触のなかで、この認識を得たのだろう。

また、一四七一年に朝鮮で成立した『海東諸国紀』の序文に、「東海の中に国する者は一に非ずして、日本は最も久しく且つ大なり、其の地は黒龍江の北に始まり、わが済州の南に至り、琉球と相接す」とある。当時の朝鮮はアイヌ居住地(アイヌモシリ)の全体を日本の領域内と認識していたことがわかる。安藤氏の「蝦夷沙汰」こそ、このようなアイヌモシリの国際的位置づけを成立させる環だった。

津軽十三湊

北方交易の媒介者として重要な役割をはたしたのが、蝦夷地往来の重要なターミナルである十三湊《とさみなと》を本拠地のひとつとする津軽安藤氏である。安藤氏は蝦夷管領として中世国家の先端に位置づけられ、〈北の押え〉にあたる存在であると同時に、北海道・サハリンから大陸にまで届く視野をもつ自立的な通交者でもあった。

十三湊は蝦夷島渡海の起点であると同時に、日本海沿岸航路の終点でもあり、交易ルートは若狭を通じて畿内方面へとつながっていた。一五〇〇年ころ、宇須岸《ウスケシ》(今の函館)には毎年三回ずつ若狭からの商船が着き、渚に張り出して問屋《とい》の建物が軒をならべていたという。

一九九一年以来、国立歴史民俗博物館と富山大学を中心に十三湊の総合調査が行なわれ、最近「都市プランの想定復元図」が示されるにいたった。

それによると、砂州の中央を南北に中軸街路が走り、砂州の北端から南へ八〇〇メートルほどのところに、砂州を横断して土塁と堀が設けられている。土塁の北に隣接して堀で囲まれた一辺一〇〇メートルほどの領主館があり、安藤氏の本拠そのものと推定される。その周辺には家臣団の屋敷群も想定される。土塁の南には中軸街路の両側に町屋

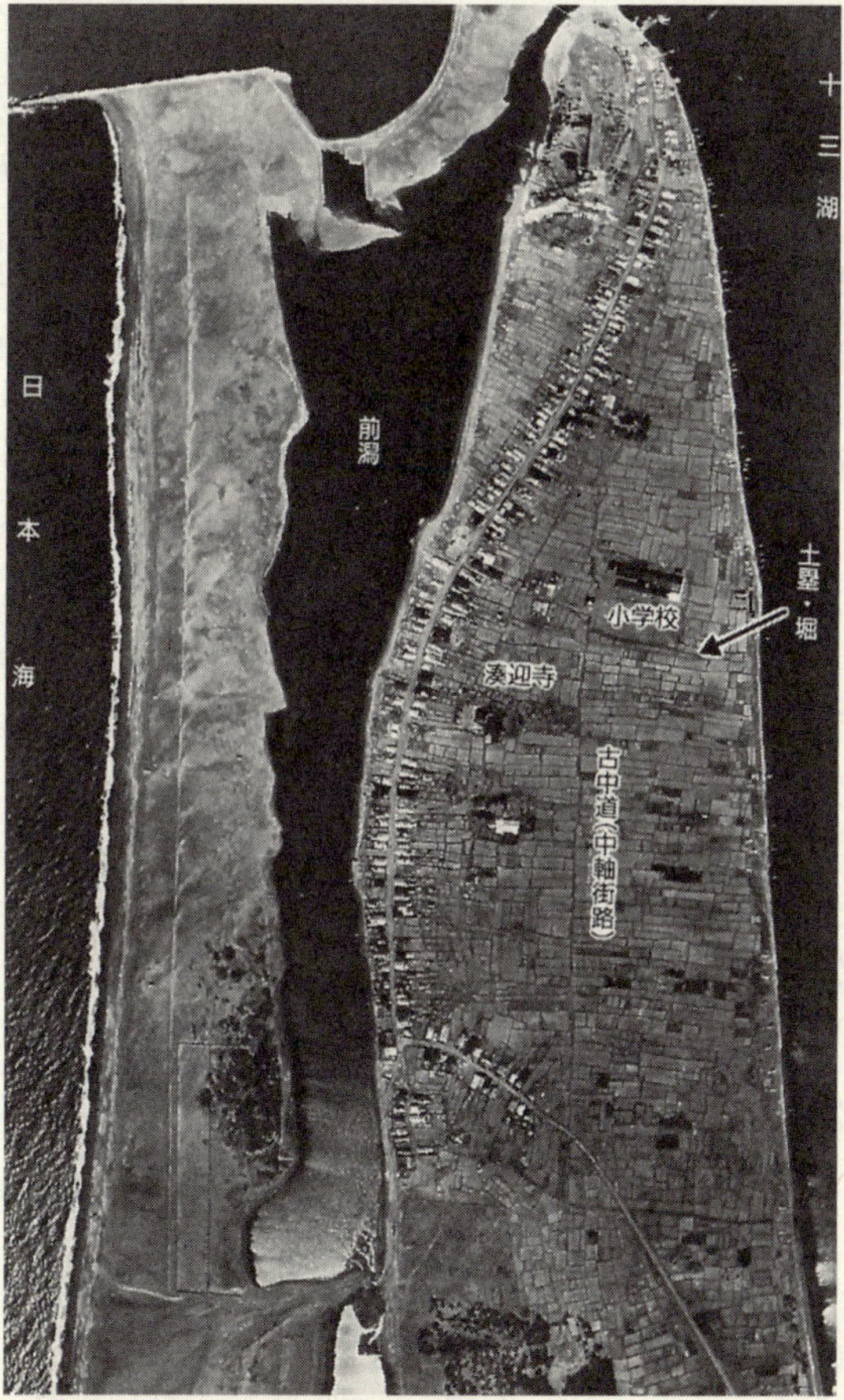

十三湊遺跡空中写真　中世、十三湖（右）の水は、砂州の北端をまわって前潟（中央）に入り、約４キロ南下して西に折れ、日本海（左）に注いでいた。港湾施設は、前潟沿いの街村の北寄りにあったか。小学校の場所が安藤氏館跡。1955年、米軍の撮影。写真／国土地理院

が形成され、あちこちに寺社や館も分布する……。

大胆な復元であるが、いま街村集落がある砂州西側についての言及がない、肝心の港湾施設の位置が特定されていないなど、まだまだ未解明の部分が大きいように思う。とくに、水辺《みずべ》から遠い砂州中央の直線的な道路沿いに市街地が形成される、というのは、自然発生的な中世港町のイメージとかけはなれており、とまどいを禁じえない。

この市街地の立地と、大規模な館址の南側を東西に走り砂州の先端部分を閉鎖空間とする土塁・堀とをあわせて考えると、港町が軍事要塞化された結果生じた二次的な都市構造とみたほうがよいのではないか。

今後はこの復元をたたき台として、従来から採集されてきた貿易陶磁などの遺物をもあわせ考えながら、北方交易のターミナルである港町の具体像にせまっていくことが必要であろう。とくに安藤氏の館が十三湖北岸の福島城や唐川城ではなく、港町の内部にあったことが事実とすれば、同氏の性格を考えるうえできわめて示唆的である。

北奥の争乱とコシャマインの戦い

中世国家から北方の統轄者として位置づけられ、北方交易で莫大な利益をあげていた安藤氏には、北辺地域の矛盾が集中せざるをえない。交易をめぐるアイヌとの葛藤はもちろん、北奥の覇権をめぐって南部氏との抗争が続き、一四三二年には敗れていったん蝦夷島へ没落している。

　このときは足利義教があいだに立って和睦したらしいが、嘉吉の乱後の一四四二年、安藤盛季が南部義政によって十三湊から追われ、翌年松前に渡った。安藤氏は勢力挽回をはかって津軽・下北にうち入ったが、この間盛季の子康季、その子義季があいついで戦死して、嫡流が絶えてしまった。

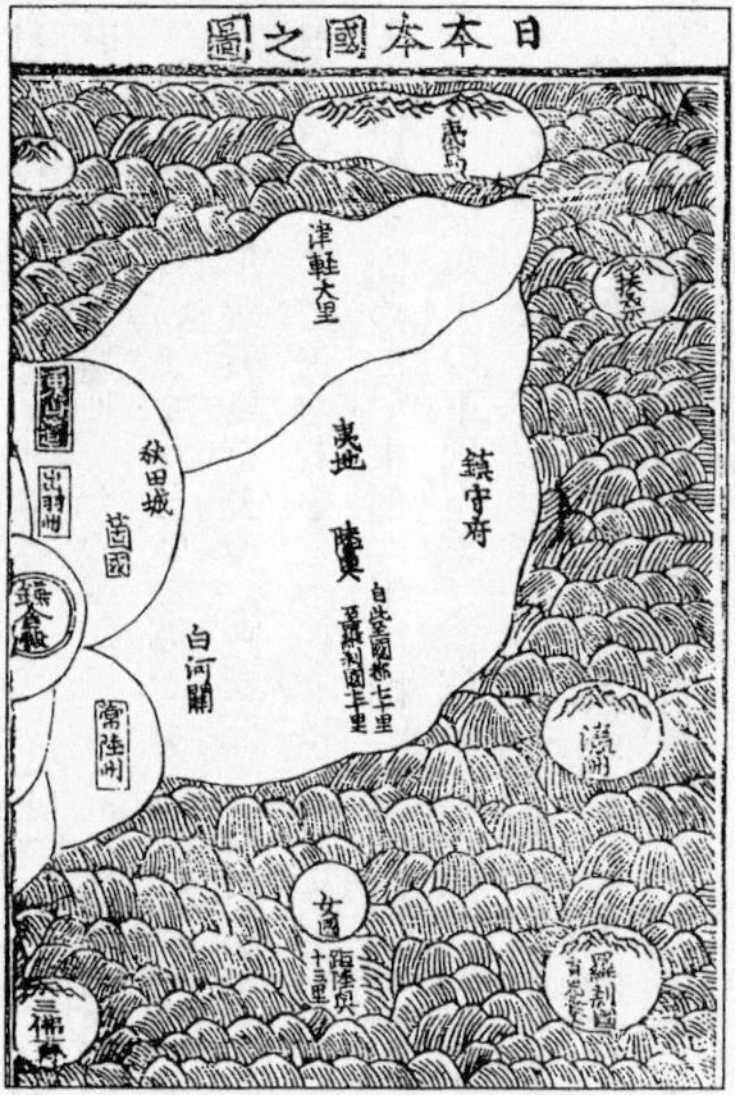

最初に地図に載った北海道　申叔舟『海東諸国紀』（1471）の「日本本国之図」に見える夷島（北海道）。国立公文書館蔵。

　傍系から跡を継いだ師季（のち政季と改名）も、一四五四年には下北から蝦夷地への退却を余儀なくされ、五六年日本海を南下して小鹿島《おがしま》、ついで檜山《ひやま》に移る。

　しかし一四六八年にいたってもなお、師季が熊野那智山に、「奥州下国（十三湊のこと）の合戦が思い通りになり、もとどおり津軽外浜・宇楚里鶴子遍地《ウソリケシベツ》（今の函館）がことごとく安堵された暁には、ふたたび神領を寄進することを誓います」という願文をささげている。

一四五六年蝦夷島を去った政季は、蝦夷地を手放したわけではなく、むしろ渡島《おしま》半島南岸の一二の館主たちを三つのグループに編成し、それぞれに「守護」をおいて間接支配の体制を固めた。東部「下の国」の守護には茂別《もべつ》館主の下国家政、中部「松前」の守護には大館館主の下国定季、西部「上の国」の守護には花沢館主の蠣崎季繁が、それぞれついた。家政・定季は安藤一族、季繁は政季の姉妹の夫である。

館主はこれ以前より各地に住みついた商人的武士であって、『諏訪大明神絵詞』のいう渡党の系譜をひくものもいたらしい。ここに成立したのは、〈当主—守護—館主〉という安藤氏の被官体制であった。

これとほぼ同時に、——直接の因果関係は不明だが——アイヌと館主以下の和人との葛藤も発火点に達した。一四五六年、志濃里《しのり》にある和人の鍛冶屋村に、オッカイという名のアイヌ少年が、頼んでいた小刀《マキリ》を受け取りに来た。ところが刀のできぐあいと価格をめぐって争いとなり、鍛冶がオッカイをその刀で突き殺してしまった。

この小事件がたちまちアイヌによる和人館襲撃へと燃え広がり、翌年には「東部ノ酋長」コシャマインのもとに結集した東部アイヌ軍が、志濃里を皮切りに箱館、中野、脇本、穏内《おんない》、覃部《およべ》、大館、禰保田《ねぼた》、原口、比石《ひいし》の各館をつぎつぎと落とし、花沢館を囲んだ。ここでコシャマインは、戦線の延びすぎを懸念して兵を箱館平野へ返した。花沢館の蠣崎季繁と「客将」武田信広は、東方に残った茂別《もべつ》館の和人勢力と合流しようとして東に進んだ。箱館平野の七重浜《ななえはま》で両軍は決戦を挑み、信広の放った矢がコシャマインを射殺して、アイヌ側は総くずれとなり、多くのウタリが斬殺された。信広は季繁の養女（実は安藤政季の娘）をめとって蠣崎の家を継いだ。近世大名松前家は、この信広を先祖とする。

右の経過からつぎのようなことがわかる。

第一に、館が館主の住居かつ軍事要塞であるだけでなく、鉄をはじめとする物流の拠点であり鍛冶など生産の拠点でもあったこと。アイヌは館を通じて鉄製品などを本州方面から供給されていたため、取引において不利な立場を強いられていたと考えられる。南部氏など本州方面の勢力との軍事的緊張のもと、館主たちはアイヌとの取引で暴利をむさぼろうとし、これが大蜂起を誘発したのではないか。

第二に、この戦争は、アイヌ対和人の戦いであったと同時に、諸館主のなかで蠣崎氏がヘゲモニーを握ってゆく過程でもあったこと。館主の勢力範囲の西端にあって、かろうじてアイヌの攻勢を乗りきった蠣崎氏は、勝利の立役者信広が安藤政季の娘聟となることで、諸館主を率いる正当性を獲得した。

ところで従来、コシャマインの戦い前後の蝦夷地の状況については、アイヌと和人とのきびしい対峙を強調する見方が支配的であった。しかし主要な史料である『新羅《しんら》之記録』にはこんな記述がある。

抑も往古は、此国、上二十日程、下二十日程、松前以東は陬川《むかわ》、西は与依知《よいち》迄人間住する事、右大将頼朝卿進発して奥州の泰衡を追討し御《たま》いし節、糠部《ぬかのぶ》・津軽より人多《おおく》此国に逃げ渡って居住す。

すなわち「往古」は、松前から東へ二〇日の行程の胆振《いぶり》支庁鵡川、西へ二〇日の行程の後志《しりべし》支庁余市までは、「人間」すなわち和人が居住していた。その発祥は、奥州合戦で頼朝軍に敗れた糠部・津軽（いまの青森県にほぼ相当）の人が、北海道島に移住したことにあった……。

これに従えば、和人の居住地域は、一五世紀なかば以前には道南の全域におよんだことになり、そこではアイヌとの混住を想定しなくてはならない。そういえば『松前家記』も、コシャマインの戦いを「蝦夷蜂起、大ニ掠殺ヲナシ、東牟川ヨリ西与市ニ至リ、悉ク其害ヲ被《こう》ムル。残民皆上国・松前ニ萃《あつま》ル」と記していた。

このことは考古学のデータによっても裏づけられる。小樽の西約二〇キロメートルにある余市町の大川遺跡をはじめとするいくつかの遺跡では、アイヌ系・和人系・オホーツク人系の遺物が比較的近接した場所から出土している。しかもコシャマインの戦いの勃発した一五世紀なかばころを境に、和人系の遺物が急に姿を消すという。また、鵡川と余市を結ぶ線より東南側に、本州から搬入された輸入陶磁や国産中世陶器を出土する遺跡が分布している（五三頁の図、『中世都市十三湊と安藤氏』一九四頁）ことも、和人による蝦夷地交易の面的なひろがりを示唆するものである。

やはり北方地域においても、一五世紀前半は相対的安定期だったわけで、その安定は、西南地域よりやや早く、同世紀なかばすぎのコシャマインの戦いを画期として、くずれ始めるのである。

志濃里館と勝山館

大乱幕開けの舞台となった志濃里館は、函館市街地東方の小高い丘上に立地する長方形の館で、高い土塁が四方を囲んでいる。南に船付きとなる海岸を見下ろす。この海岸では特産物の宇賀昆布を産する。戸数一〇〇を数えたという鍛冶村は、館付属の生産施設であろう。

また館の西一一〇メートルほどの地点からは、一九六八年に三個の大甕に詰まった四〇万枚もの中国銭が発掘された。甕のうち二個は越前、一個は能登半島の珠洲《すず》の窯で焼かれたもので、銭ともども日本海航路を通って運びこまれた。この備蓄銭が館主と無関係とは考えられず、コシャマイン蜂起以後うち続くアイヌとの戦いをさけて埋められたともいう。

一方、和人社会でヘゲモニーを確立した蠣崎氏は、花沢館から、隣接するはるかに大規模な勝山館に居を移し、ここが重要なトレーディング・センターになってゆく。館の直下は天ノ川《てん》河口に近い大澗《おおま》湾と呼ばれる天然の良港で、一三世紀の珠洲焼や一五・一六世紀の陶磁器が採集できる。ここからは松前、十三湊を経て日本海航路へ、また江差を経て西蝦夷の奥地へと交易ルートが延びていた。

近年この勝山館の大規模な発掘調査が行なわれ、一五世紀末～一六世紀の和人館の実像が明らかになってきた。

館の敷地は広大で、最高所の夷王山《いおうざん》（海抜一五九メートル）の東斜面には、六〇〇基以上の火葬・土葬の中世墓が、数個の群をなして分布している。夷王山の北東向きの斜

北海道の中世陶器遺跡　文献によれば、15世紀、鵡川と余市を結ぶ線より西南に和人が展開していた。本州産の中世陶器を出土する遺跡の分布は、よくこれと整合する。『中世都市十三湊と安藤氏』（新人物往来社）より。

面が階段状に造成され、空堀《からぼり》や柵列で防御を固めている。内部には最上部に館神《たてがみ》八幡宮が祀られ、地区ごとに「客殿」「倉庫」など使い分けがなされたらしい多数の建物跡が確認された。

五万点を数える遺物には、約半分を占める大量の陶磁器（中国製が多いが日本製の茶陶などもある）をはじめ、石製羽口《はぐち》や鉄片・鉄滓などの鍛冶用具、釘・かすがいなどの建築材料、刀・甲冑・鏃《やじり》などの武器武具、小刀・鍋などの調理用具、鏡・簪《かんざし》・白磁紅皿《べにざら》などの化粧用具、下駄などの履物、アイヌ式の銛《もり》・釣針などがあり、ひとつの都市といってもよいほどの多様な住民とその活動があったことが推測される。

アイヌ式の銛・釣針には、半製品の状態で出土するものがあり、すくなくとも一定期間アイヌが館内に住んで、漁具製造にあたっていたことが考えられる。コシャマインの戦いのちも、平時にはアイヌが館内に混住していた事実は、従来の「アイヌ対和人の戦い」という構図に大きな修正をせまるものといえる。

松前藩の出発

コシャマインの蜂起は、以後八〇年続くアイヌの攻勢の序曲にすぎなかった。『新羅之記録』は、志濃里の事件を記したあとに、「これにより夷狄はことごとく蜂起して、

上図は志濃里館空中写真　写真提供／史跡「志苔館跡」保存会。函館市教育委員会蔵。**下図は函館市志海苔出土の古銭と甕**　市立函館博物館蔵。志濃里館は「道南十二館」の東端、アイヌのテリトリーと境を接する地に所在する。港を見下ろす交易拠点を占めるが、高い土塁は軍事的機能を示す。館外からは、前175年初鋳の四銖半両から1386年初鋳の洪武通宝に至る95種、37万4436枚の銭を納めた甕３個が発見された。甕は一つが珠洲焼、二つが越前焼（写真、高さ85センチ）である。

康正二（一四五六）年夏より大永五（一五二五）年春にいたるまで、東西数十日の行程のうちに居住する村々里々をうち破り、シャモ（和人）を殺した」と続けている。

一五一二年にいたって東部アイヌがまた宇須岸《うすけし》（箱館）・志濃里・与倉前《よくらまえ》の館を攻め落とし、翌年には松前大館を落とした。その中心は「東部ノ酋長」ショヤコウジ兄弟だったらしいが、かれは一五一五年に蠣崎光広のだまし討ちにあって落命した。この戦いで、コシャマイン以前には和人居住区の経済的中心だった箱館地区が最終的に荒廃した。

一五一四年、蠣崎氏は本拠地を勝山から松前大館に移した。一五二五年には「東西之夷」が蜂起して和人が減少し、生き残りは天の河と松前に集住したという。西部アイヌの初登場である。ここに和人居住区は極小にまで収縮した。

一五二八年からの攻勢は西部アイヌによるもので、その中心は檜山支庁瀬田内《せたない》を本拠地とするタナサカシという首長だったが、和睦の償い物を取りに勝山館に来て、蠣崎良広に射殺された。一五三六年にもタナサカシの婿というタリコナが和睦の酒で誘われて、良広に斬り殺された。この間つねに軍事的にはアイヌ側が優勢で、和人側は謀略でピンチを切り抜けるしかなかった。

一五五〇年、西部アイヌの首長ハシタイン、東部アイヌの首長チコモタインと、蠣崎良広の子季広の間に講和条約が結ばれ、一世紀におよぶ戦争状態に終止符が打たれた。

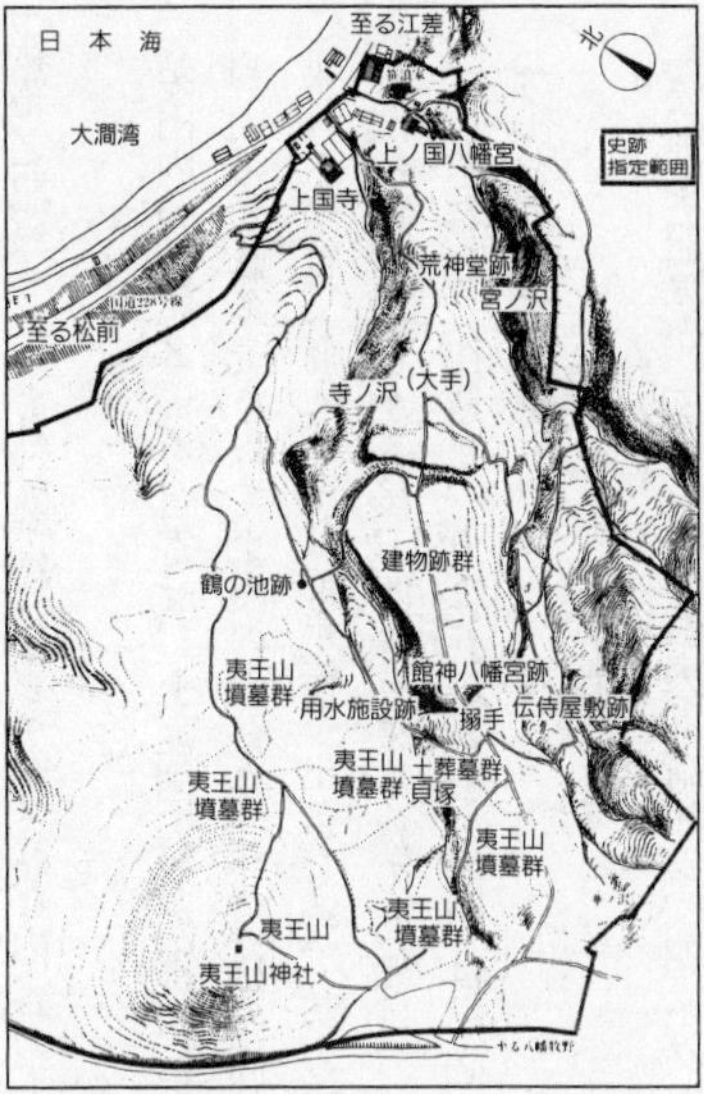

勝山館遺構図　和人館は、さまざまな政治的・経済的機能をもち、内部に俗的・聖的な要素をふくむ複合的な施設であった。図上方の天ノ川河口大澗湾に館と直結する港湾施設があった。

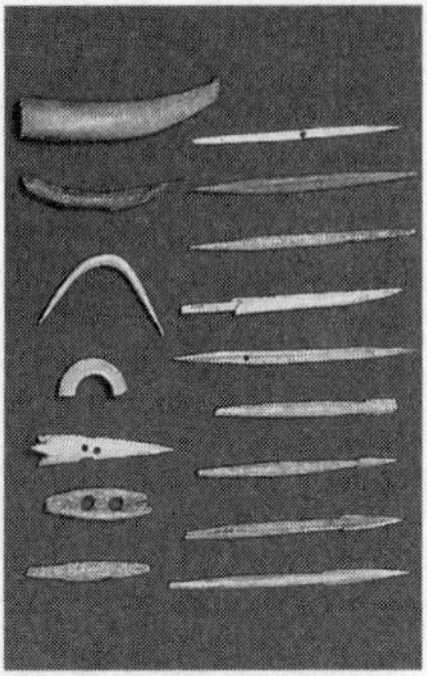

勝山館の出土品　銛などの骨角製品からは、アイヌ系の技術がうかがわれる。上ノ国町教育委員会蔵。

『新羅之記録』によれば条約はつぎのような内容のものだった。

> 勢田内《セタナイ》の波志多犬《ハシタイン》を召寄せ、上之国天河の郡内に据え置きて西夷の犬《イン》と為し、また志利内《シリウチ》の知蔣多犬《チコモタイン》を以て東夷の犬と為し、夷狄の商船往来の法度を定む。故に諸国より来れる商賈（商人）をして年俸を出さしめ、其の内を配分して両酋長に賚《あた》う。これを夷役と謂う。しかる後、西より来る狄の商船は、必ず天河の沖にて帆を下げ休んで、一礼を為して往還し、東より来る夷の商船は、必ず志利内の沖にて帆を下げ休んで、一礼を為して往還す。

『松前家記』が「季広東西蝦夷ト講和シ、遍ネク宝器ヲ与ヒ、深ク歓心ヲ結ブ」と書いているように、条約の内容はアイヌ側に有利なもので、講和成立時の力関係がうかがわれる。本州側から来た商船は蠣崎氏に年俸を払い、蠣崎はその一部をアイヌ首長に「夷役」として納めなければならないが、東西蝦夷地から来るアイヌ商船は、天の河・志利内の沖で帆をおろして「一礼」をなすだけで往還できた、というのである。

この条約によって、西は天の河、東は知内より以南、すなわち松前半島の西半分が和人の勢力範囲として合法的に認められた。法的にはここに「和人地」の出発を求めることができる。それは松前藩の前提が形成されたことでもあった。

一五九〇年、豊臣秀吉が小田原の北条氏を滅ぼし、天下統一をほぼ完成させると、ときをおかず秋田（安藤）実季《さねすえ》は上洛して秀吉に謁した。これに不安を覚えた蠣崎慶広《よしひろ》（季広の子）は、前田利家らのあっせんで、同年一二月二九日に聚楽第《じゅらくだい》で秀吉と対面した。

翌年正月一九日、秀吉は実季に出羽国檜山郡一職および秋田郡の一部、計五万二四四〇石を安堵した。蝦夷島は実季の領知からはずされている。ここに秋田氏は、蝦夷地との関係を断たれて、出羽の一大名として近世を生きることになる。

一五九二年四月、朝鮮侵略戦争が始まると、翌年正月、蠣崎慶広ははるばる肥前国名護屋の陣所まで出かけて、秀吉と対面した。秀吉はつぎの朱印状を慶広に与えた（『福山秘府』巻八）。

於二松前一従《より》二諸方一来船頭・商人等、対二夷人一、同二地下人一、非分義不レ可二申懸一。

幷《ならびに》船役之事、自二前々一如二有来一《ありきたるごとく》可レ取レ之。自然此旨於二相背族在一レ之者《あいそむくやからこれあるにおいては》、急度《きつと》可二言上一。速可レ被レ加二御誅罰一者也。

文禄二年正月五日　　朱印

慶広が三月末に帰国して首尾を報告すると、老父季広は狂喜して、「若狭以下の北国ではわが家の名が知られているとはいえ、上洛の望みを遂げたこともなく、なお河北檜山の屋形安藤氏を主君と仰いできた。ところが貴殿は、いまや日本国の大将軍太閤秀吉公の直の忠臣となった。これは家運がいよいよますます長久となり、子孫が繁栄する基だ」といった。ここに蠣崎氏は檜山安藤氏の配下から完全に自立し、北海道における唯一の大名としての地位を確立した。

また『新羅之記録』によれば、蠣崎氏は、この朱印状を写した制札を立て、「東西の夷狄」を召集してアイヌ語でつぎのように読み聞かせたという。

この上は、なお夷狄が敵対して、慶広の下知にそむき、諸国からやってくるシャモ（和人）に対して、乱暴なふるまいにおよんだならば、速やかにその旨を報告せよ。関白殿は数十万の兵を差し遣わし、ことごとく夷狄を追伐されるであろう。

ところが朱印状の文面は、「本州方面から松前に来る船頭・商人は、アイヌに対して非分をいいかけてはならず、また先例の通り船役を蠣崎氏に支払わなければならない。この旨に背く者がいたらすぐに言上せよ、速やかに誅罰を加えることとする」という内容で、むしろアイヌを保護する立場をとっている。『新羅之記録』が事実を伝えているとすれば、蠣崎氏は朱印状の内容をねじまげたうえでその威を借り、アイヌを威圧しようとしたことになる。

蠣崎氏に認められた権限としては船役徴収権しか記されていないが、船頭・商人に、アイヌとの取引を松前でのみ行なわせ、直接蝦夷地に赴くことを許さない権利、いいかえれば対アイヌ交易の独占的管理権を含意するものだった。それは一五九六年の秀吉朱印状にいたって、「最近も通告したように、本州からの商売船は、アイヌと直接に接触してはならない。松前において取引を行なうべきである」と明記される。

しかしこれらの法令は、アイヌ商船が本州方面へ赴くことまでを妨げるものではなかった。一六〇四年の徳川家康黒印状においてもなお、第二条「本州の船が松前慶広（蠣崎から松前への改姓は一五九九年）に断りなく蝦夷地に渡海し、売買を行なったならば、すぐに江戸へ報告を上げるべし」の付則に、「エゾはどこへ往来しようとも、エゾの自由意思に任せるべし」とある。

このころなお北奥地域には多数のアイヌが居住しており、津軽海峡を往来する「狄《えぞ》

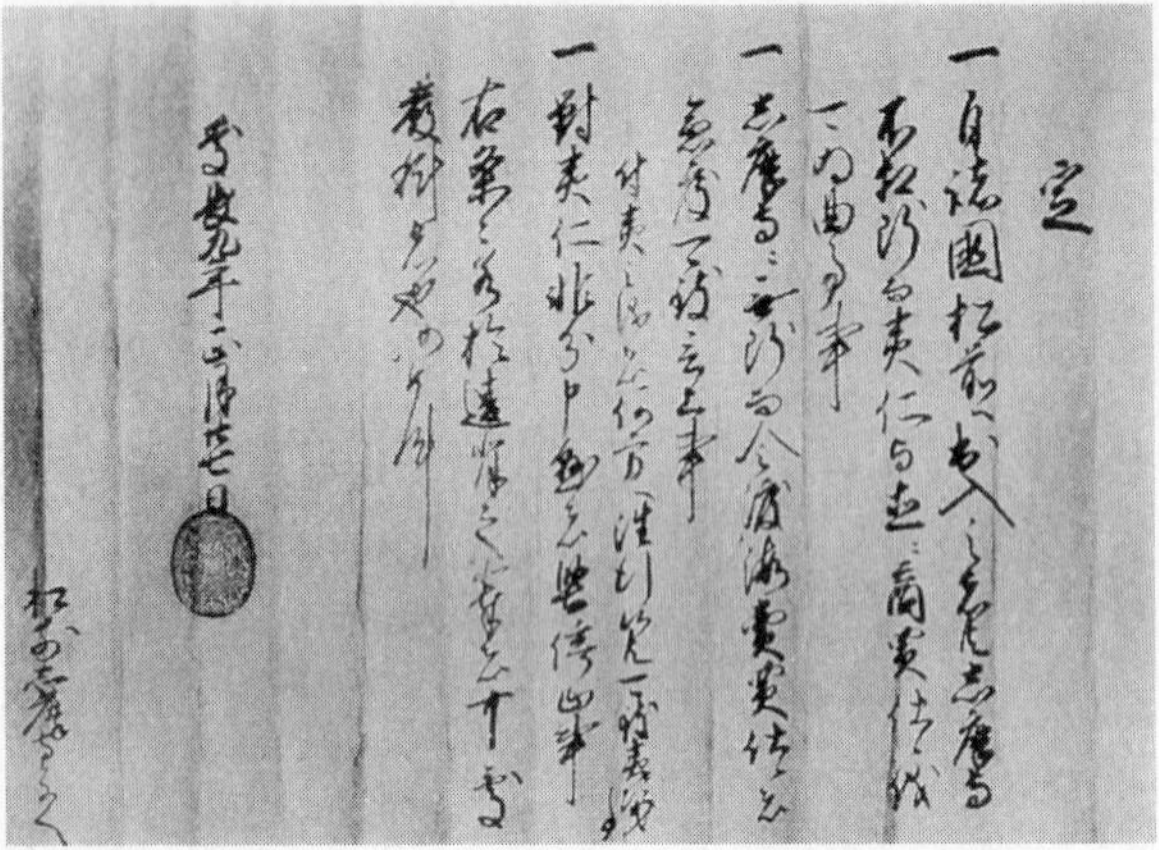

徳川家康黒印状　慶長９（1604）年正月27日付。江戸時代の松前氏が蝦夷地支配に占める地位を確定した。北海道開拓記念館蔵。

船《ふね》」の姿がめずらしくなかった。一五九三（文禄二）年の南部信直書状は、下北の田名部《たなぶ》・横浜・野辺地《のへじ》で多くの「ゑぞふね」が建造されていたことを記している。

右の家康黒印状は、一五九二年以来の統一権力の北方政策を集約し、近世大名松前氏と松前藩の権力基盤を確立したものだった。その中核は、松前氏以外の者が松前氏の許可なくして松前・蝦夷島でアイヌと交易することを許さない、ということにある。これを幕府の外交体制としてみれば、対馬藩と朝鮮、薩摩藩と琉球の関係とならんで、境界地域で異国・異域との交通を管理するシステムの一環をなす。藩体制としてみれば、石高さえ定められていないきわめて異例の存在だった。

統一権力と〈環日本海地域〉

一五九三年正月、名護屋で蠣崎慶広と会った秀吉は、「高麗国を攻め随えんとして在陣中、思いがけなくも狄《えぞ》の千嶋の屋形が、遼遠の路を凌《しの》いでやってきたことは、まことにもって神妙である、これで高麗国をまちがいなく手中にすることができる」と歓喜した。秀吉が喜んだのは、日本の果ての大名の参陣のせいだけでなく、「狄の千嶋」の掌握が朝鮮侵略のために不可欠と考えていたからだった。

この判断の背景には、つぎのような地理認識があった（フロイス『日本史』）。

朝鮮国征服の次第をよりよく理解するためには、関白当人がかの地から得た情報、ならびにかの地の事情と地勢が印刷されている諸地図にもとづき、まず同国の特質、および同国民について知っておく必要があろう。この朝鮮地方は……三四か国と隣接し、西方ではシナ人と接触し、朝貢国として彼らに対して毎年貢納している。北部および北東部ではタルタール人とオランカイ人〔の土地〕に接している。オランカイ人〔の土地〕は、日本の北部と大きい入江を形成し、蝦夷島の上方で北方に向かって延びて

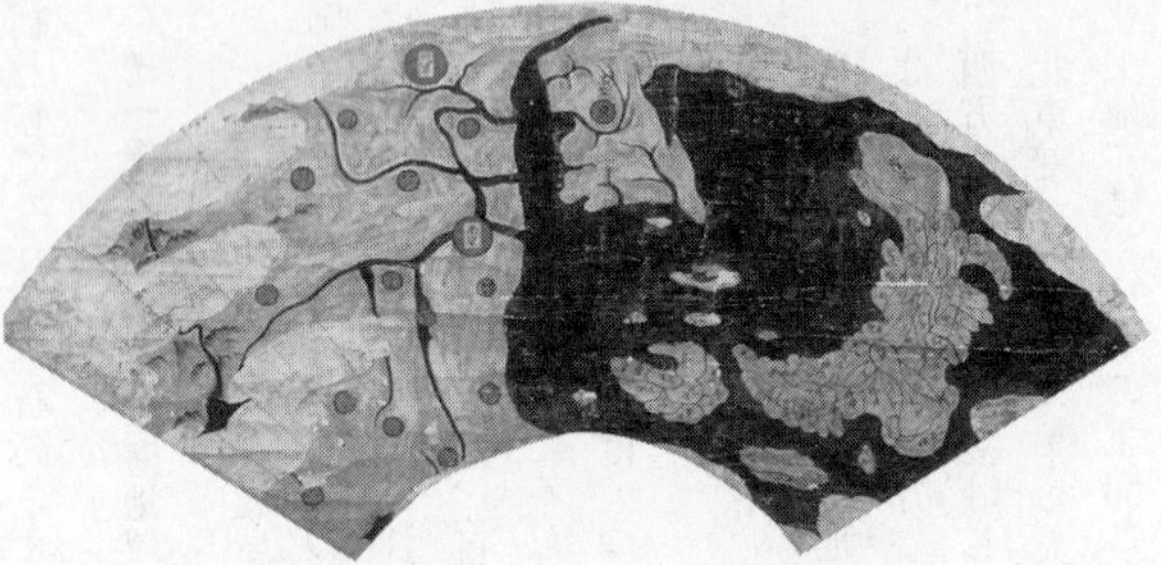

秀吉扇面地図　朝鮮侵略にさいし秀吉が作らせたという。扇の表に行基図系の日本図と朝鮮・中国を描き、裏に日本語と中国語の日常語17語を載せる。九州の南に「リウキウ」(琉球)、陸奥の北の大陸部に「エソ」(蝦夷)の文字がみえる。大阪城天守閣蔵。

いる突出した陸地である。

秀吉は日本海の岸が蝦夷地・オランカイでつながる閉じた円環をなしていることをよく知っていた。かれが小田原攻めの前から再三「奥州・津軽・日の本まで」あるいは「関東・出羽・奥州・日の本迄」仰せつけると広言していたことも、朝鮮侵略戦争の過程で加藤清正が戦略的にオランカイへ侵入したことも、豊臣政権が日本海をとりまく地域のすべてを征服しようという構想をもっていたことを示すのではないか。

そして徳川政権もまた、侵略こそ断念したものの、北方世界になみなみならぬ関心をもっていた。『新羅之記録』によれば、一五九九年冬、家康は大坂城西の丸で蠣崎慶広と対面し、「狄の嶋の絵図をご覧になり、北高麗のようすについてお話があった」。慶広が松前と改姓したのはこのときと伝える。

また一六一〇年には家康の面前で対馬藩家老柳川調信《やながわしげのぶ》と松前公広が対面し、家康は調信に「この者は松前伊豆守という狄の千嶋の屋形である。そもそも（対馬の先にある）北高麗と（松前の先にある）奥狄とは、領域が近接していると聞く。お前たち今後は会って話し合いなさい」と語った。

しかし〈環日本海地域〉は統一権力が造り出したものではない。一四～一五世紀においてすでに、津軽十三湊では「夷船・京船群集」（『十三往来』）「北国又は高麗の船も御入候」（『御曹子島渡』）という情景が見られた。安藤氏の海上活動や、それとリンクするアイヌの交易活動こそ、〈環日本海地域〉を成立させる重要な要素であり、その痕跡は先に見た「夷千島王」の書契に残っていた。

そしてまたしても『新羅之記録』であるが、一五九三年正月に名護屋で家康と謁したとき、蠣崎慶広は唐衣（サンタンチミプ）の道服を着していたが、これは「奥狄」が「唐渡《カラト》の嶋（樺太）より持ち来りしもの」だった。慶広は家康の所望により、その場で脱いで進上している。

こうした〈地域〉には、国境を超えた場で生きる人間類型が見出される。加藤清正はオランカイをめざす途上、「せいしう浦」で「せるとうす」という名の「北国の武者大将」を生け捕りにしたが、その配下に「おらんかい口（女真語）をも、朝鮮口をも、日本口をも、自由につかい申候能通詞《よきつうじ》」がおり、清正は重宝がって二郎と名づけ召し仕った。この二郎はもと松前の漁師で、風に流され「せいしう浦」に漂着し、二〇年ほど暮らした人だった（『清正高麗陣覚書』）。

また正徳年中（一七一一〜一六年）、津軽藩領三厩《みんまや》の辺に蝦夷一〇人ほどが住みついたが、孫の四郎三郎の代までに、日本人とすこしも変わらず、言語はもちろん文学までも心得るにいたった。一七八八年ころには、千石積みの廻船を所持する富商となって、津軽侯の御用を仰せつかるほどに出世したという（『東遊雑記』巻五）。

〈日の本〉と自立意識

向山誠斎《むこうやませいさい》（一八〇一〜五六年）の『誠斎雑記』は、松前家を「島夷の酋長というべき者で、わが国の大名には比べがたい」存在とし、一六〇四年の家康黒印状にふれて、「諸国の商船のこととエゾに非義を申かける輩のことが記されているだけで、領知のことは見えない。これもわが国の外であるがゆえに、領知安堵のことにおよばれなかったのであろうか」と記している。江戸時代を通じて松前藩には「わが国の外」というイメ

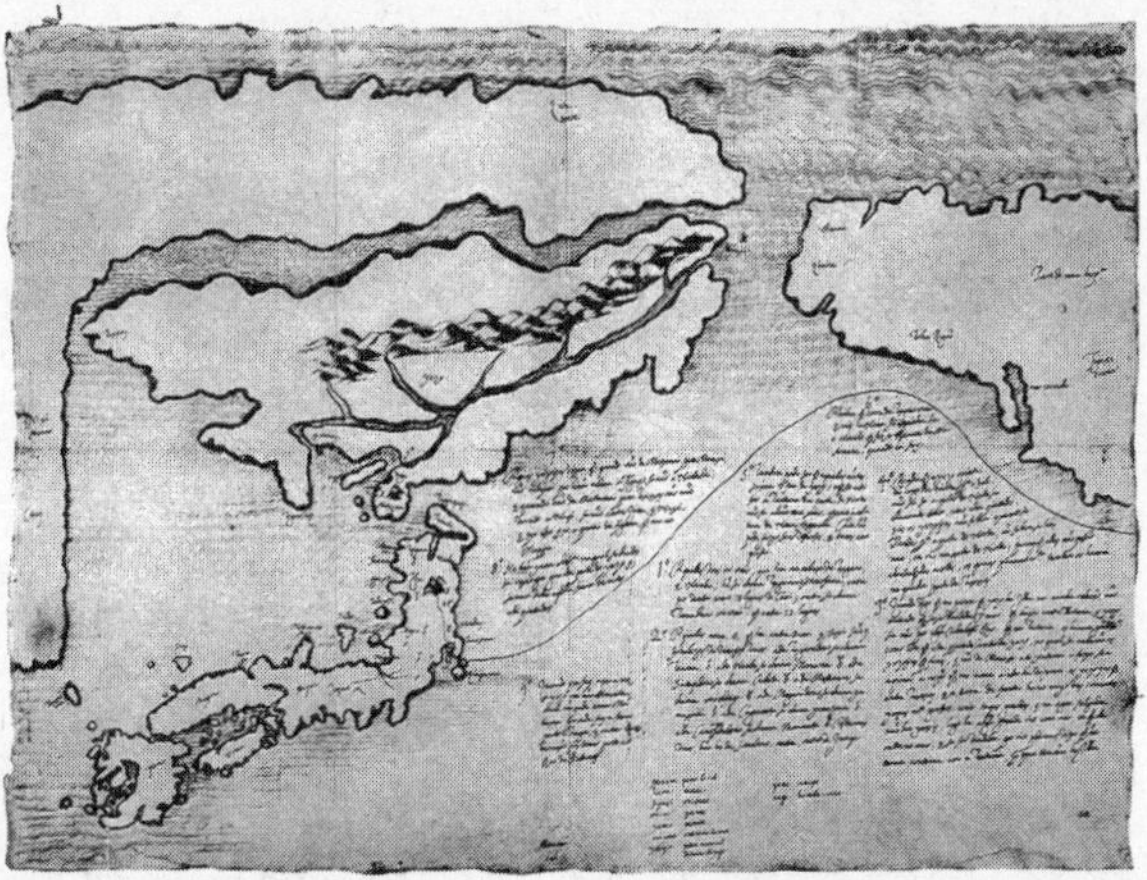

アンジェリス蝦夷報告附図　アンジェリスは布教可能性を探るために蝦夷島へ渡り、1618年と1621年に詳細な報告書をヨーロッパへ送った。人種的・政治的偏見のない優れた観察記録と評価されている。写真は「第二報告」に添付された地図で、蝦夷島が想像で巨大に描かれる。太平洋上の実線は伊達政宗の「慶長遣欧使節」の航路。H＝チースリク編『北方探検記』より。

ージがつきまとっていた。

これは中央の側からの意識であるが、松前側も自己を「日本の外」とする認識をもっていた。イタリア人神父《パードレ》ジロラモ＝デ＝アンジェリスの『第一蝦夷報告』（一六一八年）によると、松前公広は松前に行きたいというアンジェリスの希望を聞いて、「パードレが松前におみえになることになんら差支えはありません。なぜなら天下（幕府）がパードレを日本から追放しましたけれども、松前は日本ではないからです」と答えたという。キリシタン問題のような国家意識がするどく問われるテーマについてさえ、松前では「日本」の原則からの逸脱があやしまれていなかったのである。

このような自立意識の淵源は、当然中世にさかのぼる。松前氏は安藤氏への下克上で蝦夷地支配を確立したから、安藤氏が蝦夷＝朝敵に出自するという説をことさらに強調し、自己の出自を若狭の武田氏に求めたふしがある。しかし蝦夷地に君臨しようとする以上、自己の支配基盤が「日本」にくらべて異質であることは所与の前提であり、それゆえ安藤氏の自立意識をきりすてることはできなかった。

中世において安藤氏の自立意識を象徴するものとして、「日の本将軍」という称号が注目されている。「日の本」とは、太陽の昇る東の果てを意味することばで、具体的には安藤氏の支配する日本国の北辺ないし蝦夷地をさす。秀吉の北方認識にあらわれた例はすでに見た。

若狭の『羽賀寺《はがじ》縁起』によれば、一四三五年炎上した羽賀寺の再興にあたって、勅命を被った「奥州十三湊日之本将軍安倍康季」が、檀越《だんのつ》として莫大な奉加銭《ほうがせん》を施入したという。ここには、北辺の豪族としての独立意識とともに、日本海航路を通じて若狭や京都につながろうとする指向もうかがえる。

こうした二面性は学説上にもあらわれ、日の本将軍を鎮守府将軍と同一視して幕府の北方支配の系列に位置づけようとする遠藤巌《いわお》説と、蝦夷の王としての安藤氏の自立意識を読みとる海保嶺夫説とが対立している。さらに日の本将軍号が安藤氏だけでなく、他家の系図や語り物にも見られる——たとえば『さんせう太夫』に「奥州日の本の将軍、岩城の判官正氏殿」——ことから、東国や東北の地域的自立についての人々のイメージが投影されたことばだとする大石直正・入間田《いるまだ》宣夫《のぶお》説もある。

同様のことは安藤氏の系譜意識についてもいえる。数種ある安藤系図は、その先祖を神武東征で滅ぼされた長髄彦《ながすねひこ》の兄の「安日《あび》」、悪路王《あくろおう》と呼ばれ坂上田村麻呂に退治された「高丸」、あるいは前九年の役で敗死した安倍貞任としている。これらに共通することは、朝敵であり、蝦夷との系譜的つながりであり、「鬼」のイメージである。「日本」の武士たちの大多数が祖先を天皇家に結びつけているのと正反対で、ここにくりかえし中央への敗北を嘗めつつも自立と抵抗の意識を失わなかった北辺の豪族の誇りを読みとることは誤りではない。

しかし安藤氏が、中央から蝦夷の統轄者として認められることによって、中世を生き抜いてきたことも事実である。蝦夷の統轄者としての正当性は、蝦夷出自の強調によってよりたしかなものになっただろう。

ふたつの見方はどちらもなりたつのである。大石直正は、奥州藤原氏の例をも参照しながら、これを境界に生まれた政治権力に共通する二面性として一般化した（「平泉藤原氏と津軽安藤氏」）。おなじ特質は江戸時代の松前藩にも明瞭に見てとれる。

琉球の進貢船　進貢船の帰国を迎えて躍動する那覇港。中国との正式の外交を担う進貢船の派遣は、中世〜近世の琉球にとって、もっとも大事な国家的イベントだった。沖縄県立博物館蔵。

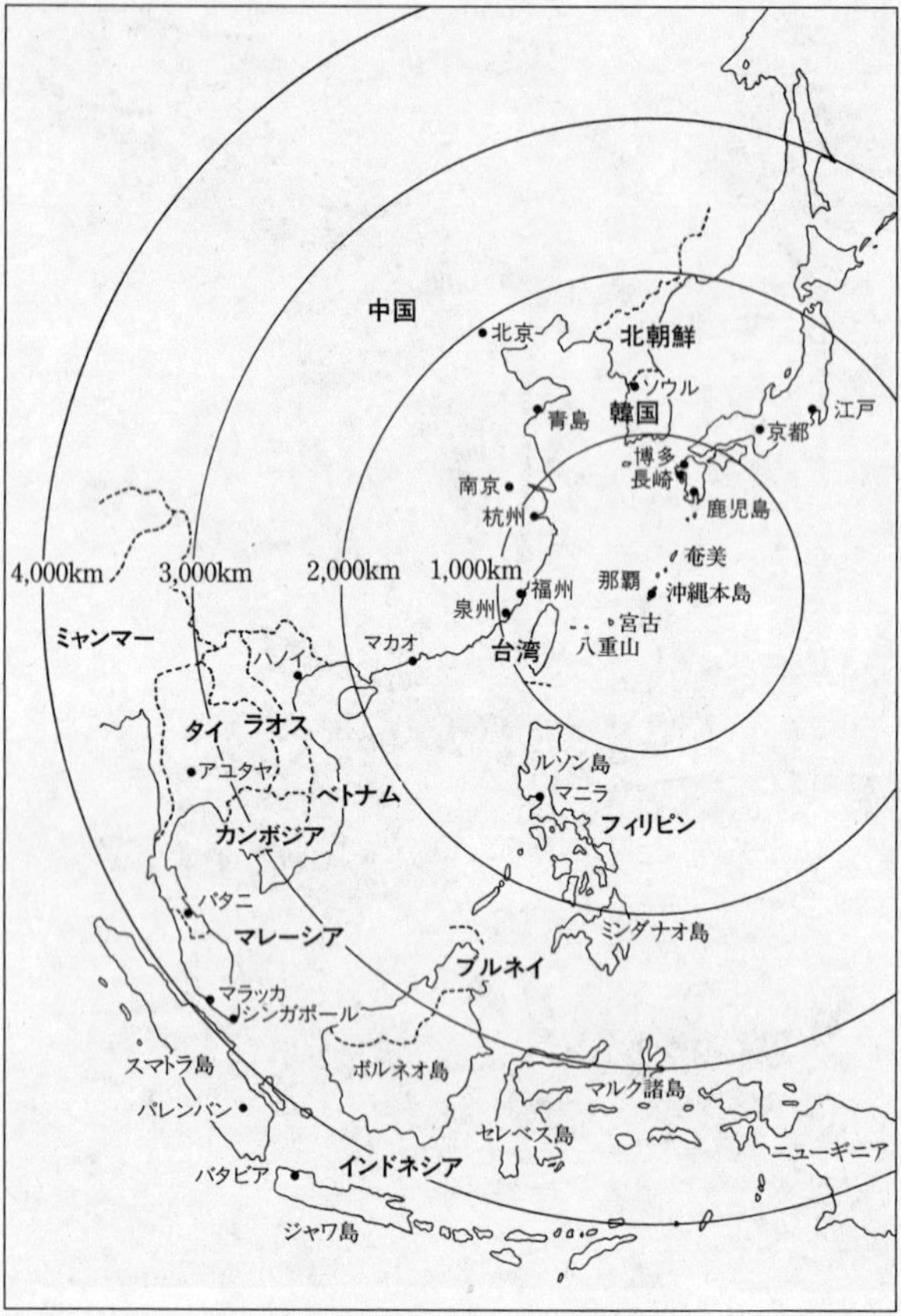

那覇を中心に、東北へは1000キロ、西南へは4000キロ圏が「琉球人の海」だった。この地政学的重要性は、現在の米軍基地偏在にもつながる。

海禁体制下の琉球

一三六八年に明朝が成立してまもなく、沖縄本島に分立した中山・山南・山北三つの王権（三山《さんざん》）は競うように朝貢を始める。これを受けて明は、暦の頒布、印の授与、冠服の賜与という順で冊封の手続きを進め、一五世紀はじめまでに三山との個別の国交を確立させた。こうして琉球は、はじめて国際社会の舞台に本格的に登場し、文献史料によって国のようすがうかがえるようになった。これ以降、一六〇九年の島津氏による征服までを、琉球史の時代区分で「古琉球」と呼んでいる。

三山との朝貢貿易によって当初明が獲得したものは、馬と硫黄という軍需物資が中心だったが、これは北方に逃れた元の末裔「北元」とのにらみあいが続いていたからだ。しかし一四世紀すえころから、蘇木・胡椒・乳香など東南アジアの産物があらわれてくる。明は海禁によって中国人商人から海外産品を入手するルートをみずから閉ざす結果となったので、地の利のある琉球を窓口に位置づけ、琉球の朝貢というあらたなルートを確保したのである。

明は、このルートを維持するために琉球に特別の優遇措置を施した。七四頁の表のように他国より抜群に多い朝貢回数を認める、朝貢貿易用の海船を与える、江南人を送り

明に対する諸国の入貢回数

(1)	琉球	171	(10)	朝鮮	30
(2)	安南	89	(11)	瓦剌《オイラート》	23
(3)	烏斯蔵《チベット》	78	(12)	満剌加《マラッカ》	23
(4)	哈密《ハミ》	76	(13)	日本	19
(5)	占城《チャンパ》	74	(14)	蘇門答剌《スマトラ》	16
(6)	暹羅《シャム》	73	(15)	真臘《カンボジア》	14
(7)	土魯番《トルファン》	41	(16)	浡泥《ブルネイ》	8
(8)	爪哇《ジャワ》	37	(17)	三仏斉《パレンバン》	6
(9)	撒馬児罕《サマルカンド》	36			

（出典）「明史」外国伝

こんで外交・貿易のノウハウを提供する、琉球人の子弟を明の国立大学である国子監に受け入れる、などがその内容である。

これを受けた琉球でも、貿易の利潤を背景に歴史のテンポが急に加速され、明の国家制度を導入するなど、国家体制や貿易組織が整備された。そのいっぽうで、三山それぞれの内部の政治的対立と、三山相互の争いとが結びついて、王位をめぐる政変が、一三九〇年代から一四一〇年代にかけて頻発する。

その混乱のなかから、山南出身の英雄尚巴志《しょうはし》があらわれ、中山の察度《さっと》王統を滅ぼして父思紹を中山王に即《つ》け、ついで山北・山南を滅ぼして、一四二〇年代に三山を統一し、みずからは二代目の王となった（第一尚氏王朝）。

琉球の統一王朝は、海禁で海外活動が非合法化された中国人貿易商を国家機構のなかにとりこみ、中継貿易によって富を蓄積し、未曾有の繁栄を謳歌した。東アジアと東南アジアを結ぶ交易ルートのかなめとして、明を中心とする世界経済の重要な担い手となったのである。一四〇五～三三年の鄭和の遠征もおなじ目的をもっていたが、琉球の中継貿易は、その長期的・恒常的性格といい、実現した交易の規模といい、鄭和の遠征よりはるかに大きな歴史的意味を担ったといえよう。

一四五八年に琉球の王城・首里城正殿に掛けられた大鐘の銘は、誇らしげに謳う。

> 琉球国は南海の勝地にして、三韓（朝鮮）の秀を鍾《あつ》め、大明を以て輔《ほ》車《しゃ》と為《な》し、日域（日本）を以て脣歯《しんし》と為し、此の二中間に在りて湧き出づるの蓬莱嶋なり。舟楫《しゅうしゅう》（海船）を以て万国の津梁（かけ橋）と為し、異産至宝は十方の刹《さつ》（寺院）に充満せり。

輔車は車と輻《や》、脣歯は唇と歯で、ともに切っても切れない密接な関係のたとえである。首都首里の外港那覇を起点とする交易ルートは、鐘銘にあらわれた中国・朝鮮・日本はもちろん、安南・シャム・パタニ・マラッカ・スマトラ・パレンバン・ジャワ・スンダなどの東南アジア諸国を結び、文字どおり「万国の津梁」として機能した。

尚真王の登場

しかし第一尚氏王朝は、尚巴志の死後安定を欠いた。五人の国王が数年おきにあいつ

首里城正殿　1924年撮影。最近の復元にさいして、指図などとともに重要資料となった。鎌倉芳太郎『沖縄文化の遺宝』（岩波書店）から。

いで王位につき、王族（志魯《しろ》・布里《ふり》、一四五三年）や有力豪族（護佐丸《ごさまる》・阿麻和利《あまわり》、一四五八年）の武力衝突が起きるなど、混乱が続いた。

このころ、王族や地方豪族は各地に居城を構えて割拠しており、首里の優位はまだ絶対的なものではなかった。それらの城を琉球語でグスクというが、中国風の石垣やアーチ門をもつグスクの跡は、沖縄本島（とくにその南部）を中心にいまなおたくさん残っている。

そんななかで、低い身分から出世して、一四五九年に対外交易長官ともいうべき御《お》物城御鎖側《ものぐすくうずすぬすば》の要職に就いていた金丸が、尚徳王の死（一四六九年）後の混乱に乗じて、翌年王位を奪った。これが尚円王である。

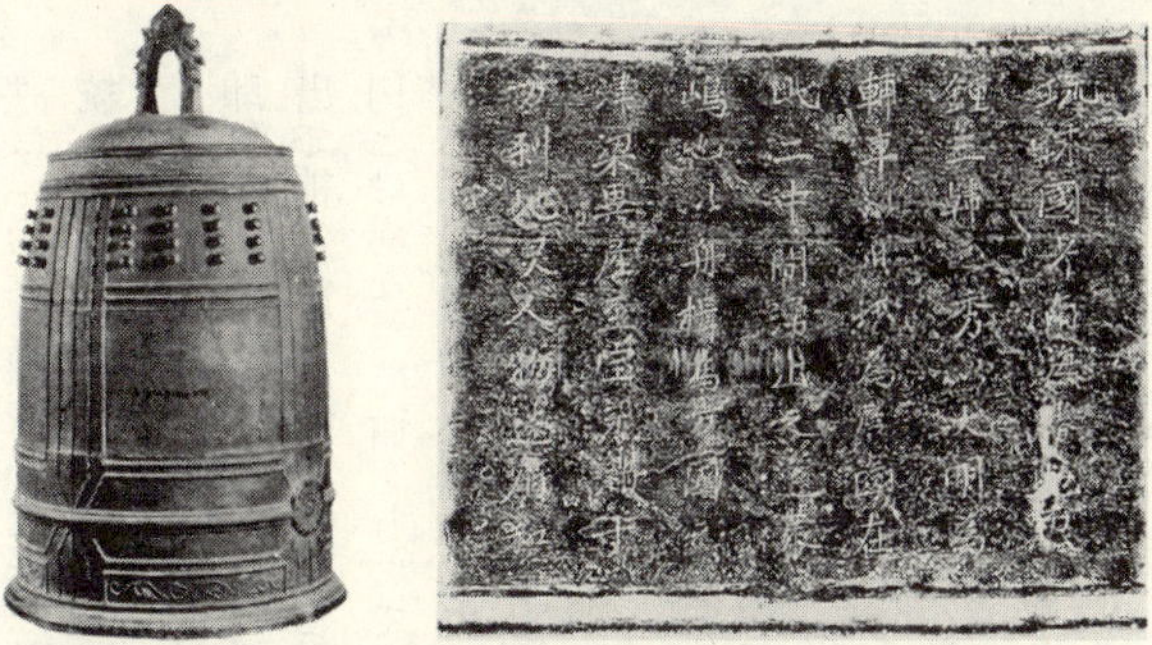

万国津梁の鐘　首里城正殿に掛けられていた大鐘で、戦災をくぐって生き延びた唯一の遺品。右は銘の拓本。沖縄県立博物館蔵。

尚真王御後絵《おごえ》　明皇帝から下賜された皮弁服・皮弁冠に身を包む。王を巨大に描いてその権威を強調する。円覚寺に伝わった歴代国王肖像画の一つだが、すべて沖縄戦で焼失した。鎌倉芳太郎『沖縄文化の遺宝』（岩波書店）から。

姓は「尚」を継承したが、これは明らかに革命による王朝の交代である。以後明治まで続くこの王朝を第二尚氏王朝という。

尚円が一四七六年に死亡したあとは弟宣威が襲った。翌年二月、尚宣威王は、新王の即位を祝賀するキミテズリの神があらわれたと聞いて、正装して首里城正殿前の広場に出て神の祝福を待った。ところが出現した神（もちろん神の憑依した女性だろう）は、旧例とは異なって西をむいて立ち、「首里《しより》おわるてだこが／思い子《ぐわ》の遊《あす》び、見物《みもの》遊び／躍《な》よればの見物」というオモロを誦した。

「首里おわるてだこ」は故尚円王をさし、その「思い子」＝愛児とは、当時一二歳だった嫡子尚真をさす。詩の大意は、「首里におわす王の、愛《いと》し子の神遊び、みごとな神遊び、舞い姿のみごとさよ」といったところか。

神意は尚宣威でなく尚真の即位にあることを、このオモロは示したのである。こうして尚宣威は、即位を明朝に告げることもないままに退位し、王位は尚真に帰した。

正史の伝える右の経緯にはウラがありそうだ。伊波普猷《いはふゆう》は、尚円王の未亡人で尚真の生母のオギヤカが画策して、王位が尚宣威の系統に行くのを阻止したのがことの真相だとし、その後尚真と尚宣威の娘との間の子尚維衡が、他の妃の子より年長なのに王家の墓玉御殿《たまうどうん》に入る資格を与えられなかった（一五〇一年「たまおどんのひのもん」）のも、

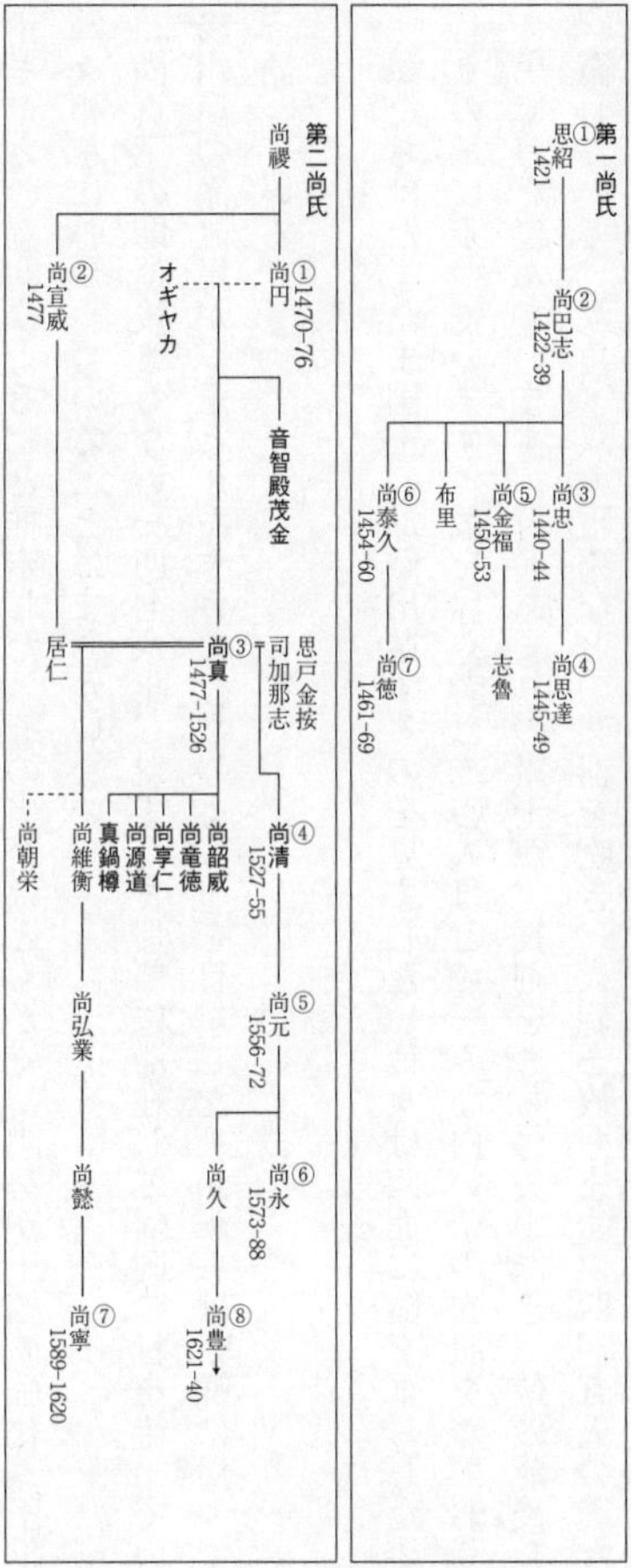

玉御殿の碑文　玉御殿は首里にある第二尚氏王朝の宗廟。前庭に立つ1501年の碑には、上段に9人の名（左系図中の太字）が刻まれ、下段に「この御末は、千年万年に至るまで、この所に納まるべし。もし後に争う人あらば、この墨見るべし。この書付背く人あらば、天に仰ぎ、地に俯して祟るべし。」と記す。

オギヤカの意向による、と推定した。その当否はともかく、趨勢が王権の強化、王位の嫡々相承にむかっていることはまちがいない。

尚真王の即位後まもない一四七八年、たまたま那覇に滞在して帰国の日を待っていた済州島の漂流民が、王とオギヤカの行幸のようすを目撃した。かれらは朝鮮に帰ってこう語っている。

私たちはたまたま国王の母が出遊するのを見ました。彼女は四面に簾《す》を垂らした漆塗りの輦《れん》に乗っています。輦を舁《か》く者は二〇人ほどで、みな白い苧の衣服を着ており、帛《きぬ》で首を包んでいます。百名あまりの軍士が、長剣をもち弓矢を佩《は》き、輦の前後を護衛していて、双角・双太平嘯などの楽器を吹き、火砲を放ちます。四、五人の美女が綵緞《さいたん》の衣の上に白苧布の長衣を着て(行列のなかに)います。私たちが路傍に出て拝謁しますと、王母は輦を停めて、錫《すず》の瓶ふたつに酒を盛り、漆塗りの杯に注いで私たちにふるまってくれました。酒の味はわが国のものとおなじでした。王母のやや後ろを、十余歳の少年が進んでいきます。その容貌は非常に美しく、髪は後ろに垂らしていますが編んではいません。紅の絹の衣と束帯を着し、肥えた馬に乗っています。轡《くつわ》を取る者はみな白衣を着ています。乗馬して先導する者が四、五人、左右に控えて護衛する者ははなはだ多く、衛士のうちで長剣をもつ者は二十余名でした。傘をもった者が（少年の）馬とならんで進み、日を遮っています。私たちがまた拝謁しますと、少年は馬から下りて、錫の瓶で酒を盛りふるまってくれました。飲み終りますと、少年は馬に乗って去っていきました。

国人の話では、「国王がなくなり、嗣君が幼いので、母后が臨朝していますが、少年が年を加えれば、即位することになりましょう」。

この談によれば、尚真王治世の初期はオギヤカが実質上の王だったことがわかる。行列の威儀は相当なもので、朝鮮人がめずらしいのか母子ともに親しく酒をふるまっている。

鳴響む按司添い

その後半世紀ちかくも続く尚真王の治世は、琉球王国の最盛期として知られる。まず版図が沖縄本島をはるかに超えて、奄美諸島から八重山群島にまでおよんだ。

まず奄美方面を見ると、一四九七年、尚円王の使者と称する博多の僧梵慶が朝鮮を訪れて、「大島はわが国の附庸《ふよう》下にある（属国である）。近来日本の兵士が来てここを撃ち取ろうとし、多数の戦死者が出たが、十回のうち八、九回は勝利し、千里の遠きまで敵を挫《くじ》いた」と語っている。当時は尚円王が死んでからずっと後で、この使者は真正のものとは思われないが、奄美大島からトカラ列島あたりの海域で、薩摩と琉球の勢力が鎬《しのぎ》をけずっていたことは事実であろう。

また一五三一年に成った『おもろさうし』巻第一の一首に、「おぎやか思いに／笠利《かさり》討ちちへ　みおやせ」とある。「オギヤカモイに笠利を討って奉れ」という意味である。「おぎやか思《も》い」は尚真王の名前で、笠利は奄美大島北部の地名で奄美の政治的中心だから、ここには尚真王の奄美征服が謳われていることになる。

先島方面では、一五〇〇年に、尚真王の兵が、宮古島の首長仲宗根豊見親《なかそねとゆみや》の協力を得て、八重山の首長掘河原《ほんがわら》・赤蜂《あかはち》を滅ぼし、首里の威令が琉球列島全体におよぶにいたった。あとでふれる「百浦添之欄干之銘《もんだすい》」にも、尚真王は、一五〇〇年の春、西南の国太平山（宮古・八重山）を戦艦一〇〇艘で攻め、その国人は翌年から歳貢を献ずるようになった、と記されている。王府の先島支配が、朝貢関係による緩やかなものだったことがわかる。

また本島を中心とする地域では、按司《あじ》と呼ばれる地方豪族がグスクを根城に割拠し、王との謁見や訴訟のときだけ首里にやってくる、という状態だったのが、尚真王のときに改められ、諸按司は首里に集住させられ、領地には代官ひとりをおいて遠方より支配する、というかたちに変わった。この事蹟は『球陽』の尚真王代の記事の末尾に附載された記事に見えるだけで、王の治世のいつのことか明らかでなく、どの程度徹底したものか心もとない点もある。

しかし、尚真王代のすえから残る辞令書に記された人事異動を整理してみると、ある役職がおなじ家系に世襲されることのないよう留意されており、しかもその異動がかなりひんぱんであることがわかる。このような官僚制原理の浸透と共通の根から発するものとして、右の首里集住政策を評価できよう。

『おもろさうし』の編纂が始まったのも尚真王のときだ。一五三一年に成った巻第一の「首里王府の御さうし・きこゑ大ぎみがおもろ」は、王の威力が聞得大君《きこえおおぎみ》（最高級神女）の神威に支えられてさかんなようすを、つぎのように謳いあげている。琉球では、聞得大君を頂点とする神女の組織が、王を頂点とする官僚組織とならんで、国家機構を構成していた。

一聞得《きこゑ》大君《ぎみ》ぎや《（が）》／降《お》れて　遊《あす》びよわれば《（給えば）》／天《てに》が下《した》／平《たい》らげて　ちよわれ《（ましませ）》／又鳴響《とよ》む精《せ》高子《だかこ》が／又首里《しょり》杜《もり》ぐすく／又真《ま》玉杜《だまもり》ぐすく

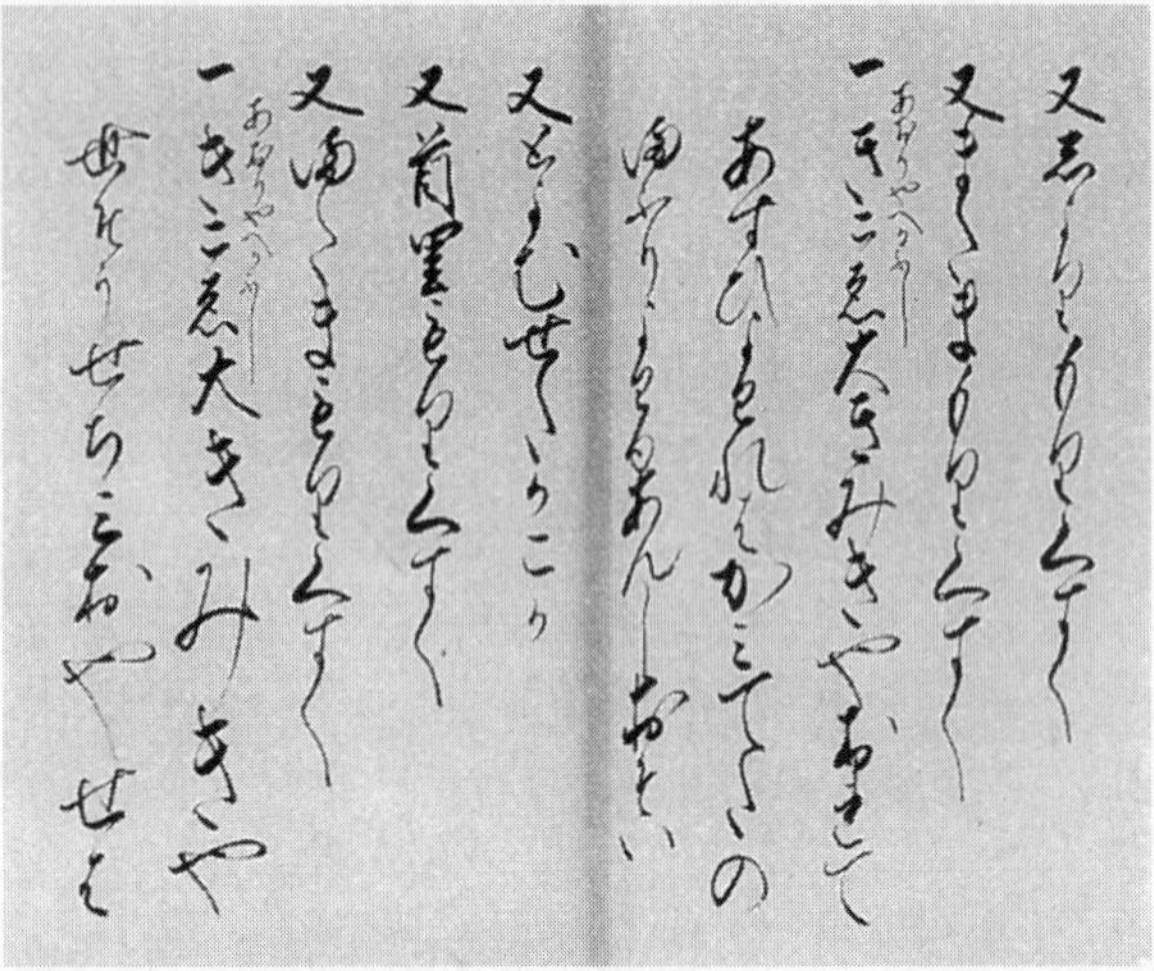

おもろさうし　「聞得大君ぎや、降れて遊びよわれば、神てだの……」沖縄県立博物館蔵。

一聞得《きこゑ》大君《ぎみ》ぎや／降《お》れて　遊《あす》びよわれば／神《かみ》てだ（太陽）の／守《まぶ》りよわる按司《あんじ》添《おそ》い／又鳴響《とよ》む精高子《せだかこ》が／又首里杜《しよりもり》ぐすく／又真玉杜《まだまもり》ぐすく

一聞得《きこゑ》大君《ぎみ》ぎや／世添《そ》うせぢ（霊力）みおやせば（奉れば）／千万　世　添《そ》わてちよわれ／又鳴響《とよ》む精高子《せだかこ》が／又聞得《きこ》按司《あんじ》添《おそ》い／又鳴響《とよ》む按司《あんじ》添《おそ》い／又首里杜《しよりもり》ぐすく／又真玉《まだま》杜《もり》ぐすく／又　大君《きみ》す　守《まぶ》らめ

「鳴響む（世に鳴り響く）精高子（精力のさかんな人）」は聞得大君のいいかえ。また「添う」は支配する意で、「按司添い」（按司たちの支配者）は王のこと。「首里杜ぐすく」「真玉杜ぐすく」はともに首里王城内の聖地で、首里王城そのものをあらわす。

オモロの歌い方は、「又」の付く行が「一」の付く行のところに入って中間部分がくりかえされる――第一の作では「降れて　遊びよわれば／天が下／平らげて　ちよわれ」がくりかえし部分――のが基本だが、細部では不明な点が多い。くりかえしを作るさいに、〈聞得大君―鳴響む精高子〉〈首里杜―真玉杜〉〈聞ゑ按司添い―鳴響む按司添い〉のような同義語あるいは類語のペアがしばしば用いられる。

尚真王賛歌としてもうひとつ有名なのは、一五〇九年に首里城正殿前の階段の石造欄干に彫り付けられた長文の銘だ（百浦添之欄干之銘）。現物は戦災で失われてしまったが、銘文は写されて残った。臣下から尚真王への奏上の形式をとるこの銘は、王を「天姿秀異、睿知《えいち》聡明、徳は三王に侔《ひと》しく、名は四表に聞こゆ、明主と謂うべし矣、王の仁沢は川の海に流れて寛く、一朝の世事、万代の奇観なり」と誉めたたえたあと、前代に超出する当代の勝事として、一一項目を列挙する。

①三宝に帰依して、造仏造寺に励んだ。
②臣には礼義を正し、民には賦斂《ふれん》（租税）を薄くし、治国斉家につとめた。
③先島征服のこと（既述）。

④衣服は錦綉、器は金銀を用い、刀剣弓矢を蓄えて護国の利器とした。
⑤臣僚を官職につけ、位階を定めて鉢巻の黄赤、簪《かんざし》の金銀で表示し、後世尊卑の亀鏡《きけい》とした。
⑥王宮一帯を美しく飾りたて、前殿・後宮に常時春の花をおいた。
⑦内園にある寺院に仮の山水を築き、宸遊《しんゆう》の佳境とした。
⑧贅《ぜい》を尽くした膳部、めずらしい銭帛衣帯、香り高い茶、芳醇な酒、屏風や掛軸、管弦で客をもてなし、臣民を楽しませた。
⑨三年一次に減らされていた明への朝貢を、武宗即位のはじめに使者を送って、一年一次に戻してもらった。
⑩中華の風を琉球に移して俗を易《か》え、皇帝の万歳を祝う朝儀を始めた。
⑪中華宮室の制度に倣《なら》い、青石を削って殿下の欄干とした。
①と②は仏教と儒教を国家支配の支えとしたことを語る。③は版図の拡大、④は軍備の充実、⑤は官僚制・位階制の整備を示し、こうした国力の充実に支えられて、⑥⑦⑧のような贅沢《ぜいたく》が可能になった。

繁栄の翳り

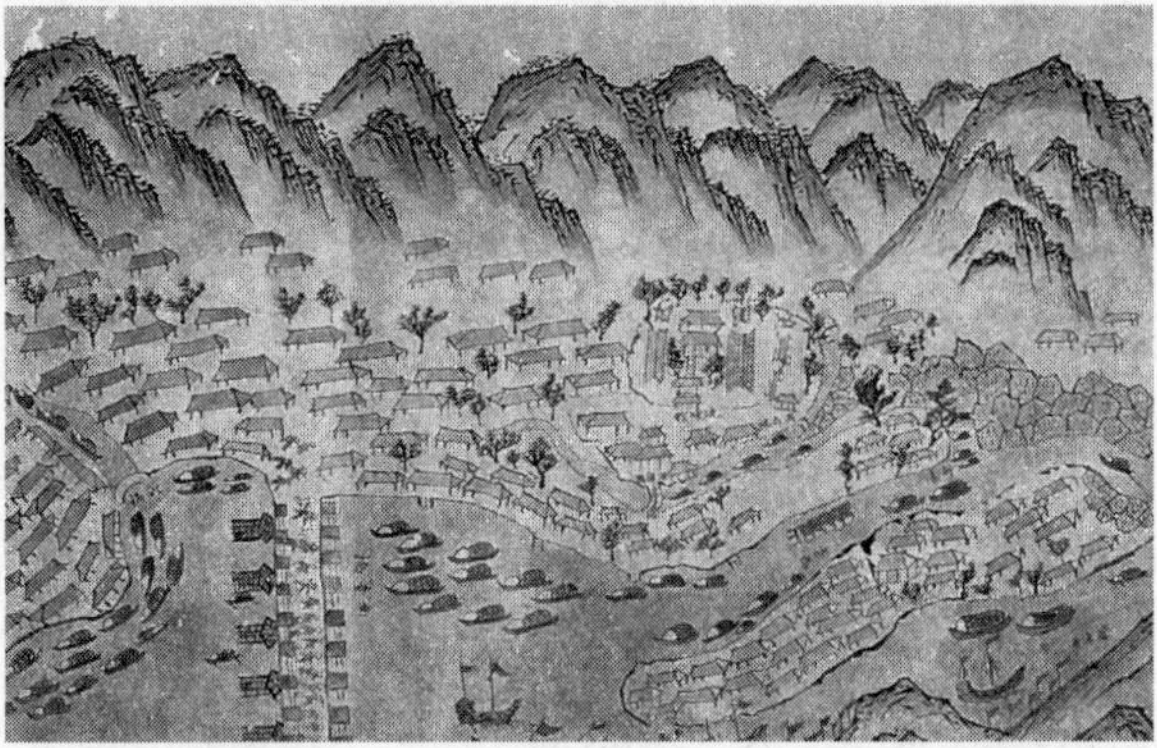

那覇・福州航路図　６メートル弱の長大な巻物に、那覇・福州間の航路を朱線で示す。掲げたのは福州を描く巻末部分で、大河川沿いの繁華な湊町を活写。中央右よりに琉球館が見える。19世紀。沖縄県立博物館蔵。

以上、結構ずくめに見える尚真王の治世だが、この時代は同時に古琉球の栄光が翳りを見せ始めた時期でもあった。

一四七四年、福州で琉球国使臣が殺人・放火におよぶという事件が起きた。翌年、明は懲罰として朝貢回数を二年一貢に減らす措置をとった。他国より抜群に多い対明交易こそ、琉球の繁栄を支える背骨だったから、これは琉球にとって死活問題だった。まもなく即位した尚真王も、一四七八年に一年一貢への復帰を願ったが、許されなかった。明の礼部は、その理由を皇帝にこう説明している。

国王尚円がなくなって、その世子尚真が、一年一貢への復帰を願って、先朝の先例をもちだし、諸夷を制御する役に立ちたいといってきた。しかし実情を調べてみると、中国との貿易を図ったものにすぎない。いわんや近年の都御史からの報告によれば、琉球の使臣は多くは逃亡した福建人だという。ずるがしこさはかぎりなく、殺人・放火におよび、また中国の物資を買って外夷の利益をむさぼろうとしている。その要求には従いがたい。

先に述べたように、明朝初期、琉球は海禁体制のもとで中国が南海産品を合法的に入手するための窓口に位置づけられた。海外での活動が封じられた中国商人、とくに福建の商人は、琉球へ渡航し、琉球国の使臣として朝貢貿易に携わることに、あらたな進路を見出した。渡来福建人の居留地久米村《くめむら》はこうして形成され、琉球王国の外交部局の役割をはたした。

ところが一五世紀も末近いこの時期になると、そうした体制自体が明の歓迎しないものになってしまった。中国人密貿易商が東南アジアと中国を直結する交易ルートを開発した結果、南海交易における琉球のヘゲモニーはくずれつつあった。一四七四年の事件自体は偶発的なものだが、明には琉球をとくに優遇しておく理由がなくなっており、琉球の朝貢貿易を制限する方向に転じたのはむしろ必然だった。

欄干銘の⑨は、三年（正しくは二年）一貢に減らされた朝貢回数を一年一貢に復させたことを、尚真王の功績に数えているが、その実年代は一五〇七年である。じつに三〇年ぶりに琉球最大の外交課題が解決をみたのだが、琉球の中継貿易が往時の繁栄をとりもどすことはなかった。

わずか四年後の一五一一年、ポルトガル海軍が南海交易の重要な港市国家マラッカを陥落させる。つづいてポルトガルは、中国沿海の密貿易ルートに沿って、広東、福建、浙江方面へと進出し、琉球の活躍の場はますます狭くなった。一五七〇年にシャム王国に来たのが、南海にあらわれた琉球船の最後となった。

こうして貿易国家琉球の繁栄に翳りが見えはじめたころ、琉球の国家的自立が失われる不吉な前兆があらわれていた。一四八〇年、室町幕府の奉行人布施英基は、薩摩の島津武久に対して、つぎのような要請を発した。

琉球国より（京都に）便りがないことは、大乱で世間が騒がしかった間は、やむをえないことであった。しかしすでに情勢がおちついたので、「早々に先例の通り琉球船の来朝が行なわれるよう、（琉球に）申し遣わされたい」という旨の（幕府の）奉書が

（島津氏に）送られた。（幕府から）仰せ出だされた通りに、急ぎ（琉球に）御伝達いただければ幸いである。おなじことならば、この（手紙を持参する）使者が（京都に）帰ってくるのにあわせて、琉球船を遣わすようにさせることが肝心である。

幕府は、応仁・文明の乱のあおりで途絶していた琉球船のヤマト来航を再開させようとしているが、それを「来朝」と呼んで琉球をはっきりと自己より低位に位置づけており、しかも薩摩島津氏に琉球への働きかけを委ねている。この委任をひとつの根拠として、のちに島津氏は琉球を薩摩の附庸国（属国）だと主張するにいたる。

久米村の盛衰

那覇市中心部の一角に、久米一丁目、同二丁目の町名があり、その南端に大門、北端に西武門《にしんじょう》の地名が残る。久米一丁目の天妃《てんぴ》小学校敷地の南東隅には、上天妃宮の石門がひっそりと立つ。久米二丁目に隣接する若狭一丁目には、日本にはめずらしく規模の大きい孔子廟が異国的なムードを放つ。これらは、琉球の華僑ともいうべき閩《びん》人三十六姓（閩は福建の異称）が集住した「久米村」（「唐栄」ともいう）の、わずかに残されたなごりだ。

一五世紀の久米村のようすは、朝鮮人の見聞記にいくつかの記事がある。

①王都から五里ほどにある水辺の公館に居を与えられた。館のとなりに土城があり、なかに百余の家がある。ここに住むものはみな朝鮮人や中国人である。(一四五六年『朝鮮王朝実録』)

②中国人の来居するものが三千余家あり、別に一城を築いて住んでいる。(一四七一年『海東諸国紀』)

③海辺に天妃娘娘《じょうじょう》殿が造られていて、出船のときには馬や猪を斬って祭る。(一四七七年『朝鮮王朝実録』)

④中国から商売のためにやってきて、住みついた者がいる。その家はみな瓦ぶきで、構えは宏麗、内部は朱や青で彩られ、室内では椅子を使っている。人々はみな甘套(不明)の衣を着ている。(一四七九年『朝鮮王朝実録』)

「水辺の公館」とは明の使節が宿泊する天使館のことらしい。それに隣接する久米村は、土塁で周囲を囲み、なかには中国風の家が軒を連ねている(①②の家数の差は、一五年間の増加を示すものではあるまい)。①によれば朝鮮人の住人もいたことになるが、事実とすれば興味ぶかい。③の「天妃娘娘殿」は、一四二四年に創建されたもので、航海安全の女神天妃(媽祖《まそ》)を祀る。天妃小学校にある石門はその遺構だ。

天妃は一〇世紀に福建に実在した巫女《みこ》を神格化したもので、その信仰は、華僑の進出にともなって、中国南部から東南アジアを中心にひろく分布している。その痕跡は〈環シナ海地域〉の実在を示す指標となりうる。

通説では、一三九二年に明の洪武帝が閩人三十六姓を琉球に賜与したのが久米村の始まりという。しかしこの説明は、一五八七年の『大明会典』にはじめて登場し、『中山世鑑』等にうけつがれたもので、同時代の史料で検証してみると、かれら福建からの渡来人はある時点でいっせいに渡来したわけではなく、一三九二年よりも前に渡来した例も認められる。「三十六」も実数を示すものとは考えられない。

しかし洪武帝による賜与という点は一分の真実をふくんでいる。かれらの渡航はまったく自由な経済活動によるものとはいえず、琉球を朝貢貿易体制に位置づけた明が、琉球の貿易・外交を支援するために送りこんだという面がある。これは、明初に琉球が海外交易に使った船が明から賜与されたものだったことと通じる。

たとえば、一三七〇年ころ渡来した程復《ていふく》は、浙江省饒《じょう》州の人で、察度王に仕えて領地をもらい、通事を勤めて明との往来進貢に労功を重ねた。一三九二年、程復は業希尹《ぎょうきいん》とともに明に使いし、明の官職・冠帯の賜与を願った。その意図は、琉球の臣民に明崇拝の意識を植えつけ、蛮俗を易《か》えるところにあった。一四一一年、程復は明の永楽帝に

上天妃宮の石門　那覇の上下の天妃宮は戦災で失われ、この門が唯一の遺構として残る。撮影／著者。なお久米島の仲里村真謝には、1759年に建てられた天后（天妃のこと）宮が現存。

長崎・崇福寺の天妃　長崎にある黄檗《おうばく》宗の崇福寺と興福寺は、17世紀に福建出身および三江（浙江・江蘇・江西）出身の華僑が建てた寺で、ともに大雄宝殿（本堂）と並んでりっぱな媽祖堂が立つ。撮影／熊谷武二

「琉球王に仕えて四十余年、齢《よわい》八一を数えるまで勤誠おこたることがなかった。いまは辞職して故郷へ帰ることを命じていただきたい」と願い、帝は、かれを「琉球国相兼左長史」に昇任させたうえで、饒州に帰らせた。

この例からつぎの二点がわかる。第一に、かれは四〇年以上も琉球で活動しながら、あくまで中国に帰属意識をもち続けたこと。第二に、かれの人事は基本的に明の皇帝権力の意思で決定されていたこと。

閩人三十六姓のように、渡来中国人が現地の権力機構のなかでなかば公的な位置づけを与えられることは、貿易事業の継続を望む中国商人にとっても、外交能力の確保と貿易体制の強化をねらう現地権力にとっても、好都合なことだったから、同様の事態は東南アジア諸国にひろく見られた。

たとえばジャワのグレシクでは、広東人一千余家が集住する「新村」という地域があり、各地から現地人が集まってきて売買を行なったという。シャムのアユタヤにもおなじような中国人居留地「奶街」があった。

あるとき明を訪れたマラッカの使者亜劉《ありゆう》は、もと江西省万安に住む蕭明挙《しようめいきよ》という中国人だったが、罪を犯してマラッカへ逃亡し、通事にとりたてられた者である。スマトラのパレンバンは華僑の連合政権といってよいが、そのなかでも有力な施《せ》一族のひとり施る。済孫《さいそん》は、琉球渡来中国人の最高位である王相の懐機《かいき》と、直接外交文書をやりとりしている。

以上のようにアジア諸国間の外交関係とは、一皮むけば華僑相互のネットワークにほかならなかった。

一五世紀後半になると、久米村人にも明の制御からはずれた行動が目立ち始める。一四五二年の『明実録』の記事に、「福建沿海の居民が、海禁で中国の貨物を売りさばくことができないので、兵器を造備し、海船に乗って琉球国と交通し、琉球人をひきこんで海賊を働いている」とある。一四七四年に福州で琉球国使臣による殺人・放火事件があったことは前述した。

さらに一五四二年の『明実録』によれば、福建省漳州《しようしゆう》の人陳貴は、大船に乗って私《わたくし》に海外と通じ、琉球国の長史である通事蔡廷美《さいていび》（久米村人）の手引で那覇に入港したが、そこで広東省潮陽県の海船と利を争い、たがいに殺傷におよんだ。尚清王の奏上でこの事件を知った明は、「蔡廷美は厳重に拘留すべきところだが、琉球はもと朝貢の国であるから、しばらく寛大に扱って釈放する。今後なお改悛しなければ、即時に朝貢を絶つ」と琉球に通告した。

一六世紀、琉球の海外交易の退潮が決定的になると、当然ながら久米村も衰退の一途をたどった。明の冊封使の報告は、「三十六姓で今に残るものは七姓にすぎない」（一五七九年）とか、「三十六姓で落ちぶれるものが多く、いまは六家を存するのみ、居住の地もなかば廃墟と化している」（一六〇五年）と伝えている。航海術も低下し、このころの進貢船はしばしば航路を誤って福州以外に流れつく始末だった。

ついに一六〇七年、尚寧王は三十六姓をふたたび下賜するよう明に願った。旧三十六姓が衰微する一方で、当時の進貢には比較的近年に渡来・定着した福建人が不可欠となっており、再下賜にはかれらの存在を明によって認知してもらうという意味あいがあった。しかし明の回答は、阮《げん》・毛《もう》の二姓を琉球籍に入れることを許したにとどまった。

一六〇九年の島津氏侵入後、琉球は幕藩体制下の特殊な異国として存続を許され、明、ついで清への進貢も維持された。王府は久米村の振興に力をそそぎ、一七世紀には進貢と文教を二大職分としてふたたび隆盛をみるにいたった。

『歴代宝案』に見る南海交易

久米村人の担った重要な外交業務のひとつに、外交文書の起草がある。一五三〇年ころ京都の東福寺を訪れた琉球の禅僧鶴翁智仙《かくおうちせん》は、著名な文筆僧月舟寿桂《げつしゆうじゆけい》に、「琉球の国人は字を知らず、商売で利を得ています。久米村という一集落があり、ここの人は代々学問を修めておりますので、（王は）そのうちで文をよくする者に命じて、隣国往還の書を作らせます」と説明している（『幻雲文集』）。

中国を中心とする東アジア・東南アジアの国際社会では、外交文書は共通の文字・言語である漢文で書かれ、文書様式も純粋に中国国内の公文書の様式が用いられた。久米村人はこの業務を滞りなくはたすために、みずからが起草した外交文書の控えと、相手国から到来した外交文書の写しを、参考資料として蓄積した。ある時期に琉球王府の命でこれが一書にまとめられ、『歴代宝案《れきだいほうあん》』と命名された。

『歴代宝案』は第一集・第二集あわせて二五二冊におよぶ膨大な外交文書集で、一四二四年から一八六七年までの中国（明・清）、朝鮮、東南アジア諸国との往復文書を収めている。琉球の外交・貿易を知る一級史料であるだけでなく、その国家機構や、東アジアの公文書の様式・文体、あるいは船舶・航海の技術など、多くのことを語ってくれる。まことに「宝案」の名に恥じない貴重な文献である。

ここでは一通だけ、もっとも古い年代に近い文書を読んでみよう。洪熙《こうき》元（一四二五）年、琉球国中山王尚巴志がシャム（現在のタイ）国に宛てた、咨文《しぶん》という形式の文書である。

琉球国中山王、為
進貢事、切照、本国稀少貢物、為此、(1)今遣正使浮那姑是等、坐駕仁字号海船、(2)装載
磁器、前往
貴国出産地面、収買椷椒・蘇木等貨、回貨以備
進貢
大明御前、仍備礼物、
詣前奉献、少伸遠意、幸希収納、仍煩聴、(3)今差去人員、及早打発、(4)趕趁風迅回国、(5)(6)(7)
庶使四海一家永通盟好、今将奉献礼物数目、開坐于後、(8)須至咨者、(9)
今開
織金段五匹　　素段弐拾匹
腰刀五柄　　摺紙扇参拾柄
硫黄五阡斤今報弐阡伍佰斤正
大青盤弐拾箇　　小青盤肆佰箇、
小青碗弐阡箇
右　咨
暹　羅　国

洪煕元年　月　日

咨

（1）**為此**　公文書用語で、前文を受け、それを下文の理由づけとする定型表現。同級機関の来文を引用した後、自己の意見を述べるときなどに用いる。（2）**仁字号海船**　明は琉球に貿易船を賜与したが、それらには「仁字号」「恭字号」など漢字一字の名があった。琉球ではこれに「小梯那之麻魯《こてなしまろ》」等琉球風の名をつけて呼んだ。（3）**煩聴**　公文書用語で「以下のことを願う」の意。（4）**及早**　早いうちに。（5）**打発**　ひまをやる。（6）**趕趁《かんてん》**　走る。（7）**風迅**　季節風。（8）**開坐**　リストアップ。（9）**須至咨者**　咨文の書止めの定型表現。

まず文書の字配りに注目しよう。「貴国」で平出《へいしゅつ》（改行）、「進貢」で一字擡頭《たいとう》（改行のうえ次行の頭を突き出す）、「大明」で二字擡頭を行なっている。平出・擡頭は相手に対する敬意をあらわす方法で、平出↓一字擡頭↓二字擡頭の順で敬意の度が強くなる。明を中心とする冊封体制のなかに琉球とシャムが参入している状況が、文書の表面に忠実に反映している。

つぎに文書の大意を示す。

琉球国中山王より、進貢のことにつき申し上げます。本国は進貢物に恵まれませんので、今正使浮那姑是《ふなくし》らを（貴国に）遣わし、仁字号の海船に乗務させて、磁器を積みこんで、貴国の地に赴かせ、胡椒・蘇木などの品を買い付けて帰り、もって大明の御前への進貢に備えたいと思います。あわせて（貴国への）礼物をもたせ、前に進んで奉献し、少しくご挨拶を述べさせます。お納めいただければ幸いです。さらにお願いしたいことは、いま差し遣わしました人員には、早急にお暇をいただいて、季節風を逃さず帰国できますよう。四海を一家とし、すえ永く友好を誓いあうことを切望いたします。いま奉献する礼物の品目と数量を後に列記いたしました。

礼物のうち、織物の織金段・素段と大小の青磁は中国、腰刀・摺紙扇は日本、硫黄は琉球の産物であろう。おもな貿易品は中国産の磁器で、これをシャムで売って胡椒・蘇木などを買い付け、明への進貢の品に宛てたい、という。琉球の中継貿易の実態がよくうかがわれる。

辞令書は語る

琉球の現地に残る数すくない古琉球期の同時代史料に、辞令書と呼ばれる古文書があ

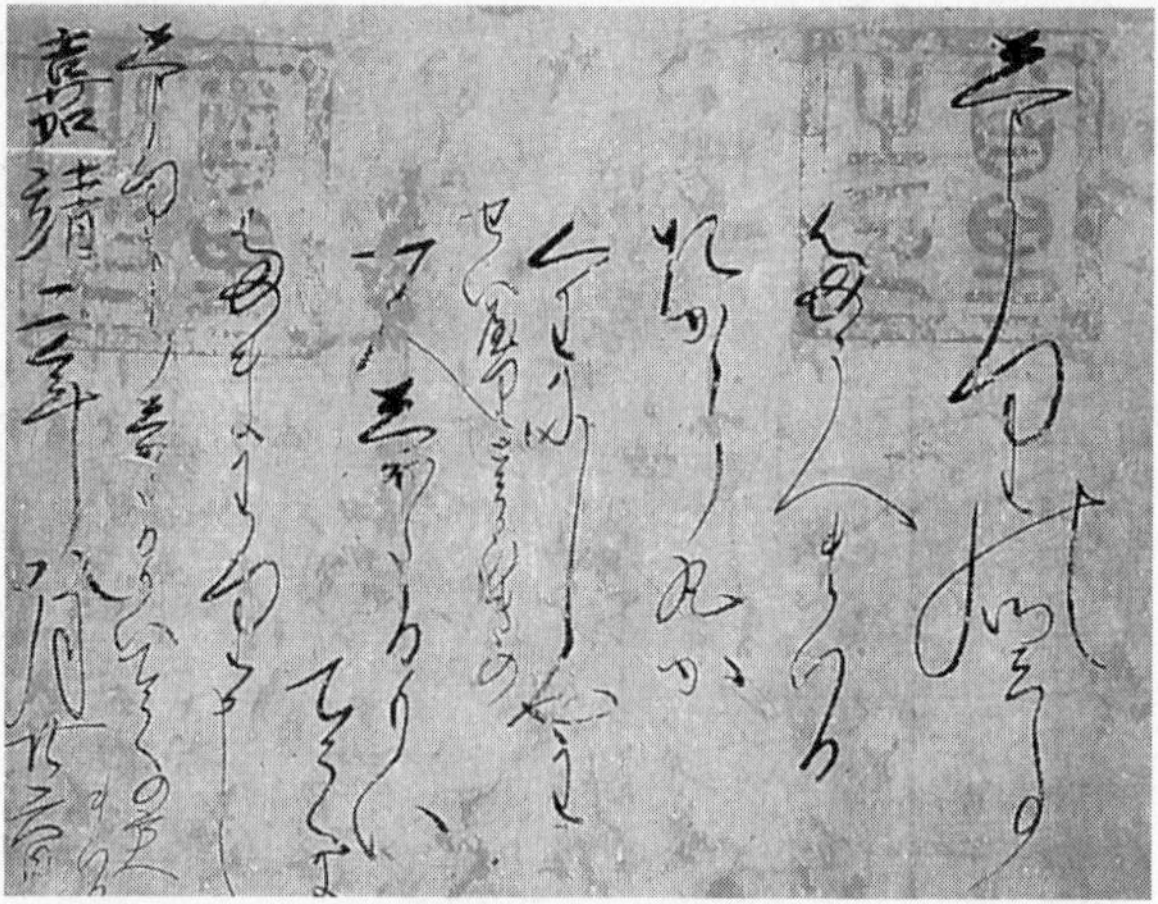

シホタルモイ文子への辞令書　田名《だな》家文書。同家にはこれを含めて11通の古琉球辞令書が正文で伝わっている。

る。王国の運営組織を解明するための第一級の史料である。高良倉吉の研究によりながら、辞令書の語ることばに耳をかたむけてみよう。

辞令書には共通して左のような特徴がある。

①原則としてひらかなで表記。

②中国年号を使用。

③「しよりの御ミ事」の文言で始まり、文書の端と奥（継紙の場合は紙継目にも）のそれぞれ上部に「首里之印」と刻んだ朱印を捺す。

①は、琉球語と日本語の親近性という条件のもと、ヤマトの僧侶によって将来されたかな表記が、『おも

ろさうし』や一部の碑文だけでなく、公文書にも用いられる公的な表記だったことを物語る。ヤマトではかな表記が私的なものと考えられていたのと対照的で、興味ある事実である。

②は、明との冊封関係にもとづいて琉球が中国暦を使用していたことの当然の結果である。

③は、辞令書の発給主体が国王であることを明示し、定型化された文書様式は、国王の権力が個別の支配関係を超えた一般的支配を実現していたことを物語る。

以上①〜③を総合すると、辞令書は、琉球とヤマト・中国との関係を象徴的に表現しながらも、琉球の独立した国家権力としての達成を示すものといえる。

では一例として、沖縄本島の田名《だな》家に伝わる現存最古の辞令書を読んでみよう（四角形は「首里之印」の朱印を示す）。

しよりの御ミ事	（首里の御命
たうへまいる	唐へ参る
たから丸か	宝丸が
くわにしやわ	官舎は

勢遣富がヒキの
一人シホタルモイ文子に
給わり申し候）

せいやりとミかひきの
一人しほたるもいてこくに
たまわり申候
しよりよりしほたるもいてこくの方へまいる
嘉靖二（一五二三）年八月廿六日

国王が、一五二三年八月二六日付で、「セイヤリトミがヒキ」組織の一員であるシホタルモイ文子《てこく》を、貿易船に乗って中国へ出張する官舎職に任じる、というもの。ここから、琉球の貿易スタッフは民間人でなく王の官僚であり、宝丸は国王所有の官船であることがわかり、国営貿易運営の一端を知ることができる。最後に「しよりよりしほたるもいてこくの方へまいる」と、差出人と受取人をくりかえすのも、辞令書の特徴のひとつである。

古琉球時代の辞令書は現在五八通が確認されているが、そのうち半分ちかい二六通が奄美地域にかかわるものだ。もっとも古いものは尚真王の治世が終ってまもない一五二九年に出されており、沖縄本島に遅れること六年にすぎない。奄美地域に対する首里の支配が、沖縄本島とほぼ同等のものだったことがわかる。

これに対して先島に残る古琉球辞令書は、一五九五年に宮古島大宮古間切《まぎり》に出された一通だけで、現地を深くとらえた支配は実現されてはいなかったようだ。

奄美地域の辞令書を一通読んでみよう。

しより の御ミ事
き、やのしとおけまきり□
大くすくの大やこハ
ちやくにとミかひきの
一人さわのおきてに
たまわり申候
しより よりさわのおきての方へまいる
嘉靖三十三年八月廿九日
（一五五四）

（首里の御命
喜界の志戸桶間切の
大城の大屋子は
謝国富がヒキの
一人沢の掟に
給わり申し候）

国王が、一五五四年八月二九日付で、「ヂャクニトミがヒキ」所属の沢の掟に喜界島志戸桶間切の大城大屋子という官職を与える、というもの。近世琉球でももっとも基本的な地方行政区画となる間切が、一六世紀なかばの奄美地域（喜界島は奄美大島の属島といってよい）にすでに存在したことがわかる。喜界町志戸桶の孝野武志氏所蔵で、文書に記す「しとおけまきり」の現地に今も残るという点でも貴重だ。

右にみた二通にみえる「セイヤリトミがヒキ」「ヂャクニトミがヒキ」とは何だろうか。もう一通の辞令書を見ながら考えてみよう。

しよりの□□（御ミ事）　　（首里の御命
ふさいとミかひきの　　相応富がヒキの
けらゑあくかへの　　家来赤頭の
せんとうハ　　船頭は
はゑのこおりの　　南風の庫理の
一人大ミねの大やくもいに　　一人大嶺の大屋子もいに
たまわり申候　　給わり申し候）
しより より大ミねの大やくもいか方へまいる
嘉靖四（一五六二）十一年十二月五日

この文書には「フサイトミがヒキ」が登場する。どうやらヒキは王国の重要な支配組織らしい。そして辞令書を通覧すると、ヒキ内部の役職として〈船頭《せんどう》（勢頭とも。主任）—筑殿《ちくとの》（筑登之とも。副主任）—家来赤頭《げらえあくかべ》〉の三ランクが抽出される。また、三通目に見える「こおり（庫理）」も王国の支配組織であるらしい。

高良倉吉は、辞令書の語る断片的なデータから、つぎのように王国の支配組織を復元してみせる。

辞令書に見える三つの庫理（南風《はえ》の庫理、北《にし》の庫理、名称不明の庫理）は、首里城内にある主要官衙で、その長官が三司官である。ヒキは庫理の下部にある軍事組織で、古琉球期には一二あり、各庫理に四つずつが分属し、そのうちのひとつがヒキ頭となった。ヒキは例外なく「＊＊トミ」という名をもつが、ある辞令書の給与内容に「まなはん（真南蛮、東南アジア）ゑまいるせぢあらとミがちくとの（筑殿）」とあり、この場合の「セヂアラトミ」は東南アジアへ行く海船の名前、筑殿は乗組員の役職だ。『おもろさうし』にも、

一聞得大君ぎや／鳴響む精高子が／御島　祈られ／……／又世引き富　押し浮けて／せぢ新富　刳《く》りうけて／又世付き富　押し浮けて／雲子富　刳りうけて／又舞やい富　押し浮けて／押し明け富　刳りうけて／……

と、海船の名を列挙した作がある。ある人物が、一定期間ヒキに所属し地上勤務をしたのち、海船に乗って貿易に出かけたという例もある。

つまりヒキとは、海外交易に出かける貿易船の運営組織をそのまま王国の支配組織に転写したもので、いわば〈地上の海船〉にほかならない……。

庫理―ヒキの上下関係を明示する史料がないなど、詰めた論証を要する点もあるが、今後の検討に資するところの大きい仮説である。

薩琉関係と五山系禅僧

中継貿易の退勢のなかで琉球の独立性はしだいに空洞化してゆくが、そこにつけこんで琉球を従属下に収めていったのが、隣接するヤマトの地域権力、薩摩島津氏である。そのさい薩摩は、表面上は対等の関係を維持しつつ、優勢な武力を背景に自己の意向を琉球におしつけるという手法をとった。そうした外交交渉を直接担ったのが、五山系の禅僧だった。たとえばつぎの例を見よう(『薩藩旧記雑録』後編巻五)。

去歳の春、天竜寺長老、貴命を以て華《か》緘《かん》(美わしい手紙)を持ち、遥かに南海を航して来り、西鄙《せいひ》（薩摩）に至り、審かに厚意を説く。感戴《かんたい》々々。抑《そもそ》も近年拙《せつ》（貴久）解《げ》印休官《いんきゅうかん》（引退）し、薩隅日三州の州職を修理大夫《しゅりのだいぶ》義久に付嘱《ふしょく》せり。茲《ここ》に因り、広済住《こうさいじゅう》持雪岑《じせっしん》長老、更始の儀を伸べんが為、殿下に詣《いた》り、謹んで一書を捧《ささ》げ、微物を献じ、略陋志《ほぼろうし》（愚意）を表わす。件の数は別楮《べっちょ》（別紙）に録したり。伏して願うらくは、永々自他和好し、共に唇歯《しんし》の邦を全うせん者なり。至祝々々。恐惶不宣《きょうこうふせん》。

（一五七〇）永禄十三白暮春初二日　　島津入道（貴久）伯囿

（尚元王）琉球国王殿下

当国改政（代替り）の礼儀として、広済雪岑長老朝観《ちょうぎん》（国王との謁見）の次《ついで》、謹んで以て片楮《へんちょ》を呈す。蓋《けだ》し伝え聞く、比年（最近）商船、当家の印判《いんばん》を帯せず、擅《ほしいま》まに旧制を犯す者惟《こ》れ多し、と。仰ぎ望むらくは、後日若《も》し違背の輩有らば、細察を加え、刑治を究め、堅く狼藉奸党《ろうぜきかんとう》を停止せらるべし。委曲は長老の舌端に詳《つまび》らかなり。恐惶頓《とん》首《しゅ》。

永禄十三年暮春初一日　　川上入道［上野］意釣判

呈上　三司官館下

一通目は島津家当主貴久から琉球国王尚元に、二通目は島津家家老川上から琉球国三司官に、それぞれ宛てたもので、双方の同レベルの機関で文書がやりとりされており、琉球—島津の対等関係をあらわしている。内容も貴久の書状のほうは、琉球使の来薩への返礼と義久への代替りの通告であり、「永々自他和好し、共に唇歯の邦を全うせん者なり」という文言も対等関係にふさわしい。

ところが川上の書状になると、様式上は対等でも、「近年、商船が当島津家の印判(渡航許可証)を携帯しないで(琉球へ渡航し)、ほしいままに旧制を犯す者が多い。望むらくは、今後もし違反者があったら、詳しく取り調べて厳刑に処し、かたく不法行為を禁じていただきたい」という高圧的な内容が盛りこまれる。琉球側からすれば、商船受け入れの基準を他から押しつけられることになり、あきらかな内政干渉だ。

薩摩は一六世紀初頭以来、ヤマトから琉球に渡航する商船を自己の統制下におこうとしてきた。一五七〇年代は、その試みが大きく一歩を進めた時期だ。

先の貴久書状に名の見える薩摩の使者「広済住持雪岑長老」は、この書状を携えて琉球へ渡航し、疎略な扱いを受けたとして怒って帰国した。一五七五年、琉球は貴久から義久への代替りを祝賀する「あや船」を仕立て、天界寺南叔・金武大屋子を両使として薩摩へ送った。使者を迎えた薩摩側は、琉球の合意条項違反（その中心は、島津家の印判を携行しない舟を琉球が受け入れたこと）と広済寺雪岑への薄待をきびしく問い詰めた。琉球使の回答は、「その時分は先王尚元が崩御したばかりで、上下とも諸事を忘却するあわただしさで、不本意ながら受け入れてしまった」という受身のものだった。この事件以後、琉球は毎年のように薩摩に使者を派遣し、島津氏への書簡の文面や進物においても、従来以上の丁重さを示さざるをえなくなった。

「あや船一件」と呼ばれるこの事件で重要な役割を演じた「雪岑長老」とは、諱《いみな》を津《しん》興《こう》といい、薩摩国伊集院にある臨済宗南禅寺派の寺院広済寺《こうさいじ》の住持である。

規庵祖円—蒙山智明—南仲景周—桃隠崇悟
　└海樵真超—湖月英功—天沢佐津—雪岑津興
　　　　　　　　└雲夢崇沢—檀渓全叢

南禅寺二世規庵祖円《きあんそえん》に始まる右の法系において、南仲景周《なんちゆうけいしゆう》から雪岑津興までは代々広済寺に住し、俗系による島津氏とのつながりも深かった。その分流の雲夢崇沢《うんぼうすうたく》は大隅安

円覚寺山門　1920年代の撮影。手前に見える石橋は現存。鎌倉芳太郎『沖縄文化の遺宝』（岩波書店）から。

国寺の住持で、その弟子檀渓全叢《だんけいぜんそう》は琉球に渡って天王寺の住持となり、一五二六年には琉球の外交使節として京都に来ている。その後檀渓は琉球円覚寺の八世に昇り、王府の対ヤマト外交を担当する僧録司《そうろくし》を務めた。

薩摩の使僧雪岑と、琉球の僧録司檀渓。ふたりはまったく逆の立場のように見えるが、じつは京都五山を頂点とするひとつの寺院社会に属していたのであって、そこから自立して琉球の禅林が存在したわけではない。琉球禅林を牛耳っていたヤマトからの渡海僧は、琉球国王の臣下であると同時に、あるいはそれ以上に、京都の五山の一員だった。

琉球をも包摂する五山の組織的・人的ネットワークを通じて、ヤマトの宗教的・文化的・政治的影響が琉球におよんだ。一七世紀の琉球で、国家体制の起源を語り、島津への従属を正当化するふたつの「附庸《ふよう》神話」――第一の「嘉吉附庸説」は、嘉吉元年（一四四一）、島津忠国が大覚寺義昭《ぎしょう》追討の賞として、将軍足利義教から琉球を賜ったというもの、第二の「為朝始祖説」は、保元の乱に敗れて伊豆大島に流された源為朝が、のち琉球に渡って住民を従え、その子が最初の琉球王（舜天王）となったとするもの――が確立するが、ともにこの五山ネットワークのなかから形成されてきたものと考えられる。

薩摩の琉球征服と近世国家

一五八七年、島津氏が豊臣秀吉の圧倒的な軍事的脅迫に屈すると、薩摩―琉球関係にも転機が訪れる。一五九一年には秀吉から島津氏に対して、朝鮮侵略のため薩摩・琉球の分として一万五千の兵を出せという要求があり、島津義久は、琉球分の兵役を免除するかわりに、七千人・一〇カ月分の兵粮米と名護屋城普請費用を負担するよう、尚寧王に要求した。琉球がこの要求に大略応じたことは、琉球を島津の「与力《よりき》」とするヤマト―薩摩側の論理への屈伏を意味する。琉球はなかばヤマトの国家領域のなかに繰りこまれようとしていた。

一五九八年の秀吉の死、一六〇〇年の関ケ原の戦いを経た一六〇六年、島津氏は奄美大島侵略を計画し、徳川家康の許可をとりつけたが、家康が示した出兵の名目は、「大島入り」から「琉球入り」に変わっていた。島津氏の意図が領土拡大にあったのに対し、幕府は対明復交のために琉球の来聘《らいへい》を実現させることに重点をおいていたのである。

一六〇九年、三千の薩摩軍が琉球に侵入し、さほどの武力抵抗にも遭わず、首里を占領した。尚寧王は人質として鹿児島に連行された。この事件の結果、奄美地域は完全に島津藩領に割き取られ、奄美をのぞく琉球王国の版図も、幕府から薩摩藩に安堵される領地という法的形式をとった。

しかし幕府には、明との復交の道をさぐるために、明の冊封国である琉球を利用しようという思惑があり、また薩摩藩にも、異国を従える雄藩ぶりを誇示したいという動機があったので、琉球は独立国の外見をとることを許され、国王の地位や中国との冊封関係もそのまま維持された。以後明治まで続くこの体制を「近世琉球」と呼んでいる。

尚寧王は、鹿児島で三年の幽閉生活を送ったあと、琉球へ帰ることを許されたが、その後まもない一六一三年、「大明国福建軍門老大人」に日明勘合貿易の復活について三つの方法を示し、そのいずれかを選ぶよう求めた。この外交文書は、主語は琉球国王でも、島津の琉球侵略を天命といい、自身の鹿児島幽閉を礼遇というなど、琉球の主体性などみじんも見られない。

それも道理で、これは幕府の意向を受けた島津氏が尚寧王に出させたものであり、しかも起草者は島津氏の外交ブレーンである禅僧文之玄昌《ぶんしげんしよう》だった。しかも琉球王の外交顧問というべき僧録司＝円覚寺住持は、当時文之の法弟春蘆祖陽《しゆんろそよう》だった。このカイライ外交が文之と春蘆の連繫プレイに支えられていたことは想像にかたくない。

南蛮屏風のナウ船　錦絵に描かれたポルトガル船。ポルトガル人は、はじめ中国船に便乗して日本へ来航したが、17世紀には西洋式の「ナウ」も姿を見せるようになった。神戸市立博物館蔵。

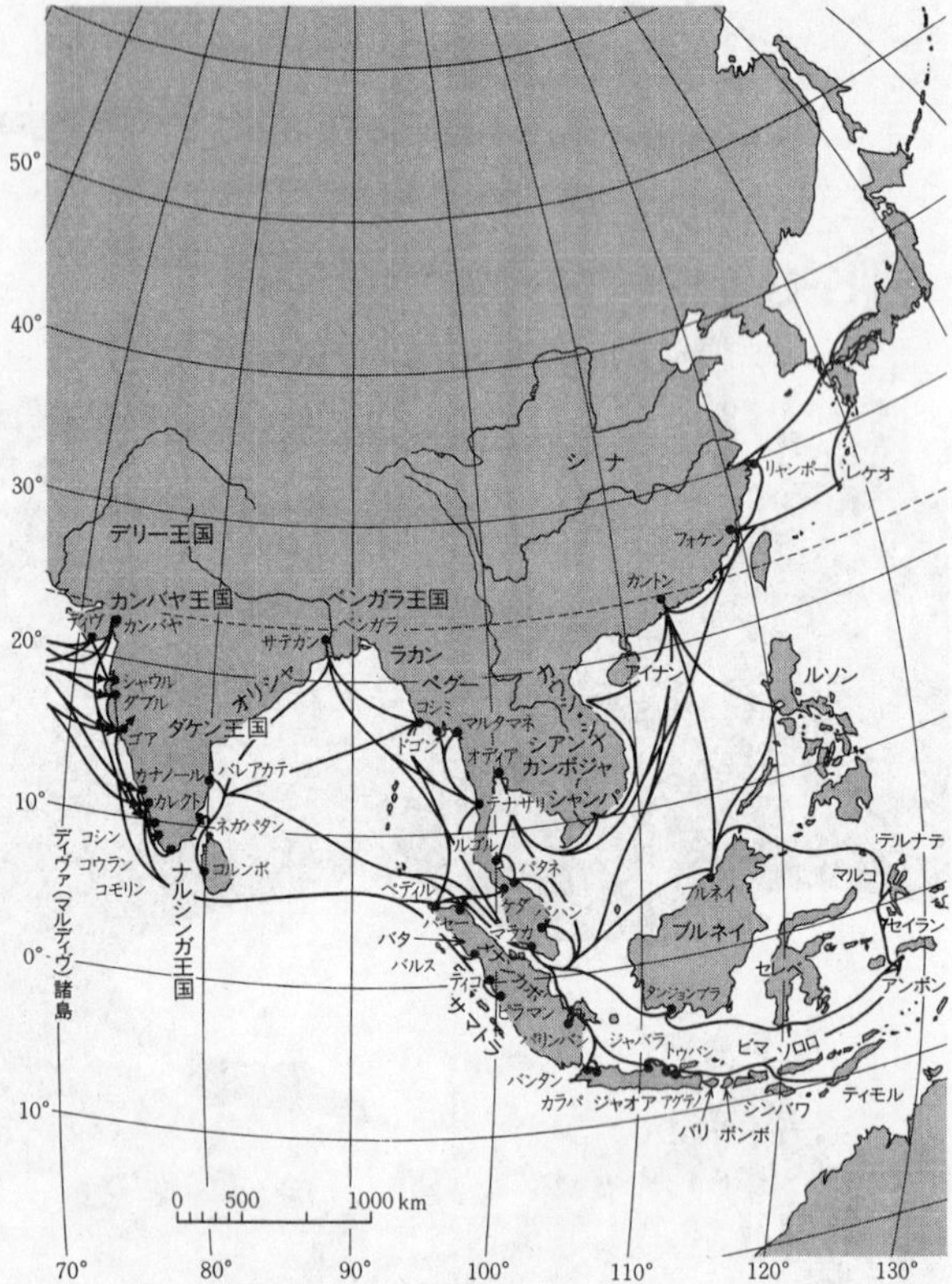

16世紀の主要海上交通路　ヨーロッパ人がアジア海域で往来したルートは、16世紀初頭よりアジアで活発に機能していた交易路と一致する。『東方諸国記』（大航海時代叢書Ⅴ、岩波書店）付図に加筆。

世界の十字路マラッカ

一六世紀の東アジアに最初にあらわれたヨーロッパ勢力はポルトガルだった。一四九八年、バスコ＝ダ＝ガマが喜望峰をまわってインド西南海岸のカリカットに到達、ついで一五一〇年、第二代インド提督アフォンソ＝デ＝アルブケルケ（一四五三～一五一五）の艦隊が、カリカットの北北西五〇〇キロの港町ゴアを占領して海軍基地をおいた。ここにゴアはポルトガル帝国のアジアにおける首都となり、カトリックのアジア伝道のセンターともなった。

翌一五一一年、アルブケルケの艦隊ははやくもマラッカ海峡を扼する交通の要衝マラッカにあらわれ、一五世紀初頭以来明に朝貢を続け、南海貿易でさかえていたマラッカ王国を滅ぼした。ポルトガルはこの地に商館を置いて東方進出の拠点とした。一五一二年、アルブケルケはマルク（モルッカ）諸島における香料交易の拠点アンボン（アンボイナ）に部下を派遣し、ここにも商館をおいた。

当初ポルトガルの目的は、マルク諸島を中心に産する香料の獲得にあったと思われるが、マラッカは諸民族入り乱れる交易の一大拠点だったため、必然的にポルトガル人の眼は東アジアへも導かれることになった。一五一二年から一五年までマラッカ商館に滞在したポルトガル人トメ＝ピレスは、著書『東方諸国記』に、「マラカで取引していた人々とかれらが出て来た地方」の名前を書き連ねている。西はトルコから東は琉球・中国にいたるおびただしい民族・国家・地域が、マラッカと交流をもっていたことがわかる。

まずマラッカより西の諸地方として――カイロ、メッカ、アデンのイスラム教徒、アビシア人、キルワ、メリンディ、オルムズの人々、ペルシア人、ルーム人、トルコ人、トルクマン人、アルメニア人のキリスト教徒、グザラテ人、シャウル、ダブル、ゴア、ダケン王国の人々、マラバル人、ケリン人、オリシャ、セイラン、ベンガラ、アラカンの商人、ペグー人、シアン人、ケダの人々、マラヨ人。マラッカより北の諸地方として――パハンの人々、パタニ人、カンボジャ人、シャンパ（占城）人、カウシ・シナ（交趾支那）人、シナの人々、レケオ（琉球）人。マラッカより東北の諸地方として――ブルネイ人、ルソン人、タンジョンプラ人、ラヴェ人。マラッカより東の諸地方として――バンカ人、リンガ人、マルコ人、バンダ人、ビマ人、ティモル人、マドゥラ人、ジャオア人、スンダ人。スマトラ島の諸地方として――パリンバン、ジャンビ、トゥンカル、アンダルゲリ、カポ、カンパル、メナンカボ、シアク、ルパト、アルカ〔アルカト〕、アル、バタ、すなわちトミアノの国、パセー、ペディル。最後に、〔マル〕ディヴァの人々。

これに続けてピレスはこう付け加えている。

この他にも多数の島とその他の地域があり、そこから多数の奴隷と多量の米が来る。……〔ある地方の〕人々が当地に来ない場合は、マラカから人々がそこに行く。なおマラカでその住民とマラカに居留している人々が断言するところによれば、マラカの港ではしばしば八十四の言語がそれぞれ〔話されるのが〕見られるということである。なぜならばシンガプラとカリマン〔カリムン島〕からはじまってマルコに至る島々の諸島には四十の言語が知られており、〔その他の〕島々も無数にあるからである。

この交易ネットワークは、ポルトガル人があらわれる以前からアジアに存在していたものであって、ポルトガル人は新参者としてそこに割りこんだにすぎない。ただ、それだけにネットワークの要に位置するマラッカがかれらの手に落ちたことの意味は大きかった。

ポルトガルはマラッカで琉球《レキオ》の存在を知り、そのむこうにある日本をも知った。『東方諸国記』は一五一五年には成立していたと考えられるが、すでに琉球に関するかなりくわしい記述がある。ピレスは、「シナ人以下すべての国民は、ポルトガル人がミラノについて語るように、レキオ人について語る。かれらは正直な人間で、奴隷を買わないし、たとえ全世界とひきかえでも同胞を売ったりしない」と、琉球の文明度の高さを称えている。

琉球人の行なう交易については、フォケン（福建）に赴いてシナ人と取引をし、ジャンポン（日本）に赴いて黄金と銅を買い入れ、マラッカには黄金・銅・武器・工芸品・小麦・紙・生糸・麝香《じやこう》・陶器・緞子《どんす》などを携えてあらわれ、シナ人がもち帰るのとおなじ品物やベンガル産の衣服をもち帰る、などと記している。

そして琉球記事の最後に、つけたりのように日本のことを記す。ポルトガル人の残した最初の日本記録である。

すべてのシナ人のいうことによると、ジャンポン島はレキオ人の島々よりも大きく、国王はより強力で偉大である。それは商品にも自然の産物にも恵まれていない。国王は異教徒で、シナの国王の臣下である。かれらがシナと取引をすることはまれであるが、それは遠く離れていることと、かれらがジュンコ（ジャンク）を持たず、また海洋国民ではないからである。レキオ人は七、八日でジャンポンに赴き、上記の商品を携えて行く。そして黄金や銅と交換する。レキオ人のところから来るものは、みなレキオ人がジャンポンから携えて来るものである。レキオ人はジャンポンの人々と漁網やその他の商品で取引する。

当時の日本が一次産品である鉱物を供給する存在で、しかも海洋国民でない、という認識は、日本がアジア・ネットワークの東の辺境だったことを思い知らせてくれる。

「仏朗機夷」と王直――双嶼の密貿易

一五一七年、フェルナン゠ペレス゠デ゠アンドラーデは、ポルトガル国王から遣明大使の命を受けたピレスをともない、五隻の艦隊をひきいて広州へ赴いた。これもマラッカ・中国間に古くからある交易路を利用している（『東方諸国記』二四二頁）。広州では貿易を許されたものの、正式の国交を開く交渉は難航し、翌年アンドラーデはピレスを残してマラッカへ帰航した。

ピレスは一五二〇年にようやく北京にいたったが、その間にポルトガル艦隊による示威行動や、ポルトガルの侵略を訴えるマラッカ王使節の北京到来などがあったため、皇帝への謁見は許されず、翌年ピレスはむなしく広州へ帰り、投獄されてしまう。明は来

現在の双嶼　双子の小島の背後に六横山が見える。撮影／著者

航するポルトガル船を「仏朗機夷《フランキ》」と呼んで打ち払うにいたった。

そこでポルトガル人は密貿易に転じ、まず広州近海の上川島（タマウ）を根拠地とし、ついで東進して漳州に近い月港、舟山諸島の双嶼《そうしょ》（リャンポー）などへ進出した。

双嶼港は舟山諸島南部六横山《ろくおうざん》（島名）の東岸、仏《ぶっ》肚山《とさん》との海峡に面した港で、海峡にある双子の小島からこの名がついた。中国側の史料『日本一鑑』（窮河話海巻六）によれば、双嶼は一五二六年ころから福建の脱獄海賊鄧獠《とうりよう》が「番夷を誘引して」南海方面との密貿易の基地としたところである。ポルトガル側の史料には、「寧波」の福建語発音「リャンポー」の名で見えるが、これは現在の寧波市ではなく、寧波府管内にあった双嶼を指すと考えられる。

一五四〇年、王直以前の倭寇の首領として名高い許棟《きよとう》兄弟が、マラッカに赴いて多数の仏朗機国夷人（ポルトガル人）を浙江省の海に誘引した。許棟が双嶼にあらわれるのは一五四三年らしいが、このころにはポルトガル人も双嶼に定着しただろう。ポルトガルの東方進出は、中国人密貿易商に誘われ、かれらの築きあげていた密貿易ルートに乗って、はじめて実現したものだった。そのことをポルトガル人ガスパール＝ダ＝クルスはつぎのように述べている（『中国誌』第二三章）。

〔マラッカ・シャム・パタニなどの〕中国国外に暮らしポルトガル人といっしょに帰ってくるこうした連中は、……ポルトガル人がリャンポーへ交易に赴くようこれの誘致に手を染めはじめた。かの諸地方には、城壁に囲まれた市や村はなく、海岸沿いに大きな集落がいくつもあるにすぎない。そこに住む貧しい人々はポルトガル人を大いに歓迎した。彼らへ食糧を売ることによって上がる利益のためである。ポルトガル人と航海を共にしてきた中国商人はこれらの集落に帰れば、お互いに親戚同士であったし、よく顔が知られてもいたから、土地の人々は彼らのためにもなおいっそうポルトガル人を温かく迎えてやった。やがて彼らを仲介役として土地の商人がポルトガル人へ売るための商品を持ち寄るという商談が成立した。ポルトガル人の中で立ち働いていた中国人の連中は、売買に際してポルトガル人と土地の商人との仲介を担う者であ

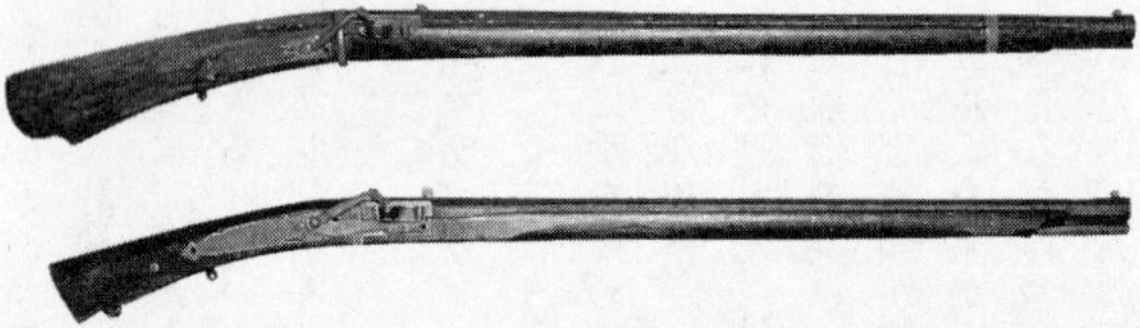

種子島の火縄銃　種子島家から種子島・西之表市の博物館に寄託された鉄炮２挺。上は初伝銃と伝えられているもの。銃身は古渡の南蛮筒と思われるが、銃床は九州に流行した薩摩筒で、ほんらい両者は別物である。下は八板金兵衛尉清定が製作した『鉄炮記』に登場する国産第一号と伝えられるもの。じつは江戸初期の種子島鍛冶平瀬定堅が、種子島家に秘蔵されていた南蛮筒「故郷」を忠実に複製したもの。種子島時邦氏蔵。原文／宇田川武久

ったから、この仕事からはずいぶん大きな利益を得た。

その後まもなく双嶼に、のちの〈倭寇王〉王直にともなわれて、日本人の姿があらわれる。関連史料を示そう。

①『鉄炮記』には、「天文癸卯（一五四三）八月二五日、種子島に大船が着き、乗っていたポルトガル人が鉄砲を伝えたが、この船に「大明儒生五峯」が同乗していた」とある。

②『籌海図編《ちゅうかいずへん》』巻八には、「許棟は王直の故主で、はじめは西番人を引きこんで交易するだけだったが、嘉靖二三（一五四四）年にはじめて日本に通じた」、あるいは「王直は嘉靖二三（一五四四）年に許棟勢力に加わり、その会計係になった」、あるいは「日本人が中国に来て

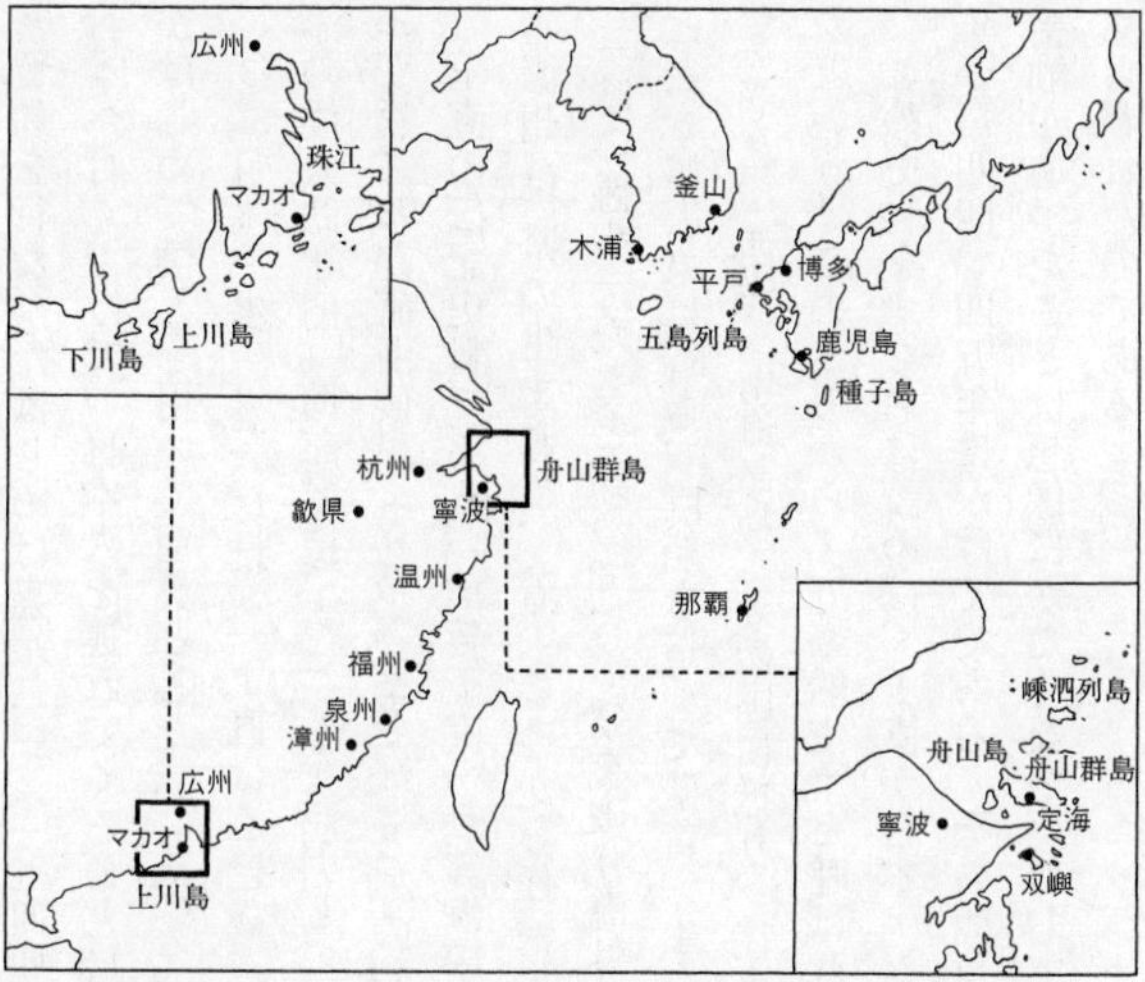

環シナ海地域　山がちな江南沿岸の島と港町、そして東シナ海東岸の琉球・九州・朝鮮半島南辺。倭寇やポルトガル人の活躍した舞台である。

密貿易を行なったはじめは嘉靖二三（一五四四）年である。許棟のときは貨物を載せて日本へ行くだけで、日本人を連れてくることはなかったが、許棟が敗没したのち、王直がはじめて倭人を用いて羽翼とした」、とある。

③『日本一鑑』巻六には、「王直は乙巳歳（一五四五）に日本へ行き、はじめて博多津の倭人助才門（助左衛門）ら三人を誘引して、双嶼で貿易をさせ、明年また日本へ行った。これが直浙倭患（嘉靖大倭寇のこと）の始まりである」とある。

王直の伝記史料である「擒獲《きんかく》王直」（『籌海図編』巻九・大捷考）によれば、王直は安徽《あんき》省徽州歙《きゅう》県の生まれで、若いころから任侠集団に身を投じて人望が篤く、葉宗満《しょうそうまん》ら「一時の悪少」たちと謀って、海禁を破り海外に乗り出した。一五四〇年、まず宗満とともに広東に行き、巨船を造って硫黄・生糸・綿などの禁制品を積み、「日本・暹羅（シャム）・西洋（南海諸島）等の国に抵《いた》り、往来互市すること五・六年」、巨万の富を得たという。このころから「五峯船主」と呼ばれたらしい。

この史料をすなおに読めば、王直が日本・シャム・西洋を往来していたのは一五四〇年から四四、四五年にかけてである。その間シャム・西洋のあたりでポルトガル勢力と接触があったことは想像にかたくない。そしてその期間のおわり近くの四四年に双嶼にあらわれたのである（②）。

従来、①の伝える鉄砲伝来が一五四三年で、王直が双嶼にあらわれる四四年より一年前であることから、①の「大明儒生五峯」を王直に宛てることにためらいがあった。しかし右の考察によれば、王直は、双嶼に姿をあらわすよりまえに東南アジアでポルトガル人と接触があり、かれらを導いて日本に来ていたことになり、諸史料の間になんの矛盾も生じない。またのちに紹介するポルトガル史料に、一五四二年ポルトガル人がシャムからジャンクに乗って出発した、とあるのともマッチするのである。また③によって王直の日本初来を一五四五年とする説があるが、これはあくまで博多への初来であって、日本渡航としては二度目（またはそれ以上）と解すべきである。

六角井戸　平戸の王直旧宅近く。五島の福江にもある。撮影／熊谷武二

こうすれば①〜③を、一五四三年に王直がポルトガル人を導いて種子島に至り、翌四四年に双嶼にあらわれ、許棟の勢力と合体してその会計係となり、四五年に再度日本へ行って、博多商人を双嶼に連れてきた、という流れで理解でき

る。

以上の経過を【年表1】(一三二頁)にまとめておく。

「新貢三大船」と種子島

なお残る問題は、つぎの史料④〜⑥を、①〜③とどう関連づけて理解するかである。

④『種子島家譜』には、「天文一三(一五四四)年四月一四日、二合船が解纜渡唐し、同一四(一五四五)年六月一四日に帰朝した」とある。

⑤『明実録』には、「嘉靖二三(一五四四)年八月、倭使釈寿光らが来貢したが、十年一貢の原則に反し(一五三九年入貢・四一年回国の第一八次遣明船から五年しか経っていない)、表文《ひょうぶん》ももっていなかったので、方物を受け取らずに追い返した。ところが寿光らは中国の財物を得ようとして、翌年四月に至るもまだ立ち去らない」とある。

⑥『鉄炮記』には、「天文壬寅(一五四二)・癸卯(一五四三)の交、新貢の三大船が入明しようとし、船を種子島に艤し、天の時を待って出帆したが、嵐に遭い、一貢船は沈没し、二貢船は寧波に達し、三貢船は種子島に引き返したが翌年(一五四四)ふたたび解纜して入明した」とある。

⑥の「二貢船」と④の「二合船」とは同一で、この船に⑤に見える寿光が乗っていた

種子島西海岸　黒く見えるのは砂鉄。撮影／著者

ことは、⑥に「二貢船が寧波に達した」とあることから、まずまちがいない。この船は一五四三年に種子島を出発したが、嵐のため（おそらく三貢船と同様）種子島へ引き返し、翌四四年四月再度出港、八月に寧波に入港し、一五四五年四月以降に同地を出港、六月に種子島に帰着した。

『籌海図編』（巻八・寇踪分合始末図譜）には、王直は双嶼で許棟と合流した後、「貢使に随って日本に至」った、とあるから、一五四五年に王直が日本へ行ったとき乗った船（③）は、この二貢船であろう。もしそうなら、二貢船は寧波を出港後、双嶼に回って王直を乗船させたことになり、王直は種子島を経て博多へ行ったことになる。

他方「三貢船」については、『鉄炮記』によれば、一五四四年渡航に成功し、海貨・蛮珍を満載して帰国の途についたが、大洋中で嵐に遭い、伊豆に漂着したという。この船は⑤の寿光の乗船ではない。なぜなら、寿光の船には「貢使に随って日本に至」ったという王直が乗っていたはずで、かれはまもなく博多に姿をあらわすのだから、その乗船が伊豆に着いたという三貢船ではありえないのである。したがって三貢船は入明したが寧波へは入港しなかったのであり、海貨・蛮珍を満載したのも寧波以外での密貿易によるものと考えられる。

なお『鉄炮記』によれば、この船には種子島氏の臣松下五郎三郎が鉄砲を携えて乗っており、これが関東に鉄砲の伝わったはじめという。

以上の経過を【年表2】(一三二頁)にまとめておく。

右に考えたところに従えば、種子島からの「二貢船」は、はじめ寧波に入港して朝貢貿易を求めたが断られ、ついで双嶼に廻って密貿易を行ない利を得たことになる。つまりこの船は、一六世紀なかば、日明交通の基軸が朝貢貿易から密貿易へとシフトする動きを、象徴するものであった。そして王直こそこの転換のキーパースンだった。『鉄炮記』には「畿内では種子島から貢船を明に送り出した主体は誰なのだろうか。

【年表1】（月日は日本暦・中国暦による。※は同一の史実か）

1526	鄧獠、脱獄して双嶼に私市
1540	許棟、マラッカよりポルトガル人を浙海に導く
〃	王直、広東へ行って巨艦を造る
1540〜44/45	王直、禁物をもって日本・暹羅《シャム》・西洋に往来互市すること5、6年
1542	ポルトガル人、ジャンクに乗ってシャムからジパンガスにいたる※
1543	許棟、双嶼を巣窟とする
〃・8・25	王直、ポルトガル人を導いて種子島にいたる※
1544	王直、双嶼に登場、許棟の「司出納」となる
1545	王直、貢使に随い日本に行って交易、博多津の倭を双嶼に導く
1546	王直、また日本へ行き「直浙ノ倭患始メテ生ズ」「五島ノ夷ヲ会シテ乱ヲ為ス」
1548	双嶼が陥落し、許棟は捕えられ、王直は瀝港（列表）に移る

【年表2】（月日は日本暦・中国暦による）

1542/43	一〜三貢船、種子島を出発　嵐で一貢船遭難、三貢船種子島へ引き返す
1544・4・14	二合（貢）船、種子島を出発
1544	三貢船、ふたたび種子島を出発して入明
1544・8・2	二貢船の貢使寿光、寧波に入港　ついで双嶼へ廻るか
1544/45	三貢船、帰国の途上、嵐で伊豆に漂着
1545・4・29	寿光、中国（双嶼？）に居すわる　この後まもなく出港か
1545・6・14	二合（貢）船、王直をともなって双嶼より種子島に帰還

以西の富家の子弟で進んで商客となった者が千人以上、船乗りで神のごとく操船術に長《た》けた者が数百人、わが小島（種子島）で出港の準備をした」とある。もとより誇張はあるにせよ、これだけの貿易船団の編成は、種子島氏単独では不可能だろう。そこで参考になるのが、ポルトガル人メンデス＝ピントの記述である（『東洋遍歴記』第一三五章）。

さまざまな気晴らしに日を過ごしながら、私たちがのんびりと満ち足りて、この種子島《イリヤ・デ・タニシュマ》に滞在すること二十三日経った時、この港に豊後《ブンゴ》王国から、多数の商人の乗っている一隻の船《ナウ》が着いた。……〔ナウタキン（直時＝時堯の前名）は〕私たちをそばに呼び、少し離れたところにいた通訳に合図して、彼を通じて言った。「我が友人よ、今渡された、余の主君であり、かつおじである豊後王のこの手紙を読むのを是非聞いて貰いたい。それから、お前たちへの頼みを言うことにしよう。」……

ピントは鉄砲伝来の場にいたポルトガル人のひとりとして語るのだが、それは事実とは認めがたい。しかし『東洋遍歴記』の研究によれば、かれが種子島に来たことは事実で、その年代は一五四四年だという。これはまさしく「二合船」が種子島から出発して明にむかった年にあたる（④）。かれは自分が目撃した貢船のことを鉄砲伝来の物語に織りこんだ。それが右の叙述なのではないか。とすると右に見える豊後王、すなわち大友義鑑こそ、貢船の派遣主体ということになろう。

鉄砲伝来の実像

ここでもう一度、薩摩の禅僧文之玄昌《ぶんしげんしょう》（南浦《なんぽ》）が慶長一一（一六〇六）年に書いた『鉄炮記』（『南浦文集』巻一所収）の伝えるところをたしかめておこう。

天文癸卯（一五四三）八月二五日、種子島に百余人の船客をのせた大船が着いた。乗っていた「大明儒生五峯」が筆談で語ったところによると、船客は「西南蛮種の賈胡」で、貿易のために来たという。賈胡の長の名を牟良叔舎・喜利志太侘孟太といった。ふたりは島主種子島時堯の前で鉄砲を放って見せ、「希世の珍」と感じ入った時堯は、大金を投じてこれを買い取った。

ところが、ポルトガル人アントーニオ＝ガルバン（モルッカ総督）が一五六三年に著した『諸国新旧発見記』には、こう記されている。

一五四二年、ディオゴ＝デ＝フレイタスがシャム国ドドラ市に一船のカピタンとして滞在中、その船より三人のポルトガル人が一艘のジャンクに乗って脱走し、シナに向かった。その名をアントーニオ＝ダ＝モッタ、フランシスコ＝ゼイモト、アントーニオ＝ペイショットという。かれらは北方三〇度余に位置するリャンポー市に入港しようとしたが、うしろから激しい暴風雨が襲ってきて、かれらを陸から遠ざけてしまった。こうして数日、東の方三二度の位置にひとつの島を見た。これが人々のジャポエスと称し、古書にその財宝について語り伝えるジパンガスのようである。

このように日本史料とポルトガル史料に一年のずれがあることが、長年、研究者を悩ませてきた。またポルトガル人の名前も、牟良叔舎をフランシスコの音写とみてフランシスコ＝ゼイモトに、侘孟太をダ＝モッタの音写とみてアントーニオ＝ダ＝モッタにあてるのはよいが、ペイショットにあたる名が『鉄炮記』には見えず、逆に『鉄炮記』の「喜利志太」が浮いてしまう。

幸田成友『日欧交通史』は、イスパニア商人ガルシア＝デ＝エスカランテ＝アルバラードがディオゴ＝デ＝フレイタスから聞いたポルトガル人の二度の琉球《レキオス》渡航の情報を紹介し、その一度めがガルバンの記述に符合することを指摘した。

彼（フレイタス）と一緒にそこ（シャム）にいた中の、ポルトガル人二人がチナ沿岸で商売しようと一隻のジャンクで向ったが、彼らは暴風雨にあってレキオスのある島へ漂着した。そこで彼らはその島々の国王から手厚いもてなしを受けた。それは、シャムで交際したことがある（レキオ人の）友人たちのとりなしによるものであった。彼らは食料を提供され立ち去った。これらの人々が（レキオ人の）礼儀正しさや富を目撃したことから、他のポルトガル商人たちもチナのジャンクに乗って再びそこへ行った。彼らはチナ沿岸を東に航海し、さきの島に着いたが、今回は上陸を許されず、……退去を命ぜられた。

（岸野久『西欧人の日本発見』による）

エスカランテは、メキシコ副王が一五四二年にアジアへむけて派遣したルイ＝ロペス＝デ＝ビリャロボス艦隊の随員で、同艦隊は翌年二月にフィリピンのミンダナオ島に到着したが、メキシコ帰航に失敗して、一五四五年一一月マルク諸島のティドレ島でポルトガル人に投降した。

この間、一五四四年一二月にフレイタスはビリャロボスと会談しており、エスカランテがフレイタスからレキオスの情報を得たのもおなじころと考えられる。このことから幸田は、ポルトガル人のレキオス渡航は、第一回めが一五四二年、第二回めが一五四三年とするのが至当だとした。

これを受けて所荘吉は、一五四二年にポルトガル人が種子島に漂着したが、このとき鉄砲伝来はなく、鉄砲は翌年再度の来航時に伝えられた、と解した。いっぽうドイツのイエズス会史研究家ゲオルク＝シュールハンマーも、ポルトガル人の一度めのレキオス渡航を一五四二年、二度めを四三年とするが、ガルバンよりもエスカランテの記述に信をおいて、一度めは琉球にいたっただけとし、『鉄炮記』の記事を採用して、二度めにようやく種子島にいたった、と考えた。

エスカランテのいう「レキオスのある島」を、所荘吉は種子島、シュールハンマーは琉球と解するわけだが、後者の説では、エスカランテは二度めもおなじ島に着いたと記しているのに、これをあえて種子島と解するという無理がある。また所は、ガルバンに北緯三二度の島とあるのを根拠に、一度めの漂着地を薩摩の阿久根に修正したが、その結果おなじ矛盾に逢着することになった。

連年、再度のポルトガル人渡来の事実は、じつは『鉄炮記』にも記されている。すなわち一回目の渡来の翌年、また「蛮種の賈胡」が種子島の熊野浦にあらわれたので、種子島時堯は、乗っていた一人の鉄匠から砲底を塞ぐ技術を学び、「歳余にして」数十の鉄砲の製造に成功した、という。つまりヨーロッパ史料によれば一五四二年と四三年、『鉄炮記』によれば四三年と四四年にポルトガル人の渡来があったのである。

台湾の史学者李献璋《りけんしょう》は、『鉄炮記』を深く読んで、二度目のポルトガル人来島が一五四四年だとすると、種子島銃の製造成功は早くて一五四五年になるが、これは「一五四四年に渡明した三貢船に乗っていた松下五郎三郎が種子島銃を携えていた」という記述と矛盾する、と指摘した。そこから李は、初度のポルトガル人渡来を一五四二年とすることで、『鉄砲記』自身の内部矛盾が解消するうえ、ヨーロッパ史料との食いちがいもなくなる、と主張したのである。

三六年も前に提起されながら正当な評価を得られていないこの説こそ、正しく的を射ていた、と私は思う。これに従うと、前述した王直の日本初来も一年引き上げねばならなくなるが、そうしても中国史料との矛盾は生じない。むしろ一五四三年にポルトガル人がふたたび種子島に来たのも、王直に導かれてではなかったか、と思う。

以上をまとめると、ポルトガル人の種子島初来から王直が双嶼にあらわれるまでの経過はこうなる。

一五四二年、王直の船に乗ってシャムから種子島に到着したポルトガル人が鉄砲を伝える。かれらはおなじ船でシャムへ帰り、翌四三年また王直の船で種子島に来、砲底を塞ぐ技術を伝授する。『鉄炮記』にはポルトガル人の再来の季節が記されていないが、かれらはおよそ太陽暦の七・八月ころ南西の季節風に乗じて日本に向かい、一〇・一一月ころ北東の季節風に乗じて日本を立ち去るのが常だったから、かれらがシャムにもどって二度めのレキオス行きの情報をもたらしたのは、太陽暦で同年の暮か、翌四四年のはじめ以降であろう。この情報は当然フレイタスの耳に入り、同年の末、フレイタスからエスカランテに語られる。王直のほうは、同年の南西の季節風に乗って、本来の目的地であった双嶼にあらわれて許棟の集団に加わる。そしてその翌年(一五四五年)、許棟の配下として、貢使寿光に同行してまた種子島へ渡った……。

鉄砲伝来を以上のように考えるなら、その実像は「ポルトガル船が種子島に漂着して西洋式の銃を伝えた」という常識とかなりちがったものになる。ポルトガル人の乗っていた船は西洋式の帆船ナウではなくて中国式のジャンクであり、中国人密貿易商の王直が同乗していた。いやむしろ王直こそ船の経営主体だったと考えたほうがよさそうだ。そして鉄砲それ自体も、ポルトガル人がヨーロッパから携えてきたものではなく、当時東南アジアで使われていたものの可能性がある。

しかしながら私は、最近一部の専門家が唱える「鉄砲伝来はアジアのなかでのできごとだ」「鉄砲を伝えたのは倭寇だ」といった言説に、ある程度の共感は覚えつつも、一〇〇パーセントくみすることはできない。たしかにポルトガルやスペインは既存の交易ルートに乗ってアジアにあらわれた。しかしそれは、かれらがアジアの諸々の海上勢力と同質のものであったことを意味しない。かれらが簡単にマラッカを手に入れたことが示すように、その「近代的」な軍事力はアジアにとって大きな脅威だったし、鉄砲こその腕力の中心をなすものだった。またかれらが、キリスト教徒として一種の選民意識をもち、どんなに乱暴な行動をも「異教徒」の改宗という名目で合理化できる論理をもっていたことも軽視できない。

鉄砲を携えたヨーロッパ人との出会いは、最初はたしかに小さなできごとだったかもしれないが、なおアジアにとって地球規模の世界史との接触であったことに変わりはない。その意味で長篠合戦から島原・天草一揆にかけての日本史の激動は、鉄砲伝来に始まる世界史の波が、列島にうち寄せたことの結果として理解することができる。しかしもちろん、鉄砲製作技術の急速な習得や鉄砲を用いる戦闘方法の発達が示すように、日本はその波に受身でもまれてばかりいたわけではないことも、忘れてはならない。

ザビエルとアンジロー——最初のキリシタン

鉄砲伝来をめぐる史料状況がずいぶんと入りくんでいたのにくらべて、キリスト教伝来の場合は、ザビエル自身が記録してくれているので、はるかにすっきりしている。それによるとキリスト教も、ヨーロッパと日本との直接の接触というよりは、アジアの交易ルートを媒介としてはじめて、日本に到来できたことがわかる。

この伝来劇のシテがザビエルだとすれば、ワキはアンジローという名の薩摩人であり、世界の十字路マラッカこそふたりの出会いの場だった。

フランシスコ＝デ＝シャビエル（以下慣用に従いザビエルとする）は、一五〇六年ピレネー山脈のスペイン側にあったナバーラ王国の貴族の家に生まれ、一五三四年イグナチオ＝デ＝ロヨラのイエズス会創立に参加した。イエズス会は、一五一七年に始まった宗教改革に対抗するアクティブなカトリック改革派で、東方伝道にはとくに力を注いでいた。ザビエルはローマ教皇代理として、ポルトガル国王ジョアン三世のあとおしのもと、一五四一年リスボンを出帆し、翌年ゴアに到着した。その後数年、インド西岸・セイロン島・マラッカ・マルク諸島などで布教に務めたが、努力のわりに成果はかんばしくなかった。

聖フランシスコ・ザビエル像　キリシタン大名高山右近の旧領地、摂津国高槻にほど近い家で1920年に発見された。下にラテン文字「聖イエズス会士フランシスクス・サベリウス」とその万葉仮名による訳を記している。神戸市立博物館蔵。

アンジロー（弥次郎《ヤジロー》とする史料もある）は鹿児島で人を殺して追われる身となり、二人の従者とともに、たまたま来航していたポルトガル商人ジョルジ＝アルバレスの船に逃げこんだ。犯した罪の重さに苦しむアンジローは、アルバレスからザビエルに会うよう勧められ、マラッカに着くとザビエルを訪ねた。一五四七年一二月七日のことである。ザビエルは翌年一月二〇日にインドのコチンからローマのイエズス会友にあてた手紙にこう書いている。

私がまだマラッカにいるとき、ポルトガルの信頼すべき商人たちが、私に重大な情報をもたらした。それは大きな島々のことで、東方に発見されてからまだ日も浅く、名を日本諸島と呼ぶのだという。商人たちの意見によると、この島国は、インドのいかなる国々よりも、はるかに熱心にキリスト教を受け入れる見込みがあるという。なぜかといえば、日本人は学ぶことの非常に好きな国民であって、これはインドの不信者に見ることのできないものだという。

この商人たちにつきそわれて、アンヘロと呼ぶひとりの日本人が来ていた。……このアンヘロは私に告白をしたがった。彼は青年時代に犯したある罪のことをポルトガル人に打ち明け、重大なその罪に対して、われらの主なる神から赦しの与えられる方法を求めたのである。そこでポルトガル人は、一緒にマラッカへ往って私に会ったらよかろうと勧めた。……彼はかなりポルトガル語を話すので、私たちはたがいに了解することができた。もし日本人がみな彼のように学ぶことの好きな国民だとすれば、日本人は、新しく発見された諸国のなかでもっとも高級な国民であると、私は考える。アンヘロは、私の聖教講義に来てのち、信仰箇条のすべてを自分の国語をもって書き留めた。彼はたびたび教会へ来て祈り、私に無数の質問を浴びせた。彼はなんでも知りつくさずにはおかないという強い欲望を持っている。これは進歩が早くて短時日で真理の認識に到達することのできる人物という、たしかなしるしである。

翌一五四八年三月、アンジローらはザビエルの勧めでゴアにいたり、聖信学院で教理を学んだあと、五月に洗礼を受けて、アンジローは聖信のパウロ、二人の従者はジョアンおよびアントーニオの名を与えられた。アンジローらの資質にほれこみ、日本に大きな希望を抱いたザビエルは、アンジローを道案内として、コスメ゠デ゠トルレス、ジョアン゠フェルナンデスらとともに、一五四九年四月一五日にゴアを出発、コチンを経由してマラッカにいたった。

六月にマラッカからゴアに宛てたザビエルの手紙によると、マラッカ要塞の長官は、ザビエルのために堅固な武装船を用意しようとしたが、日本へ行く適当な船がみあたらなかったので、ラダラオ（海賊）の名で知られマラッカに家族のいる一中国人に、ザビエルらを日本へ送り届けるよう依頼した。ラダラオのジャンクは、コーチシナ、広東、福建沿岸の密貿易ルートを航行し、八月一五日（天文一八年七月二二日）鹿児島に到着した。

ラダラオは明らかにマラッカに居住する華僑で、江南の沿岸に出かけていって交易や海賊の活動をしていた人間である。鉄砲と同様キリスト教も、中国人密貿易商がつくりあげていたシナ海の交易ルートに乗って日本列島にたどりついたのであった。鹿児島到着後八〇日ほどたった一一月五日、ザビエルはゴアのイエズス会友に宛てた手紙で、マラッカからの航海のようすをこう書いている。

西紀一五四九年聖ヨハネの祝日（六月二日）の午後、私達は船に乗り込んだ。船は不信者のシナ商人のジャンクで、此のシナ人は、私達を日本へ渡すことを、マラッカの長官にまで申し出た者である。出帆の後、神は私達に、よい天気と順風とをお与えになった。然し、心の不安定なのは不信者のつねで、船長は進路を日本に取ることを止め、何の理由もないのに、あちこちの嶋に寄って、錨をおろした。（中略）

私達は、シナの方角に向って航行し、マラッカから百レグア離れた所で、一つの嶋に寄港した。ここで私達は、舵やマストの予備の外、シナ海の怖るべき暴風にあたって、予め必要だと考えられる建築材を積み込んだ。（中略）

漸く大洋へ出たかと思われる頃、又もやシナ人は籤《くじ》を持ち出し、今度は船が恙《つつが》なく、日本からマラッカへ帰り得るかどうかを、偶像に質問した。その答に依ると、船は日本へ到着するけれども、マラッカへは帰れないというのであった。此の託宣に、すっかり意気銷沈した彼等は、この上は、日本への航海を一年間延期し、シナで越冬することに決めた。こういう状態の連続が、私達の航海の有様である。私達は、悪魔の勢力と、その下僕等の掌中に渡されているのである。私達の渡航が、迷信の気随気儘《きずいきまま》にゆだねられている。何となれば、船をあやつる船長が、一にも二にも、悪魔の託宣によって事を決するからである。（中略）

私達は錨をあげて、シナの一つの港たるチンチェオ（漳州）に向った。順風であったから、数日にしてこの港に達した。船長等は、またもやここで越冬するつもりである。日本へ渡航するための都合のよい季節風が、既に不確実になっていたからである。ところが、私達が入港しようとした時、一つの帆船が走って来て、この港は悉く海賊に占められているから、ここへ上陸したら、それが最後だ、という驚くべき報告をもたらした。その時一レグアほどの距離の所に、チンチェオ人達の船が姿を現した。チンチェオから私達の方へ向って来るのである。これを見た船長は、これは危ないと思って、チンチェオに寄港しないことを決心した。広東へ帰ろうと思うと逆風である。日本へ向うためには順風である。それで船長も乗組員も、その願望に反して、航路を日本へ取る外は無くなった。こうして神は、私達があんなに憧れていたこの国に、導いて下さったのである。

ザビエルは船足が進まないのにいらだち、「不信者」ラダラオ船長が籤や託宣を信じて必要のない寄港をくりかえすからだ、と罵っている。「私達は、悪魔の勢力と、その下僕等の掌中に渡されている」という表現など、いかにも戦闘的なイエズス会士らしい。船長の信じる「悪魔」とは、たぶん道教の神であろう。

しかし手紙をよく読むと、船長の行動はザビエルの思うほど「迷信」に支配されてばかりはいないことがわかる。かれの航海は、なにもザビエルを日本に送りとどけることだけを目的としていたわけではない。それだけでは採算がとれなかっただろう。かれが「あちこちの嶋に寄って、錨をおろした」のは、ザビエルの眼には「何の理由もない」と映ったが、南海産物を中国に運びこむ密貿易行為であったにちがいない。

豊後府内出土のメダイ　表に聖女ヴェロニカのヴェールに写った磔刑場に向かうキリストの顔（左）、裏に聖母子像（右）が刻まれる。径2cm、厚さ2㎜、重さ2g。大分県教育庁埋蔵文化財センター提供。

ある港で予備の舵やマスト、修理用の資材を積みこんだことからは、交易ルートが整備されて、補給地が設定されていたことがうかがわれる。そして漳州でのできごとからは、密貿易集団の間で争いが起きていたことがわかり、船長の行動は敵対集団の襲撃を避けようとする当然の判断にもとづくものであった。

ザビエルは約一年間鹿児島に滞在したあと、平戸・博多・山口・堺を経て、一五五一年一月、念願の京都に着いた。しかし当時の京都は戦乱で荒廃し、天皇にも将軍にも実権なく、かれは一一日間いただけで山口へ戻った。四月には大内義隆に謁見して布教を許可され、五〇〇人以上の信者を獲得した。九月には山口をトルレスに委ねて豊後府内におもむき、大友義鎮《よししげ》の歓迎を受けた。

ザビエルは一一月二〇日、ポルトガル国王あての義鎮書簡を携えて府内を出帆、翌一五五二年二月にゴアに帰着した。ついで中国布教を企て、八月に広東の上川島に着いたが、ほどなく熱病を発し、一二月三日、四七歳で没した。

一五五〇年九月に鹿児島でザビエルと別れてからのアンジローの消息はさだかでないが、十数年後に海賊船に乗って中国へ渡り、寧波の近くで海賊に殺されたといわれる。事実とすれば、かれもまた〈倭寇世界〉のなかで死んだのである。

ザビエルの見た日本

一五四九年一一月九日鹿児島発ゴアあて、五二年一月二九日コチン発ヨーロッパあての二通のザビエル書簡によって、かれの目に映った日本を眺めてみよう。

第一の手紙は、日本到着後最初のもので、ザビエル書簡中もっとも長く、宗門で「マグナ・カルタ（大文章）」と呼ばれ、信仰生活の導きの書として尊重されている。

〔資質と身分意識〕私には、日本人より優れた不信者国民はないと思われる。日本人は、総じて良い素質をもち、悪意がなく、交わってすこぶる感じがよい。かれらの名誉心は特別に強烈で、かれらにとっては名誉がすべてである。日本人はたいてい貧乏である。

しかし、武士であれ平民であれ、貧乏を恥辱だと思っている者はひとりもいない。……武士がいかに貧困であろうと、平民がいかに富裕であろうと、その貧乏な武士が、富裕な平民から、富豪とおなじように尊敬されている。また貧困の武士は、いかなることがあろうと、またどんな財宝が眼前に積まれようと、平民とけっして結婚しない。

〔学習能力とモラル〕住民の大部分は読み書きができる。これは、祈りや神のことを短時間に学ぶ際に、すこぶる有利な点である。日本人は妻をひとりしかもっていない。窃盗はきわめて稀である。死刑をもって処罰されるからである。かれらは盗みの悪を非常に憎んでいる。たいへん心の善い国民で、交わりかつ学ぶことを好む。神のことを聞くとき、とくにそれがわかるごとに大いに喜ぶ。

〔対外意識〕私たちはここ聖信のパウロ（アンジロー）の国で――かれは私たちにとってほんとうに良い友である――、町奉行をはじめ、ヨーダイ（不明）や多くの民衆からも非常に歓迎されている。人々がことごとく物めずらしそうにポルトガルから来た司祭を知ろうとする。パウロがキリスト者になったことについては、だれも変に思う者がないばかりか、むしろ尊敬をすら払っている。かれの一家の者も知人たちも、かれが日本人のまったく知らないインドへ往ってさまざまのことを見聞してきたのを、大いに喜びあっている。

〔学校〕　都については驚くべきことが耳に入っている。戸数が九万以上だという。一つの大きな大学があって、その中に五つの学院が付属しているという（五山のことか）。……都の大学のほかになお有名な学校が五つあって、うち四つは都からほど近いところにあるという。それらは高野《こうや》・根来寺《ねごろじ》・比叡山・近江（木部の一向宗近城寺）である。どの学校も、およそ三五〇〇人以上の学生を擁しているという。しかし日本でもっとも有名でもっとも大きいのは、坂東（足利学校）であって、都を去ることもっとも遠く、学生の数もはるかに多いという。坂東は非常に大きな領地であって、そこに六人の公爵がいるが、その中の一人がもっとも有力で、ほかの五人はかれに従属し、またこの有力な公爵は日本国王に従属している。

〔中国との関係〕　日本の国王はシナの国王の友人であって、友情のしるしとしてシナ国王の印璽をもっている。したがって、シナへ渡る者たちに安全保証を与えることができる。日本からは多数の船がシナへ渡っていく。渡航には一〇日または一二日を要するにすぎない。

第二の手紙は、日本布教を切りあげてインドに戻ったザビエルが、日本での活動を総括し、シナ渡航の希望を述べたものである。

アブラハム・オルテリウス作「東インド図」(1570年、部分)に描かれた日本　団子状のIAPAN(日本)島のなかに、ザビエル書簡に基づいてMiaco academia(都学院)、Chela(高野?)、Negru(根来)、Frason(> Fiason 比叡山)、Homi(近江)、Bandu(坂東)を記入するが、位置関係はでたらめである。

〔戦国期の社会〕 私はこれほどまでに武器を尊重する国民に出会ったことがない。日本人は実に弓術に優れている。国には馬がいるけれども、かれらはたいてい徒歩で戦う。……すこぶる戦闘的で闘争ばかりやっている。一番大きな闘争力をもっている者が、もっとも強い支配者になる。かれらは一人の国王をもっているが、もう一五〇年以上もその国王に臣従していない。

〔仏寺と教義〕 日本のある大名の領内には、坊さんと尼さんの寺が八〇〇あって、その一つ一つに三〇人を下らぬ坊さんがいるという。そしてまた、この八〇〇の寺のほかに、なお四人、六人、八人くらいずつの他の家がある由である。……かれらが信じている各宗派の教義は、日本の近くにあるシナという大陸から来たものである。坊さんらは、大いなる苦行をした人々の書いた書物を所持している。この人々は千年、二千年、三千年にわたる苦行を行なったという。その名を釈迦および阿弥陀という。そのほかになお宗祖や苦行者の名が多数知られているけれども、釈迦と阿弥陀がもっとも有名である。

〔仏教信仰〕 たがいに異なる教義をもつ宗派が九つある。男も女も自分らのもっとも要求する宗派を、その好みに応じて選んでいる。他の宗旨に走ったからといって、これに圧迫を加えるような日本人はひとりもいない。従って一家族のうち、主人はこの宗旨に属し、主婦はあの宗旨を奉じ、子供がそれぞれにまた他の宗派に帰依しているような家庭がある。日本人にとって、これはきわめて当然のことで、各人は自分の好む宗派を選ぶことがまったく自由だからである。

〔教義書の翻訳〕　私たちは、パウロの故郷にいる間、信者に信仰教義を教えると同時に、言葉を習い教義の多数の項目を日本語に翻訳することを任務としていた。翻訳は何よりも世界創造の教義から始めねばならぬ。ただしそれを簡潔にして、日本人にとってもっとも重要な事柄だけを説明すべきである。たとえば、ただひとりの創造主が万物をお造りになった、というごときは、日本人のまったく知らない観念である。それから救霊の他の教義に移っていく。キリストの御託身から始めて、御生涯のあらゆる玄義を述べ、御昇天の話をもって終る。そのあと公審判の説明を付加する。この本を日本語に訳すのは並大抵の骨折りではなかった。ただし字は横文字を使って書いた。

〔知識欲〕　神の御憐れみの大いなることを示すためには、日本人は、私の見た他のいかなる異教国の国民よりも、理性の声に従順の民族だ。非常に克己心が強く、談論に長じ、質問は際限がないくらいに知識欲に富んでいて、私たちの答えに満足すると、それをまた他の人々に熱心に伝えてやまない。地球の丸いことはかれらに知られていなかった。流星のこと、稲妻・雨・雪などについても質問が出た。

こののち一世紀のあいだ、多くのキリスト教宣教師が日本を訪れ、書簡・年報・著作などのかたちで、厖大な日本観察記録を残した。それらは、戦国時代から江戸時代にかけての大変動を、日本人とは異なる眼からとらえた貴重な史料となっている。そのさきがけをなすザビエルの書簡群は、ゆたかな知性と鉄の意志に支えられて、日本とヨーロッパの出会いを、とりわけ興味ぶかく描き出している。

西に開く窓、平戸

一五四八年に明の官憲によって双嶼を追われた王直は、日本の五島に根拠地を移し、ついで平戸にも屋敷を構えて密貿易を続けた。平戸の領主松浦《まつら》隆信《たかのぶ》が、王直のような国家的反逆者の居住を許したのは、貿易の利を第一とする考えからだった。その後まもない一五五〇年六月（または七月）、ポルトガル船がはじめて平戸に入港したが、おそらく王直の誘いによるものだろう。

ザビエルは上洛途上の同年九月、平戸に立ちより、隆信の歓迎を受け、一〇〇人ほどの信者を獲得した。ポルトガル商人たちがザビエルに深い敬愛を捧げるのを見て、隆信は貿易振興のためにもキリスト教の保護が得策と考えたのである。

その結果、平戸は海外の珍物で満ちあふれ、その富は平戸松浦氏が小さいながら戦国大名として成長する支えをなした。当時の繁栄ぶりを『大曲記』はこう描いている。

平戸津へ大唐より五峯（王直）と申す人罷着《まかりつき》て、いまの印山寺屋敷に唐様に屋形を立て、罷住《まかりすみ》申しければ、それをとりへにして大唐の売《あき》ない船たへせず。あまつさへ南蛮（ポルトガル）のくろ船とて、初めて平戸津へ罷着ければ、唐なんばんの珍物は年々満々と参候間、京・堺の商人、諸国皆あつまり候間、西のみやことぞ人は申しける。

はじめ松浦隆信はキリスト教に好意的で、ある神父《パードレ》に「自分はポルトガル人の良き友で、パードレを歓迎し、修院《カーザ》建設用地を与え、インド副王に書状を送る」と語ったほどだった。このころ平戸は「日本にある最良の港」と称えられ、日本に来るポルトガル船のほとんどが平戸をめざした。

こうして南蛮貿易の隆盛とキリスト教の普及が、平戸の地で手を携えて進行した。一五五五年には信徒が五〇〇人を数え、五七年には最初の教会が建てられ、六一年には九〇人のポルトガル人がいたという。同年一〇月一日豊後発、修道士《イルマン》ルイス＝デ＝アルメイダの手紙は、平戸に近い肥前度島《たくしま》に教会が建設されるようすをこう伝えている。

生月島《いきつき》のキリシタン墓地　籠手田安経の所領だった生月（平戸島に隣接）にはキリシタン遺跡が多い。撮影／熊谷武二

当島の住人は大きな悦びをもって工事に従事し、わずかな日数の間に、多数の人々の助力を得て、教会は完成した。これがために平戸から聖像額・帷帳《いちよう》その他の装飾物が、ポルトガル人の手で届けられた。かれらポルトガル人は五艘の船で（平戸に）来航していたので、これらの教会用品も充分補給することができたのである。

隆信のまたいとこにあたる籠手田安経《こてだやすつね》は隆信につぐ有力者で、一五五一年に入信し、その知行地にはキリスト教が深く浸透したが、とくに度島では全住民がキリシタンになるほどだった。

キリスト教の急速な普及は、必然的に信徒やポルトガル人と僧侶・仏教徒とのあつれきを生んだ。さすがの隆信も警戒心を強め、一五五八年には平戸地方の布教責任者ガスパール＝ビレラの追放に踏みきった。一五五七年に王直が明の官憲の誘いに乗って投降し、平戸から姿を消しており、中国貿易に陰がさしてきたこともあって、隆信の南蛮貿易に対する期待はなお大きかったが、貿易を続ける以上キリスト教の浸透はさけられない。

一五六一年、ついに大きな事件が起きた。ポルトガル船の積んできた絹布の取引価格をめぐって、数人のポルトガル人と一日本人との間で争いとなり、船長《カピタン》フェルナン＝デ＝ソーザがポルトガル人側を援けたので、隆信の家臣らが数を頼んでポルトガル人たちに打ちかかり、ついにソーザ船長以下一四人のポルトガル人を殺してしまったのである。

隆信はなお貿易断絶をおそれて宣教師と和解し、二年前に破却されていた平戸教会の再建を許可したが、一五六二年平戸に来た日本布教長コスメ＝デ＝トルレスは、この年来航したポルトガル船の平戸入港を阻み、大村純忠領内の肥前横瀬《よこせ》浦《うら》に回航させた。こうして南蛮貿易の利益は大村氏の手に移り、六三年純忠は入信して最初のキリシタン大名となった。

ところがこの年、大村家の内紛で横瀬浦が焼失したので、六四年来航のポルトガル船は平戸に入った。隆信は貿易確保のためキリスト教歓迎の姿勢を示し、六五年平戸には当時の日本でもっとも大きく美しい教会が建てられた。この教会は「御孕《はら》みのサンタ・マリア」と名づけられ、日本名を「天門寺」と称した。

ところがトルレスは一五六五年に来航したポルトガル船に平戸入港をやめるよう説得し、大村領に福田浦を確保してここに入港させた。あせった隆信は福田浦襲撃という荒っぽい手に訴えた。神父《パードレ》ルイス＝フロイスの『日本史』（第六三章）はこう書いている。

平戸の殿（隆信）は、……シナの船がもう前のように彼の港（平戸）に碇泊しないようになったのを見て、とりわけ、（ポルトガル）船《ナウ》が近寄らなくなった結果、彼がもちまえの異常な貪欲さから最も欲望していた船《ナウ》からの大きな利益を得られなくなったのを見て、当時ドン＝バルトロメウ（純忠）の領内の福田港にいたドン＝ジョアン〔＝ペレイラ〕の船《ナウ》を征服することに最後の力を賭けて全力をつくそうと思い定めた。……その計画を実現するためには、彼は当時彼の港（平戸）にいた堺の商人たちの大型船八艘ないし十艘と同盟して、その（ポルトガル）船《ナウ》から絹を買うことをもくろみ、その獲物を分けようという申し合せをした。……到着すると、八艘の大きな船は、日

復元された平戸オランダ商館　平戸港の出口に臨む岬に建つ。

本人生来の恐れる気配もなく勇敢に、この船《ナウ》をぐるりと取り囲んだ。そうして、直ちに最初の攻撃で彼らが発砲すると――それは堺で造られた一種の簡単な火縄銃であった――、彼らはさっそく船の砲術長を殺し、……同時に船に塡隙《てんげき》する（隙間を塞ぐ）者と他のポルトガル人二人を殺した。

この作戦は松浦側の敗北に終わり、以後、松浦領内へのポルトガル船入港は、一五八六年の一度を除いて絶えてしまった。ポルトガル船は一五七一年からは大村領の長崎に入港するようになり、国際貿易港湾都市としての長崎の歴史がここに始まった。

一五八四年にはイスパニア船が平戸に来航し、松浦鎮信《しげのぶ》（隆信の子）を喜ばせた。鎮信はイスパニア船の帰航にさいし、イスパニア人を歓迎する意を述べたフィリピン総督あての手紙を託したが、イスパニアはポルトガルとの世界分割《デマルカシオン》にもとづいて日本貿易に消極的だったため、それ以上の進展はみられなかった。

平戸のもつ地政学的重要性は、イベリア両国の貿易船が去ってのちも、この地を衰退に任せてはおかなかった。秀吉の九州平定とバテレン追放、朝鮮侵略戦争、家康の覇権と続く大変動を乗りきった平戸藩主松浦鎮信は、一六〇九年オランダ船を平戸に迎え、幕府の承認のもと商館の設立を許した。オランダ東インド会社の平戸商館は、極東におけるオランダの貿易活動や、イベリア両国・イギリスに対抗する軍事活動の重要拠点となった。この間イギリス東インド会社も、一六一三年平戸に商館を設置したが、オランダとの競争に敗れ、二三年撤退した。

オランダ商館は、一六二八〜三二年の中断をはさんで都合二八年間存続したが、いわゆる鎖国体制構築の一環として、一六四一年に長崎の出島に移転した。

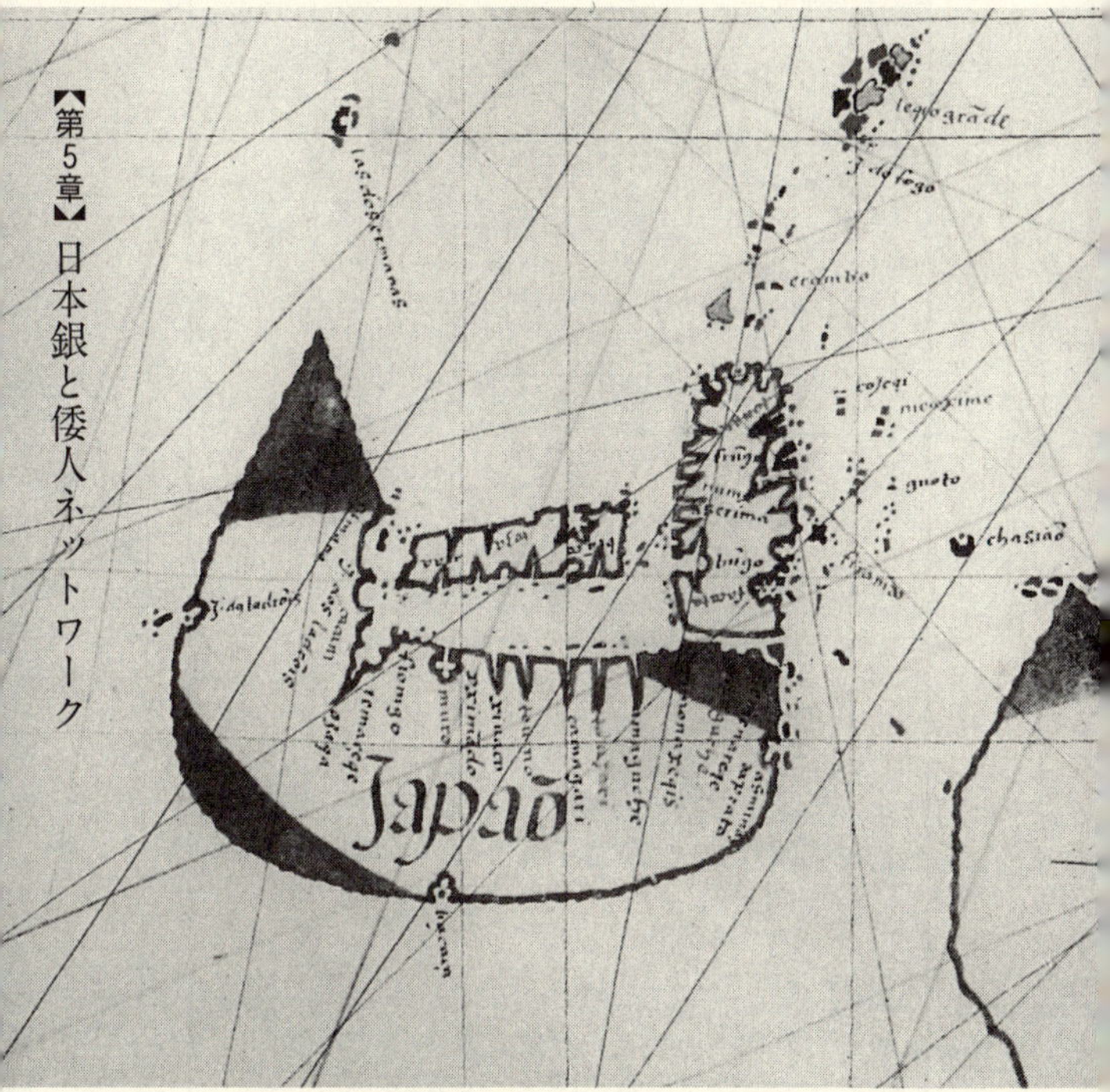

古地図に記された石見銀山　ポルトガル人ラザロ・ルイス作の「東亜図」に描かれた日本列島（1563年、上方が南）。本州の西北端に「as minas da prata」（銀鉱山）の文字がある。リスボン、科学アカデミー蔵。

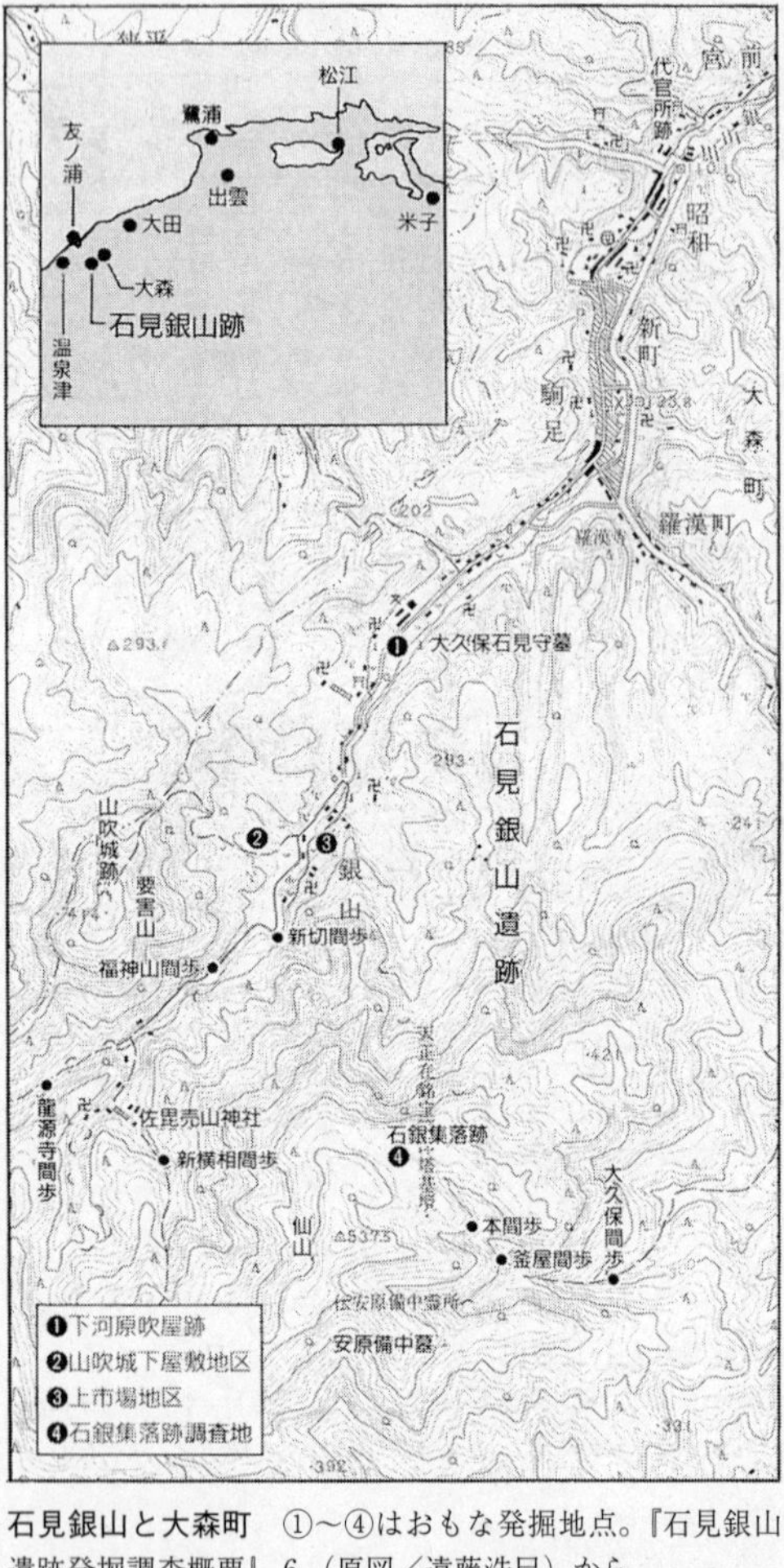

石見銀山と大森町　①〜④はおもな発掘地点。『石見銀山遺跡発掘調査概要』6（原図／遠藤浩巳）から。

石見銀山を訪ねて

東西に長い島根県のほぼ中央にある大田《おおだ》市の山間部に、一六世紀に開かれた巨大な鉱山の跡が眠っている。国指定史跡「石見銀山遺跡」である。一七世紀前半の最盛期には、年間の銀産高が八〇〇〇貫から一万貫（三万二〇〇〇〜四万キログラム）にのぼった。このころ日本全体の銀産高は四万〜五万貫と推算され、これが全世界の銀産の三分の一を占めたといわれるから、石見銀山だけで全世界の銀の一五分の一を産出したことになる。

標高五三七メートルの仙ノ山を中心とする山腹のいたるところに、間歩《まぶ》と呼ばれる坑道が口を開け、その数は鉱山衰退期の一八二三年の調査でも二七九坑を数えた（休止坑をふくむ）。最盛期には銀山全体でなんと二〇万の人口があったと伝えられる。いくらなんでもこれは信じがたいが、それでも四万人前後は確実だという。

一九九二年から仙ノ山山頂の東北にある標高四七〇メートル前後の平坦地石銀《いしがね》地区の発掘が始まり、一六世紀、ここに選鉱・製錬の作業場を中心とする大きな集落があったことがわかってきた。宅地のほか、石垣・井戸・池・寺跡・墓地なども確認されている。従来、銀山七谷と呼ばれる谷筋に雛段状の集落址があることは知られていたが、山上にも大規模な集落の立地があったことを考えあわせれば、過大に思えた最盛期の人口にもかなり真実味が出てきたといえよう。

石銀地区に先行して行なわれた他地区の発掘調査でも、銀山川沿いの下河原で一七世紀の巨大な吹屋《ふきや》（製錬所）跡が出土したほか、銀山川から山吹城への登り口の下屋敷地区に、鉱山管理事務所というべき休役所《やすみ》があったことが確認された。石銀地区をふくむこれらの発掘地点からは、一六世紀後半以降の中国陶磁や、一六世紀末から一七世紀初頭の唐津焼および唐津系陶器が多く出土しており、鉱山町の消費生活をしのばせると同時に、日本海航路を通じての九州や大陸方面とのつながりを語ってくれる。

銀山川をはさんで仙ノ山の北西に隣りあう要害山（標高四一二メートル）の頂上には、戦国期の山城「山吹城」の跡がある。銀山の掌握をめぐって、三〇年以上もの間、大内、小笠原、尼子、毛利の軍勢が鎬《しのぎ》をけずった要衝で、最高部の主郭を中心に一〇の郭《くるわ》が階段状に展開し、樹木の茂った現在も人工の跡が歴然としている。また、銀山から西へ、降路坂《ごうろざか》を越えて宿場町西田（温泉津《ゆのつ》町）にいたる道の押えとして、峠の南にそびえる標高六三八メートルの山上に、「矢滝城」も築かれた。

鉱山領域の下手に接する大森地区は、鉱山管理者の住宅、町屋・店棚、寺院・神社などが川に沿って細長く展開、江戸時代の町並みの雰囲気をよく残しており、「大森銀山地区重要伝統的建造物保存地区」に指定されている。ここには、大森町のもっとも下手

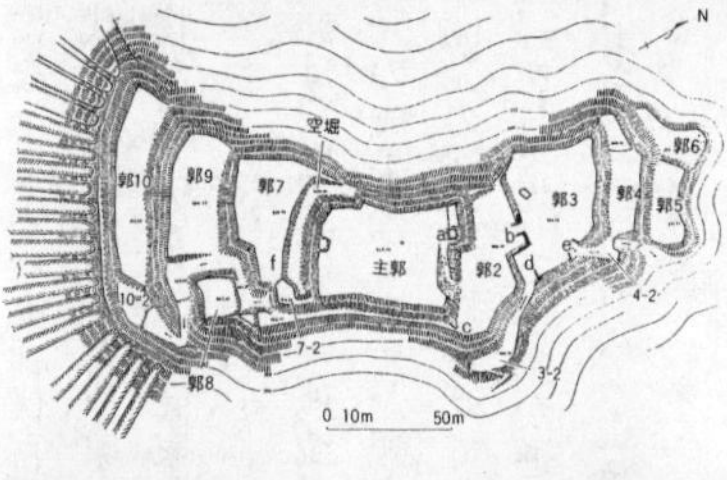

山吹城　上は仙ノ山中腹から眺めた要害山。山吹城はその頂上付近を大規模に整形して築かれている。撮影／熊谷武二。左はその縄張り図。『石見銀山遺跡発掘調査概要』6（原図／寺井毅）から。

大森町　江戸時代の町並みの雰囲気をよく残している。撮影／熊谷武二

にあって、現在石見銀山資料館になっている大森代官所跡をはじめ、大森町年寄遺宅熊谷家、郷宿田儀屋《ごうやどたぎや》遺宅青山家、代官所同心遺宅柳原家、地役人遺宅の岡家・三宅家・阿部家・河島家などの歴史的建造物が建ちならぶ。商家と武家が混在するのがこの町の特徴とされる。

これらの大規模で多彩な遺跡群は、過疎に悩む地域の振興の目玉として期待が寄せられており、発掘調査や町並み復元の成果をふまえた観光開発が進行中だ。過疎化のおかげもあってこの地域には大規模開発の波がまだ寄せておらず、遺跡の保存状態は良好である。現在「世界遺産」への登録を目指して運動が進められている［当時。「文庫版あとがき」参照］。遺跡の史的価値を損なうことなく、しかも多くの観光客が呼べるような、バランスのとれた開発が望まれる。

『銀山旧記』によれば、石見銀山の発祥は一三〇九年の大内弘幸による発見にさかのぼるというが、確実なところでは一五二六年、神谷寿禎《かみやじゆてい》が海上から南方に光り輝く山を見て銀鉱脈の存在をさとり、山師三島清右衛門と共同で採掘を始めた。この山が仙ノ山、別名銀峯山《ぎんぷせん》である。寿禎は有名な博多の豪商神谷宗湛《そうたん》の祖父にあたる人であり、三島清右衛門は出雲西部の港町口田儀《くちたぎ》（多伎町）の出身で島根半島北岸にある鷺浦《さぎうら》（大社町）銅山を経営していた。銀山の発見が博多から東へ延びる日本海沿岸航路を背景に行なわ

友ノ浦と温泉津　上：鵜の島より友ノ浦の湾奥を望む。下：温泉津沖泊。前方へ進むと外海に出る。撮影／著者

れたことが明瞭である。

このころの鉱石積み出し港は、銀山から北西に一二キロメートルの友ノ浦(大田市仁摩町)だったという。切り立った崖にはさまれた細長い入江の入口に鵜の島があって、天然の防波堤となっているが、この島には寿禎が祀ったといわれる厳島神社がいまもある。入江の南側には鋸歯状の切れこみがあり、天然の船入りとなっている。入江の奥は狭い谷に細長く集落が展開し、やがて道は台地上に登っていく。きわめて小さい港だが、ひとつの小天地をなしており、中世の雰囲気が色こく漂う。

一五三三年には、寿禎が博多から宗丹・桂寿という技術者を連れてきて、朝鮮伝来の灰吹法《はいぶきほう》と呼ばれる銀精錬法を導入、それ以後爆発的な増産をみた。一五六〇年代になると、積み出し港も友ノ浦では手ぜまになり、銀山の西方一五キロメートルにある天然の良港温泉津(大田市温泉津町)が利用された。銀山と温泉津を結ぶ降路坂越えの道は、一七世紀前半に中国山地を横断して尾道にいたるルートが整備されるまでは、灰吹銀の積み出しや銀山町の生活物資の搬入でにぎわった。現在「歴史の道」として整備され、そのルートを四~五時間で歩くことができる。

七世紀以来という歴史を誇るひなびた温泉町温泉津は、温泉津港のある深い湾入から東に延びる谷間に沿って、狭い道の両側に旅館や商家や寺社が石州瓦の甍《いらか》をならべている。温泉津は明末の日本研究書『籌海図編《ちゅうかいずへん》』や『図書編』にも名が記される重要な港湾で、軍事的要衝としても重視された。毛利氏はここに温泉津奉行をおき、湾の入口に鵜《う》丸《まる》城・櫛島《くしじま》城というふたつの海城を築いている。銀山が盛期を過ぎてからも、温泉津は北前船や上方《かみがた》船の寄港地として繁栄を続けた。一七九八年にこの地を訪れた吉田桃樹は、旅行記『槃游余録《ばんゆうよろく》』に「大船つどう港にて、家居多くにぎはゝし」と記している。

日本銀、朝鮮をゆるがす

一四九八年にバスコ＝ダ＝ガマがインドに到達して以来、東南アジア・東アジアに展開したポルトガルは、一五五七年に明朝からマカオ居住を許され、マラッカ・マカオ・長崎間に定期航路を開いた。これは日本銀が中国へ流れこむルートとなる。

いっぽう、一四九二年にコロンブスが新大陸を「発見」して以来、スペインは西インド諸島から中央アメリカ・南アメリカにかけて植民帝国インディアスを築きあげた。一五一九年にはマゼランの艦隊が世界周航に出発、南アメリカ大陸の南端をまわって太平洋を横断し、二一年にフィリピンに到達する。スペインのアジアでの拠点づくりは、ポルトガルとの対立により難航したが、ようやく一五七一年ルソン島にマニラを建設し、メキシコのアカプルコとの間に定期航路を開いた。これは「西インド」の銀（ボリビア

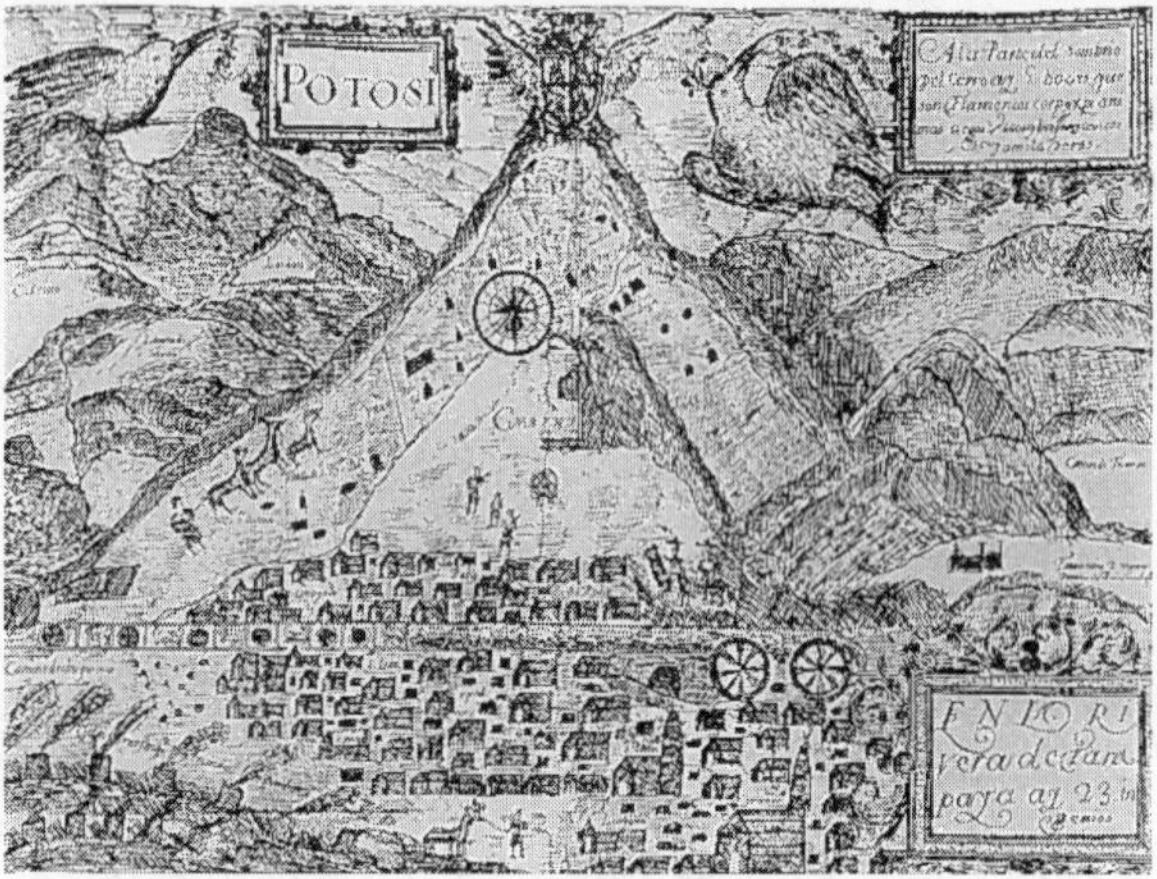

ポトシ銀山　石見と並ぶ16世紀の二大銀山。現ボリビア。

のポトシ銀山を中心とする）が中国へ流れこむルートとなる。

一五二六年に石見で鉱石の採掘が始まり、三三年に灰吹法の導入により増産をみた日本銀は、当初は国内の需要はわずかであり、大半が輸入の決済に宛てられたり、あるいは輸出商品として、海外に流出していった。その状況をもっともくわしく知りうるのは朝鮮の史料である。

一六世紀のはじめまでは、日朝間の貿易において銀はむしろ日本側の輸入物資だった。このころ朝鮮では、咸鏡道の端川《タンチヨン》を中心に銀山がさかえ、政府は採掘を民間にゆだね、銀を税として納めさせていた。この銀は通事らによってひそかに中国にもちこまれ、あるいは日本との貿易の決済に宛てられた。たとえば一五〇一年、対馬島主の使者が銅一万三千五百余斤の買い取りを請い、また翌年には銀一〇〇〇両を求めている。

右の例が示すように、この時期、朝鮮を訪れる倭人が携えた商品の中心は銅だった。大永のころ（一五二一〜二八年）、例の神谷寿禎が出雲の鷺浦銅山に年々往来して銅を買い付け、貿易品に宛てていたと伝えられる。日本海航路を通じた寿禎と鷺浦銅山主三島清右衛門とのつながりは、前述のように石見銀山発見のきっかけとなったが、その背景には日朝間の銅貿易の伸張があったのである。

一五二八年、ある軍人が朝鮮の首都ソウルの行政単位である中部に、「朴継孫・王豆応知・安世良・張世昌らが、倭の鉛鉄をもって、黄允光の家で銀を造っている」と訴え出た。これが倭と銀との関係を示す最初の史料である。

端川など朝鮮の銀山では、銀を含む鉛鉱（含銀鉛鉱）が採掘され、これから灰吹法によって銀を分離する技術が発達していた。一五〇六年の記録に「端川において、鉛六九〇〇斤を精錬して銀を採ったのち、鉛を含む鉱滓で青瓦を焼造した」とある。この場合の「鉛」は明らかに含銀鉛だから、朴継孫らが倭人から入手した「鉛鉄」も含銀鉛だと思われる。

『銀山旧記』は、石見銀山の開山当初は鉱石そのものを精錬のため博多に送っていたと記している。右の「倭の鉛鉄」は、銀山より博多に送られた含銀鉛鉱がそのまま朝鮮へもちこまれたものか、あるいは博多で銀鉱石を〝鉛に吹いて〟含銀鉛にしたものかの、いずれかだろう。

このように寿禎らが石見銀山を発見した二年後、はやくも日本銀が朝鮮に流入していた。灰吹法が銀山に定着した一五三三年をへて、一五三八年ころになると、倭人が朝鮮にもちこむ品のほとんどが銀になっている。この年到来した倭人は、北九州の豪族少弐氏の使者をなのる者だったが、かれらについて、議政府・戸曹・礼曹が協議して国王に呈した意見書はこう述べている。

この間小二《しように》殿の使者がもたらした銀は三七五斤、綿布にして四百八十余同になります。いま公貿易でこれをぜんぶ買い取りますと、日本国王や大内殿もその利に目をつけ、銀を商物として公貿易を求めてくるでしょう。そうなっては国用の布がすぐ底をついてしまいます。そこで礼曹に「銀はわが国にとって緊要の物ではないので、公貿易の対象にはならないが、今回は特別に三分の一だけ買うこととしよう。今後は銅・錫・鉛のほかは持ちこんではならない」といわせてはどうでしょうか。

倭人たちが銀の見返りとして朝鮮に求めた物は圧倒的に綿布だった。当時朝鮮では木綿以下の布が貨幣として機能しており、倭人の要求にそのまま応じていては、国家として使用すべき木綿が不足してしまう。それでもなお朝鮮政府は、倭銀を国家財政によって買い取る「公貿易」にこだわり、大商人による私貿易を許さなかった。かれらによって倭銀が明にもちこまれるのを恐れたからである。

国家による政策的抑圧は、倭銀を買い取ろうとする大商人だけでなく、国内の銀生産自体にも向けられ、せっかく増産をみていた端川以下の銀山にもしばしば採掘中止が命じられている。一五四二年、廷臣らはこう述べている――「銀はわが国内のいたるところで産するが、民衆の衣食に関わりない物であるうえ、ひとたび利源を開くと、ともすれば争って利に走り、その本を忘れてしまうことが心配だ。だから官ではすでに採掘していないし民間にも採掘を禁じてより久しい」と。

ここでは禁銀の理由を、民が利に走るようになるから、としているが、倭人に対する表むきの説明であり、真の動機は別のところにあった。一五四〇年、司諫院・司憲府の諫官が国王に呈した意見書を見よう。

以前、明から銀を貢納せよという要求がきびしかったので、「朝鮮には銀は産しない」と奏請して免除してもらいました。……ところが最近は奢侈《しゃし》が日ごとに甚しく、商人が利を得る機会が多くなり、婚礼などに際しては、異土の物でなければ礼を失するという風潮がはびこっています。卿や士大夫は争って奢華に走り、召使いや下賤でさえ唐物を用いています。それればかりか、倭銀が流布して市場に充満するようになり、これを北京に赴く人が公然と駄載《ださい》し、一人のもたらす量が三千両を下りません。……当初明が銀貢を減額したのは、わが国を礼義の国と信頼してくれたからです。いまもし「銀を産するのに貢しない」という誣告《ぶこく》があって、明がわが国を不直の国とみなすようになったら、わが国にとって慚懼《ざんく》のきわみです。いわんや万が一貢銀の命が復活するようなことになったら、どうしてそれに対応したらよいでしょうか。

朝鮮政府の手を縛っていたものは、冊封関係にもとづく明からの貢銀の命が、復活しはしないかという恐れだった。朝鮮では冊封関係の重圧が日本にくらべてはるかに強く、銀の産出や流通を抑圧していた。そうした制約がほとんどなく、銀産の飛躍的拡大をみた日本と対照的だ。

「日本国王使」と八万両の銀

一五四〇年代になると倭銀問題はあらたな段階にはいった。倭人のもちこむ銀があまりにも多量で、公貿易による対応の限界を超えてしまったのである。

一五四二年、「日本国王使」をなのる使僧安心が、八万両もの銀をもちこみ、買い取りを要求してきた。この安心が実は対馬の仕立てた使者であり、持参した「国王の書契」も偽作であることは、朝鮮側も認識していた。司憲府執義の任説はいう。

倭使の目的はもっぱら銀をもちこんで売りさばくことにあります。倭人は、銀精錬の術をわが国から学んだのですから、もちろん禁銀がわが国是《こくぜ》であることを知っています。そのために銀が売れないことを恐れて、国王の書契があるからと称していますが、ほんとうの日本国使だとは信じられません。その証拠には、書契のなかで最初から銀のことに言及し、対馬のことを力説しているではありませんか。その言辞は疑わしいものです。海島の狡夷《こうい》に国王の書契を偽造する動機があることを知っておくべきです。

八万両（約三二〇〇キログラム）の銀がいかに膨大な量かは、つぎに掲げる領議政尹殷輔らの意見書にあきらかだ。

銀八万両を他の品目の価段とあわせて換算すると、官木《かんぼく》九千余同になります。慶尚道に備蓄の官木だけでその数を満たすことはできませんので、司贍寺《しせんじ》（地方の奴婢の貢布を掌る中央官衙）の官木を多量に補って買う必要がありますが、それも財政に余裕がなく不可能です。公貿易で買い取る数を限定し、その余は民間に私貿易させるのが妥当です。

「官木」とは国家備蓄の木綿布のことで、一同は五〇匹にあたるから、九千同は四五万匹ということになる。しかし尹殷輔の意見に従って私貿易を導入して全部買えたとしても、そこからまた別の問題が生まれる。司憲府はいう。

倭国で銀を造り始めてからまだ一〇年にもならないのに、倭銀がわが国に流布し、すでに賤物となっています。ちかごろ法を立てて倭銀流入を禁じたので、倭人は今度は国書をもってむりやり買い取らせようとしています。もしいまもちこまれた八万両の銀を朝鮮が買い、倭人に利を得させて帰したら、この後かならず倭使があいつぐようになるでしょう。

一五四二年のこの史料から推して、倭銀が朝鮮に本格的に流入しはじめたのは一五三三年ころ、すなわち石見銀山に灰吹法が定着したのとほぼ同時である。朝鮮王朝の法典『経国大典』には、もともと「潜《ひそ》かに禁物を売る者は、杖《じょう》一百・徒《ず》三年、重き者は絞《こう》」という条項があったが、一五四〇年に倭銀の中国もちこみ（齎《せい》銀赴京）を死罪とし、倭銀の密買（潜貿倭銀）はそれより一等減とした。右で「ちかごろ法を立てて倭銀流入を禁じた」というのはこれを指している。

それでもなお、一五四二年ころには、あまりにも大量の流入のため、銀価が下落して「賤物」といわれるほどになっていた。この状況で倭人のいいなりに銀を買ったら、その利に味をしめて続々と倭使が銀を朝鮮にもちこんできて、収拾がつかなくなる心配があった。

司諫院も銀貿易に応ずるのに反対して、つぎのように論じた。

日本国使が通信を名目にもちこむ商物は、ついに銀八万両にいたりました。銀は宝物ではありますが、民の衣食とはならず、実に無用の物です。わが国はいま綿布を用いており、民はみなこれに頼って生活しています。民の頼る所をもって無用の物と交換し、利はかれに帰し、われはその弊を受ける、というのは甚だ不可であります。いわんや倭使が銀をもちこむことは、以前にはなかったことです。いまもし貿易を許せば、その利の大きさに目をつけて、後来の者がもちこむ量は、かならず今回の倍になるでしょう。いまひとたび端を開けば、その無窮の欲に応じることは困難になりましょう。はじめから退けておけば、かれらを失望させたとしても、その怒りはまだ浅いでしょう。かれらの要求に応じきれなくなってから銀貿易を中止するのでは、その怒りはますます深く、その害もまたかならず大きくなりましょう。かつ公貿易はすでに不可と決まりました。民間に私貿易を許すことは、禁銀の令に反しており、これまた不可であります。貿易を許さず、後弊を塞ぐようお願いいたします。

はじめはこのような一切貿易に応じない、という意見が大勢を占めたが、中宗はその採用をためらい、やがて朝議は尽貿・略貿・不貿（すべて買う、一部買う、買わない）に三分した。小田原評定のすえの結論は、銀の三分の二を市価に従って公貿易・私貿易に分けて買う、というところにおちついた。

以上のような倭銀の流入に対する朝鮮政府の対策としては、ことごとく公貿して民間人に倭銀を密買できなくし、もって銀が中原に流入する源を断つ、という積極策も唱えられたが、あくまで中心は、倭銀に手を出した者を重罪に処する方向にあった。

遼東の日本銀

朝鮮半島を経由して大陸へ流れこんだ日本銀は、経済先進地の中原ばかりでなく、遼東の辺境地帯にも吸い寄せられた。朝鮮との国境に近い遼東の鳳城を訪れたある朝鮮人は、当時のようすをこう伝えている（『通文館志』巻三・開市）。

もともと遼東は、土地は広いが人居はまれで、鳳城もわびしい家屋に兵士が暮す寒村だった。ところが十余年まえより交易が次第にさかんになり、産業はさかえ人口もふえ、一巨鎮となって、前線の柵から鎮城までの間にも、耕地が拓かれ鶏や犬の声も聞かれるようになった。市の日には、金県・復県・海城県・蓋平県などの近郊から棉花を運んでくる者、瀋陽や山東の麻布を運ぶ者、中後所や遼東の帽子を運ぶ者が集まって、車馬輻輳《ふくそう》のにぎわいをみせる。南方の商船は牛荘《ニウチャン》の海口に入港し、北京の人は生糸を載せて柵門にいたる。城中で営業する店舗は京畿の大店のようで、町並みが軒を連ね、商人らの衣服・車騎の豪華さは、公侯とみまがうほどだ。

これにくらべてわが国の民は、開城・平壌から義州にいたるまで、商売をなりわいとする者はみな資本を損失して負債をかかえ、はなはだしきは子孫にいたるまで没落してしまう。交易というものは、損益がかれこれ等しくあるべきなのに、このていたらくだ。けだし思うに、わが民が市にもっていく物は、人参《にんじん》以下の禁物か、さもなければかならず銀だ。銀は国産品でないので、公私の蓄えにかぎりがある。かつ商人たちは利をむさぼるあまり、銀を備蓄することなく、市のたびに財布をはたいて銀を遼東に送り、一度送ってしまった銀は二度と戻ってはこない。

一六世紀のこの地域では、中国中央部のめざましい経済発展に刺激されて経済ブームが起きており、朝鮮半島をしのぐほどの活気をみせていた。そこで利益を手中にした実力者たちの代表が、李成梁、毛文龍、そして後金（清）の太祖ヌルハチである。かれの手元にも日本銀が蓄積されていたかもしれない。

日本銀、東シナ海を渡る

日本銀の中国流入は、朝鮮半島経由だけでなく、東シナ海を横断する直航ルートがあり、このほうが太かったと思われる。中国の銀吸引力は、倭人たちをして、朝鮮半島経由でなく直接に中国沿岸に銀をもちこむことの有利さを気づかせた。一五四一年の礼曹の啓にこうある。

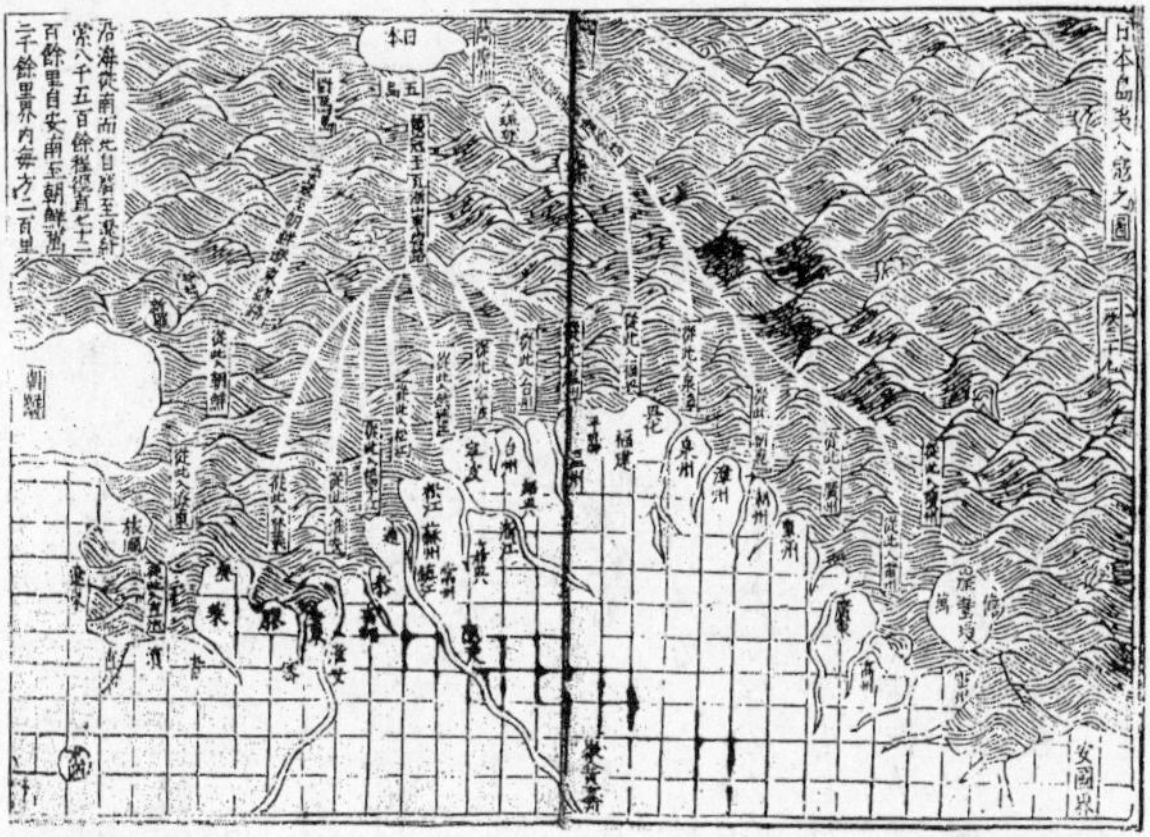

倭冦の進路　日本から発する白線が中国沿海各地へ。『籌海図編』(1562) より。国立公文書館蔵。

この間、倭人に銀のもちこみをやめさせ、朝鮮人に倭銀を買うことを厳禁しました。ところがいま倭人らは、中国の南辺で銀が高く売れるので、わが国にある銀を買い戻すようになっています。わが国にある金銀・珠玉のような宝物は、中国だけでなく倭人・野人にも渡さないことが国典にうたってあります。倭人に銀を転売してはならないと国典に明記してはどうでしょうか。

一五四四年、承政院は、朝鮮半島南辺に漂着した福建省の唐人から得た供述を伝えて、こう述べている。

いま唐人を訊問しましたところ、その語は一ならず、奸詐をなすにいたりました。はじめに居処を問いますと、あるいは河間（河北省の内）といい、あるいは福建と申します。福建にどんなものがあるかと問いますと、「某山がある」と答えます。そこで『大明一統志』を調べますと、はたしてそれが実在します。また何事によって到来したのかと問いますと、「銀を買い付けるため日本に赴く途中、暴風のため漂流してここに着いた」と答えました。

また一五五三年の記録にも、「日本国には銀を多く産する。故に上国（明）の人が日本に交通往来して買い付けるが、ともすれば漂風によってわが国（朝鮮）の海辺に来泊し、海賊をはたらく。もしわが国の人が、深追いして風濤の難所に入り、かれらを追いつめると、大きな変事が起きるかもしれない」とある。

これらの朝鮮史料は、倭人や中国人密貿易商が、東シナ海上のルートで列島から銀を搬出していたことを物語る。江南と日本列島を結ぶこの銀の道については、中国側の史料『籌海図編《ちゅうかいずへん》』巻四・福建事宜にも見えている。

漳州・潮州は海に面した土地である。広東・福建の人は、ここの民家に各地の産物を隠しておき、倭人が来たらそれを売る。倭人はただ銀のみをもってきて、それを中国の物資の対価とする。これは西洋人がいろんな貨物をもってきて、中国の物資と交換するのとはちがっている。ゆえに中国の人が倭寇の消息を知ろうと思うなら、人を南《なん》澳《おう》（広東の島名）に遣わし、商人のなりをしてかれらと交易させれば、かれらが来るか来ないか、また何回くらい来るかを、およそ知ることができよう。そして一年以内には倭寇の事情がみなわかるようになるだろう。

右の銀の道にはヨーロッパ勢力も加わっていた。のちに紹介するメンデス＝ピントの『東洋遍歴記』の記事によれば、平戸―漳州間を往来する中国船の積んでいた日本銀を、イスラム海賊が奪い、最後にはポルトガル人が手に入れていた。

日本銀とヨーロッパ

まもなく日本銀の名はヨーロッパに鳴りひびくようになる。イタリア人チェザーレ＝フレデリチは、一五六〇年ころにこう書いている。

毎年インドからシナに行く船は、インド・カンバヤの薬品やマラバル・南洋諸島の香料を積んでいったので、香薬船（ナウ・ダス・ドロガス）と呼ばれていたが、のちには日本の銀を積むのがおもな目的となったため、銀船（ナウ・ダス・プラタス）と呼ばれるにいたった。

フランシスコ＝ザビエルは、インドのゴアからポルトガルのシモン＝ロドリゲス神父にあてた一五五二年四月八日付の手紙に、「カスチリヤ人は、此の島々（日本）を、プラタレアス群島（銀の島）と呼んでいる」、「ノヴァ・イスパニヤから此のプラタレアス諸島を探検する目的で、多数の艦隊が出帆しながら、途中で破滅の厄に遭うとの話を聞くと、私は哀れを催す……日本の島々の外に、銀のある島などは、発見されていない」と記した（『聖フランシスコ＝デ＝サビエル書翰抄』下）。

一七世紀はじめ、イギリスやオランダの船によって、日本からソモ Somo あるいはソーマ Soma と呼ぶ上質の銀が多量に搬出された。これはおそらく佐摩《さま》の音写で（当時石見銀山は近くの地名によって佐摩銀山とも呼ばれていた）、石見銀山の灰吹銀だと考えられる。その他日本の銀の種別名としてセド（佐渡か）、ナギト（長門か）、タジモン（但馬か）などの名も見える。

ロンドンの商人ラルフ＝フィッチの航海記は、一五八八年二月にマラッカに到着したことを記したあと、ポルトガル人の日本貿易に関してこう述べている。

ポルトガル人がマカオより日本にいたる際には、多量の白絹・金・麝香《じゃこう》・陶磁器をもたらし、日本より銀以外に何ものも搬出しない。かれらは日本に毎年いたる大なるカラック船を有し、日本より毎年六〇万クルサード以上を輸出し、すべてのこの日本の銀とかれらが毎年インドから搬出する銀で二〇万クルサード以上のものとをシナで有利に運用し、シナより金・麝香・絹・陶磁器及びその他の高価な金で飾られた品を輸出するのである。

日本銀が直接ヨーロッパにまで搬出されたとは、中国という巨大な銀の吸引力が近くにある以上、考えにくい。しかし右のフィッチの記録も語るように、日本銀を原資として中国や東南アジアから諸種の産物が買いつけられ、ヨーロッパやその他の地域に輸出された。その意味で日本銀は世界を駆けた、といってもそれほど誇大ではないだろう。

多民族混成の交易者集団

以上のような一六～一七世紀の巨大な変動を、権力や国家の動きだけで説明するのでは、決定的に不充分だ。たとえば、ヨーロッパ勢力まで参加している密貿易集団が、なぜ「倭寇」と呼ばれたのだろうか。

この「倭」あるいは「倭人」とは、一五～一六世紀の東アジアのなかでもっとも国家的統合の弱体だった日本の西部辺境を根拠地としながら、朝鮮人や中国人をもふくみつつ登場した、いわば国境をまたぐ人間集団だ。かれらは、一四世紀後半以来の明を中心とする冊封体制がゆるむにともなって、国家間あるいは公権力間の公的通交にとってかわって、この地域の人や物や技術の交流の主役になっていった。

ここでアジア海域における諸民族の星雲状態を語る例を二、三紹介しよう。まず一五三二年正月、黄海で嵐に遭い、朝鮮のある島に漂到した「唐人」たちに、体験を語ってもらおう(『朝鮮中宗実録』二七年二月己酉条)。

私たち一〇人は、去る正月一五日、広鹿島で炭を載せ、老鶴觜の地にむかったところ、海中悪風に遭って漂流し、今月二七日夜半、名を知らない島にいたりました。陸まであと一歩というところで船が覆り、白江・張万・城名・劉文挙・李天材の五人が溺死しました。残る五人は波に浮いて陸にたどりつき、そこに五日間飢えながら留まりました。六日目に、私たち五人が寒をさけて窪地に隠れ伏しておりますと、木こりの声を聞きました。私たちは一緒に近づいて、姜福にここにいるわけを説明させようと思いました。木こりたちは、ある者は斧、ある者は鏵《すき》、ある者は木弓・鉄箭《てっせん》をもっていましたが、「おまえたちは倭人か、㺚子《だつし》（女真人）か」と尋ねました。姜福は「倭人や㺚子ではなく、江南・遼東の人間だ」と答えました。木こりたちは新旧の船各一隻で来ていましたが、新船の九人は私たちの求めにかたくなに応じませんでした。旧船の六人は許諾して、まず熱い湯をくれ、つぎに熟豆半升をくれました。その後四日間伐採し、三日間船に乗って風を待ち、七日目の二月四日の朝食時にいたって船を出し、その日の二更に名を知らない江辺に着きました。船主が「この南方八、九里ほどのところに瓦家と草家がある。おまえたちは上陸して、夜明けを待ってそこに行けば、命を保つことができよう」といいますので、夜明けをまって指示の所に行きますと、はたしてかれのいう通りでした。道で出会った五人の柴刈りから「さらに三、四里行くと大きな瓦家があって、そこで飲食が与えられるだろう」と聞いて、その家にいたりますと、家人が飯をくれ、留宿させてくれました。翌日、その家の主人が騎馬で入城しました。唐津浦万戸《タンジン》四人が私たちを連れていきました。

漂流者たちは最後に忠清道《チュンチョンド》の唐津浦万戸によって護送されているから、漂到した島も忠清道のどこかだろう。この時期の黄海上では唐人・倭人・獶子が活動しており、朝鮮人には簡単には区別がつかなかったことがわかる。それと同時に、倭人や獶子が、朝鮮の一般庶民にとって耳なれた存在となっていることも見逃せない。

つぎにポルトガル人メンデス＝ピントの『東洋遍歴記』は、一五四二年のこととしてこう記している（第六六章）。

私たちがノーダイ港を出発し、コモレン諸島と陸との間を航行すること五日目の土曜日の正午、プレマタ＝グンデルという海賊が襲ってきた。グンデルは、パタニ・スンダ・シャムやその他の土地で、しばしばポルトガル人に大損害を与えていた不倶戴天の敵である。かれらはこちらをシナ人と思ったので、水夫のほかに二〇〇人の戦闘員を乗せた二隻の巨大なジャンク船を率いて私たちを攻撃し、そのうちの一隻がメン＝タボルダのジャンク船を捉え、もう少しで攻め落とすところだった。……敵はきわめて果敢に戦ったので、アントニオ＝デ＝ファリアは部下の大半を負傷させられ、二度にわたって危うく負けそうになった。そのとき三隻のロルシャ船（シナの小さな商船）とペロ＝ダ＝シルヴァの乗った小ジャンク船が駆けつけ、われらの主の嘉《よみ》したもうたことには、この救援によって味方は失地を回復し、敵を追いつめ、八六人のイスラム教徒を殺して、まもなく戦闘は終った。……敵のジャンク船の積荷を調べたところ、戦利品は八万タエル（両）にのぼった。その大部分は、グンデルが平戸からシンシェウ（漳州）に行く三隻のジャンク船から奪った日本銀だった。したがって、この船だけで一二万クルザドを載せていたことになる。沈没したもう一隻のジャンク船にもほぼ同額の積荷があったと思われ、味方の多くはそれをたいへん残念がった。

南シナ海のどこかで起きたらしいこの海戦では、ポルトガル人、イスラム教徒、中国人密貿易商が入り乱れ、日本銀をめぐって争っている。注目すべきは、かれらの乗船がすべてジャンクなど中国式の船だったことで、ジャンクに乗ったイスラムの海賊は、やはりジャンクに乗ったポルトガル海賊を、中国人とまちがえて攻撃したのである。ヨーロッパ人やイスラム教徒も、中国大陸沿海の密貿易ネットワークに乗っかることで、はじめてアジア海域で活動することができた。「倭寇」と呼ばれる海上勢力の実態をよく示す例といえよう。

最後は一五四八年、浙江省沿海の密貿易基地双嶼が明軍によって陥落したとき、ポルトガル船に乗っていて捕えられた三人の黒人の供述である。かれらのうち、沙里馬喇という満咖喇人《(ママ)》は、操船と観象《かんしょう》に巧みで、ポルトガル人に年俸銀八両で雇われて船に乗せられていた。法哩須という哈眉須人は、一〇歳のときポルトガル人に買われ、海上で成人した。嘛哩丁牛という咖呋哩人は、ポルトガル人に幼いころ買われた。三人は異口同音に語った(朱紈『甓余《へきよ》雑集』巻二)。

ポルトガル人一〇人と私たちの一三人は、漳州・寧波の七十余人とともに、船に乗って海にでかけ、胡椒と銀を以て米・布・紬・緞子《どんす》と交換する貿易を行ないつつ、日本・漳州・寧波の間を往来していました。たしかな日付は失念しましたが、双嶼にいたとき、名を知らない客人が小南船を操り、麪《めん》(麦粉)一石を載せてポルトガル船に乗りつけ、綿布・綿紬・湖糸があると称して銀三〇〇両を騙し取りました。また寧波の客人林老魁は、まずポルトガル人とともに銀二〇〇両で緞子・綿布・綿紬を買いましたが、のちポルトガル船に留まって、銀一八両を騙し取ろうとしました。また名を知らない寧波の客人は、湖糸一〇担を売ると偽って、ポルトガル人から銀七〇〇両を騙し取ろうとし、六担を売ると偽って、日本人から銀三〇〇両を騙し取ろうとしました。今双嶼にいて捕獲された六、七十人のうち、漳州人は一人、南京人は一人、寧波人は三人です。漳州人一人は斬首され、一人は溺死し、そのほかは逃げ散りました。

密貿易者の巣窟である双嶼には、中国人が仏朗機番と呼んだポルトガル人、漳州など福建人、寧波など浙江人、そして日本人が入り乱れ、南海産の胡椒や日本産の銀がもちこまれ、中国産の諸物資と交換される。取引のようすは貿易というより騙しあいであり、日本人も被害に遭っているが、銀が一般的等価物としてあらわれていることは注目される。

銀流出をになう人的連鎖

ここで朝鮮半島にたちもどり、日本銀の流出をになった人的要素をくわしく観察しよう。まず、日本銀のあらわれる最初の史料としてさきに紹介した一五二八年の訴状を見よう。

金仲良・金有光・朱義孫・李守福・安孝孫らが、おのおの木綿五〇〇同を出しあって共謀のうえ、あるいは倭通事からひそかに禁物を買い取り、あるいは北京に赴く通事に黄金三九両・銀七四両九銭を託送しました。そのうえ、朴継孫・王豆応知・安世良・張世昌らは、倭の鉛鉄をもって黄允光の家で銀を造ること、七、八日にいたりました。

倭人のもちこんだ含銀鉛鉱から、地方有力者の黄允光の私宅において、朴継孫らの鉱山技術者によって、銀が抽出される。その銀は、倭通事のなかだちによって、木綿を代価に金仲良らの商人に売られ、さらに北京へ赴く通事に付託されて中国へもちこまれる。ここから、〈倭人—倭通事—ソウル商人—赴京通事〉という密貿易の人的連鎖が読みとれる。この連鎖には、銀精錬の技術を提供した朴継孫らや、自宅を密造の場に提供した黄允光も組みこまれていた。

国家の下級役人が銀の密貿易にかかわった事例は、ほかにも多くみられる。一五三九年、内需司（宮廷の物品や奴婢を管理する官衙）書題という官を帯びる朴守栄という者が、ひそかに織物や生糸をもって倭人の入港地慶尚南道薺浦《チェポ》に行き、宮廷の御用達《ごようたし》と偽って銀を倭人から買い、中国に付送した。一五四三年、礼賓寺（賓客の接待を掌る官衙）の奴で東平館（ソウルの倭館）の庫直を勤めていた能石という者は、「市裏の人」と共謀して倭人と交通し、内外あい応じて銀を潜かに売買したとして、罪に問われた。また一五四四年には、「安心らの到来以後、倭銀が流布し、北京に赴く通事でこれを携帯しない者は一〇〇人のうち一、二人もいない」と指摘されている。

以上のように、朝鮮で国禁とされた倭銀にさまざまな社会層がかかわり、日本から中国への銀の道を担っていたが、このシンジケートのかなめは、ソウルの商人と考えられる。一五二八年の例で、倭通事から銀を受け取って赴京通事に託した金仲良ら五名はソウルの商人とみてまちがいあるまい。また一五三九年の朴守栄について、廷臣らは「どこの者かはわからないが、おそらく市井の人であろう」といっているから、その実体はむしろ商人とみられる。一五四三年に能石と共謀した「市裏の人」も同様である。

以上のような商人の活発な動きは、中央集権的な官僚体制の制約を突き破りつつ、民間資本が成長してきたことの反映であった。そうした民間資本の代表格として史料に頻出するのが、「富商大賈《ふしょうたいか》」と呼ばれた豪商である。前に紹介した一五三八年の議政府・戸曹・礼曹共同の啓は、もちこまれた倭銀の三分の一を公貿易することを提案したあと、こうつけくわえていた。

公貿易で買い取った残余の銀について、私貿易を許しますと、富商大賈が唐物を買い付ける原資とすべく、高値で銀を買い取って、かならずや大きな弊害が生じるでしょう。

ここから、①民間の資本が厖大にもちこまれる倭銀を高値で買い取れるほどに成長していたこと、②にもかかわらずその発展が国家政策によって抑圧されていたこと、の二点が読みとれる。

前述のように、一五四二年に「日本国王使」安心が八万両もの銀を朝鮮にもちこんで買い取りをせまったが、このときも政府の財力をはるかに上回る「富商大賈」の豊かな財力が指摘されている。

いま倭使は四年まえの戊戌（一五三八）年の交換レート（銀一万両＝官木綿一六〇〇同）で銀を買い取るよう求めています。銀以外の商品は、みな市人が買いたいと望んでいる物です。国家は必要なものだけ買うことにし、不緊の物は市人に買うことを許可すれば、今日明日のうちに富商大賈がぜんぶ買い取ってしまうでしょう。

商人たちの倭銀との接点は、都ソウルにとどまらず、倭人が入港する慶尚道の沿海地域にまで伸びていた。一五四一年、ある「京人」が、「倭人と相通じて、銀を潜かに買い付けたが、その対価を支払わず、かといって銀を返しもしない」と倭人から訴えられた。義禁府が取り調べたところ、「妻の実家が宜寧《ウィニョン》（慶尚南道晋州の北）にあるので、熊《ウン》川《チョン》の人が私のことを知っており、銀をもって私の家に来ます」と供述した。

翌年六月に礼曹判書金安国が密書をもって王に啓したところによると、事件の首謀者は「京商人」の河有孫で、共謀した熊川の住人は逃亡したという。熊川は三浦《さんぽ》で最大の薺浦を管轄する城邑で、はやくから倭人との密貿易の一大拠点になっていた。ソウルの商人が、姻戚関係を媒介に、熊川とソウルを結ぶ銀の密貿易ルートを握っていたことがわかる。

以上のように、この時期、民間商人の実力にはあなどりがたいものがあったが、しかしその経済力を十全に発揮するには密貿易という不法領域に踏みこまざるをえず、つねに法や強制力による規制・摘発というリスクをまぬかれなかった。戦国時代の日本のような民間資本の自由な発展は、明との冊封関係のもと、中央集権的に編成された国家権力によって、抑圧されていた。一五四一年に左議政洪彦弼が呈したつぎのような意見書は、国家と民間商人のそうした関係を語るとともに、銀の精錬法の流出も同様の環境のもとで起きたことを示唆している。

近年、わが国の無頼でずるがしこい商人らが、ひそかに辺民と結んで、悪だくみをめぐらして、倭奴の仲買人とグルになって利を得ています。倭人が鉛を化して銀となすことも、わが国の巧商の手より出たことです。

灰吹法の伝播

「鉛を化して銀となす」灰吹精錬法を日本にもたらし、日本銀の爆発的な増産を導いたのも、こうした多民族的ネットワークだった。

この精錬法の中心工程は、①銀鉱石に鉛を加えて溶解させ、含銀鉛を取り出す、②含銀鉛を加熱して、融点の低い鉛を灰吹床の灰に沁みこませて銀を分離する、という二段階に分かれる。『銀山旧記』によれば、一五二六年の発見直後は、石見銀山の銀鉱石は、神谷寿禎らによって鉱石のまま博多か朝鮮まで送られ、精錬されていたらしい。その後一五三三年以前に、鉱山現地で工程①を済ませ、取り出した含銀鉛を博多に送るようになって、輸送コストが大幅に下がった。一五二八年にソウルで「倭の鉛鉄」をもってひそかに銀を造った者が摘発されたことは前に記したが、この「鉛鉄」は鉛を含む銀鉱石そのものか、工程①を経た含銀鉛のいずれかと考えられる。

その後一五三三年に寿禎が宗丹・桂寿という技術者を博多から石見に連れてきて、工

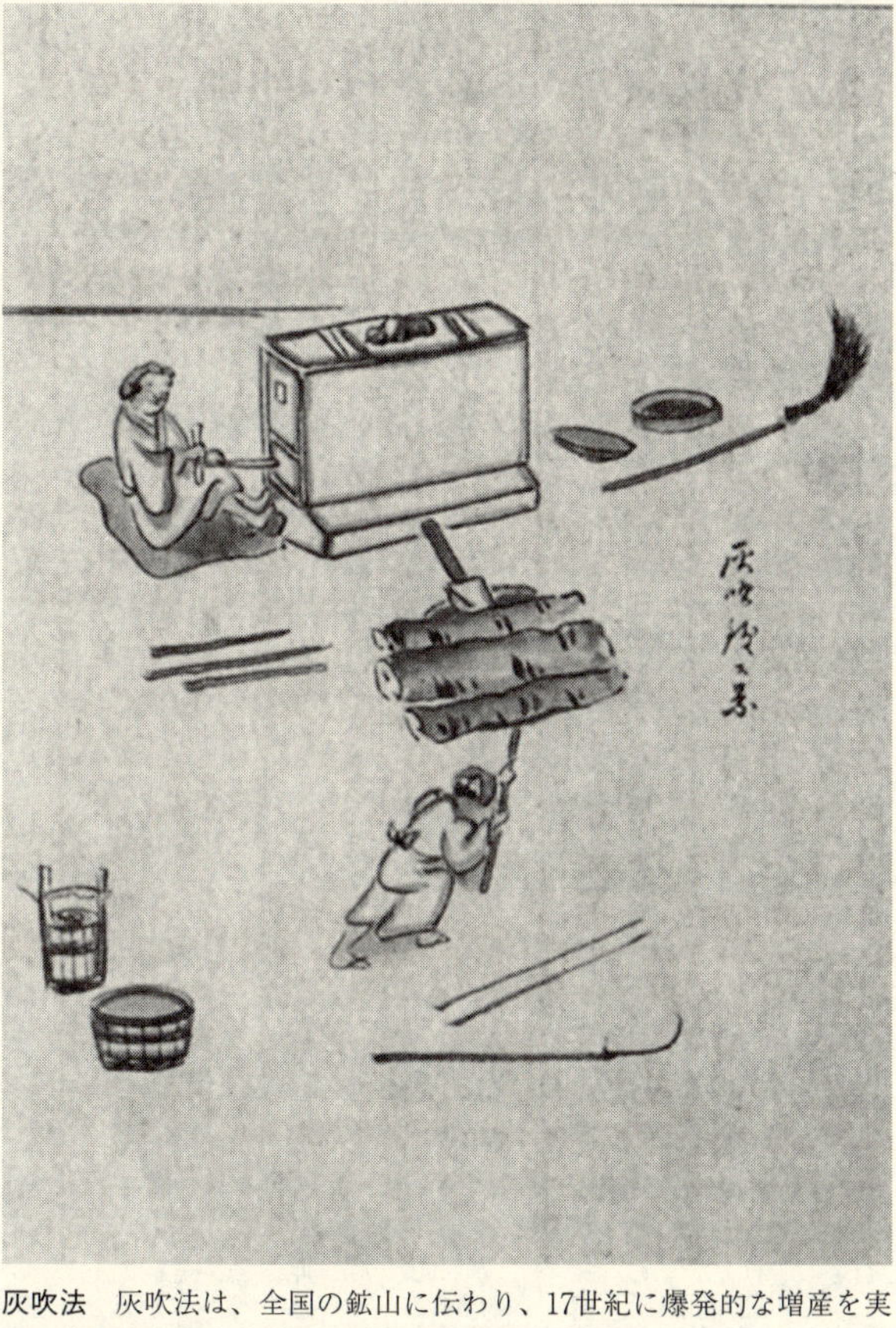

灰吹法　灰吹法は、全国の鉱山に伝わり、17世紀に爆発的な増産を実現。含銀鉛を炭火で熱し、溶けた鉛を灰に吸収させる。『石見銀山絵巻』（中村俊郎氏蔵）から。

程①②の両方が銀山でできるようになり、飛躍的な増産が始まる。一説によれば桂寿（慶寿）は朝鮮人の鉱山技術者だという。

灰吹法はこのようにして石見に定着したわけだが、それを担った人的ネットワークをほうふつとさせる事件が、一五三九年に朝鮮で起きている。中心人物は、全羅道《チョルラド》全州《チョンジュ》判官の柳緒宗という地方役人である。

緒宗は、さきに慶尚道《キョンサンド》の金海《キメ》にいたとき、私人をひきいて加徳島《カドクト》に渡り、猟を行なって東萊《トンネ》県令に捕まったという。加徳島は倭人入港地薺浦《チエポ》の沖合にある大きな島で、倭物の密貿易の絶好の基地となっており、当時ここに鎮を設けて密貿易をとりしまるという案について、朝廷で議論が行なわれていた。緒宗がこの島に渡ったのも、狩猟のためだけではあるまい。

またかれは金海の私宅をソウルの富商に提供して、そこに倭人を招き寄せ、密貿易を行なわせていた。そのさい倭人には朝鮮人のみなりをさせ、露見を防ごうとしている。ことが露われそうになると、逆に「もし公文書で命じてもらえるなら、自分が加徳島に入って倭人を捕まえてこよう」と慶尚道兵馬節度使にもちかけたが、拒絶された。その意図は、私宅に出入りする倭人を加徳島で殺し、自分の手柄にしようとしたのである。〈京商―地方官―倭人〉という人的連鎖が読みとれるとともに、土地の有力者でもある地方官のしたたかさを見ることができる。

緒宗はその後全州判官に転じると、全羅道和順《ファスン》県の南にある蒜山《サンサン》という丘に亭を構え、守亭として私奴をおいて、京商が禁物を隠しておくための場所として使わせていた。緒宗の行状を調査するためソウルから送られた敬差官が、亭に集積されていた物資を摘発すると、危険を感じた緒宗は、まず守亭の奴を逃亡させ、取り調べを受けた妻の父も機をみて姿をくらまさせた。

そしてこれとあわせて指弾されたのが、私宅における銀の密造である。

緒宗の犯した罪はこれにとどまりません。倭とひそかに通じ、多くの鉛を買い、ひそかにそれを自宅で吹錬して銀を作り、倭奴をしてその術を伝習させました。その罪はもっとも重いものです。

右は司憲府の啓の一部であるが、これを受けて王が承政院に下した伝《でん》（命令）にもつぎのようにある。

柳緒宗には多くの疑惑がある。だから死罪にせず、くわしい事情が判明するまで刑訊すべきである。ただ、倭人と交通して多くの鉛を買い、吹錬して銀を作り、倭人をしてその術を伝習させたことについては、司憲府の啓にもとづいて取り調べよ。緒宗は武班の人ではあるが、官は判官にまでいたっており、無知な者とはいえない。かつ、銀精錬は普通の人にできるわざではなく、技術者がいてはじめて可能である。その家中に技術者がいたのかどうか、まだ明らかになっていない。

銀の密造だけでなく、倭人に造銀の術（銀精錬法）を伝習させたことを、司憲府や王はとりわけ重くみている。鉛（含銀鉛であろう）を売るために緒宗の私宅を訪れた倭人たちは、銀の精錬が行なわれているのを見て、その方法を学びとった。あるいはより積極的に技術を聞き出したかもしれない。

一五三九年よりどれくらい前のことか不明なので、これを灰吹法が最初に倭人に伝わった史実とすることはできない。灰吹法が石見銀山に導入されたのは六年前の一五三三年だから、おそらくこの一件よりまえに伝播はなされていただろう。しかしこの一件から灰吹法流出の情景を想像することは、けっして不可能ではない。

ここに見えるのは、公的・国家的な交通のウラにある私的・非合法的な人間のネットワークである。だがそれは、柳緒宗が「全州判官」というりっぱな地方官を帯びていることから明らかなように、けっして社会の外部にあるアウトロー集団ではない。地方社会が経済的に豊かになり、私宅に銀精錬場を構え、精錬技術者も抱えられるような富有者を生み出していたことが、国家の厳重な禁銀政策にもかかわらず、灰吹法を国外に流出させていったのである。

このような経済的変貌は、柳緒宗の私宅の内部で完結するはずはなく、周辺の地域社会をも巻きこんでいたにちがいない。王の伝を受けて、領議政尹殷輔はつぎのように論じた。

緒宗がもし郷家において錬鉄作銀し、倭奴をしてその術を伝習させるにいたったのなら、となり近所がそれを知らないというのは不自然です。緒宗の家の隣人を連行して取り調べ、実情を得るよう務めてはいかがでしょうか。

そしてこのころから倭銀がどっと朝鮮半島に流入してくることは、さきにみたとおりである。朝鮮は、その原因が銀精錬法の流出にあることを、はっきりと認識していた。安心が到来した年である一五四二年の記録につぎのようにある。

倭奴が銀をもちこんで物資を買い付けることは、近年より始まった。わが国の奸細の徒が、ひそかに倭奴に造銀の法を教えた結果、この無窮の弊が生じた。防禁がなお厳重でないことを恐れる。

倭のもたらした書契のなかに「金山に真銀を産す、季世の偉珍なり」とある。かれはわが国の奸人から造銀の術を習得した。だからわが国の禁銀の法を、かれが知らないことがあろうか。

以上みたように、朝鮮半島南部の地方役人の家が、ソウルの商人と倭人との密貿易のアジトになっていた。おなじ場所が灰吹精錬の秘密工場でもあり、鉛をそこに売りこんでいた倭人たちが、やがて灰吹法の技術を学び、日本へもち帰った。灰吹法の流出ルートは、〈柳緒宗―宗丹・桂寿―神谷寿禎〉といった人的連鎖として理念化できる。むろん緒宗と宗丹らの間をつなぐ史料があるわけではないが、宗丹らが朝鮮人の工人だとすれば、緒宗のような有勢者の保護下にあった可能性は大きい。

銀山奉行・大久保石見守

石見銀山で確立した銀生産の技術システムは、やがて兵庫県・生野《いくの》や新潟県・佐渡や秋田県・院内《いんない》の銀山にも移植されて、爆発的な増産をもたらしてゆく。生野銀山は、一五四二年に石見の商人が鉱石を買って石見へ運び精錬したことから始まるという。また佐渡金銀山の発祥である鶴子《つるし》銀山の発見も一五四二年のことだが、一五九五年に石見の山師三人が来山したことで、盛期を迎えたという。

しかしながら、その過程で生産力増大の果実をわがものとしていったのは、大内氏・尼子《あまご》氏・毛利氏らの戦国大名、ついで豊臣・徳川の統一権力だった。仙ノ山のとなりにある山《やま》城《じろ》「山吹城」は、戦国時代に大内・小笠原・尼子・毛利などの大名が、銀山をわが手に確保するために争奪をくりかえした軍事拠点である。

文禄石州銀　統一権力が通貨として作った石州銀。日本銀行金融研究所貨幣博物館蔵。

三〇年も続いた争いは、一五六二年に毛利氏の勝利に帰したが、一五八五年、九州平定をねらう豊臣秀吉の圧力のもと、銀山は秀吉と毛利氏の共同管理に移行する。秀吉は、一五九二年に始まった朝鮮侵略戦争にさいし、石見銀で大量の銀貨「文禄丁銀《ちょうぎん》」を造り、戦費をまかなった。

戦国争乱の最後の勝者となった徳川家康は、一六〇〇年の関ケ原の戦いの直後に、石見銀山周辺の七カ村に禁制を掲げ、軍勢・甲乙人の濫妨狼藉、放火、田畠作毛の刈り取り、竹木の伐採を禁じている。このとき全国に掲げられた禁制のなかでもっとも西のもので、家康の銀山によせるなみなみならぬ関心を知ることができる。

一六〇一年、家康は、江戸幕府草創期の能吏として有名な大久保長安《ながやす》を銀山奉行として石見に送りこみ、毛利氏の手から銀山をとりあげて直轄地とし、銀山周辺の一四四カ村、約四万八千石を銀山御料に指定した。その後幕府は各地の鉱山をつぎつぎと天領にしていった。長安はまもなく「石見守」の官途をなのるようになり、佐渡・伊豆など各地の金銀山の開発と運営に辣腕《らつわん》をふるった。仙ノ山の東山腹にはかれの名を冠した「大久保間歩」があり、下河原の吹屋跡の近くには墓塔が立っている。

このようなあつい手当てのもとに、新しい鉱脈の探査が精力的に進められ、やがて長安が備中国から呼び寄せた山師安原伝兵衛《やすはらでんべえ》が、釜屋間歩《かまやまぶ》という優秀な鉱脈を発見する。伝兵衛は、おびただしく採掘された銀から三千貫を家康に進上し、辻ケ花丁字文胴服《つじがはなちょうじもんどうふく》一

大久保間歩　16世紀に仙ノ山山上の石銀地区で始まった採掘は、鉱脈を求めてしだいに山腹へ下り、露天掘りから坑道掘りへと移行。17世紀には本谷にある釜屋間歩・大久保間歩のような大規模な坑道が出現した。崩落した入り口から中に入ると、巨大な空間があり、竪坑・横坑が縦横に走る。しかし坑道が深くなるにつれて、排水と新鮮な空気の補給の点で壁にぶつかり、繁栄は長くは続かなかった。撮影／熊谷武二

発掘された釜屋間歩　山肌を加工した痕がなまなましく残る。撮影／著者

領と扇一柄を褒美にもらった（清水《せいすい》寺《じ》蔵）。かれは「備中守」の官途をなのるまでに出世し、その墓所は仙ノ山南東の山腹にある。

さきに述べたように、銀山の繁栄を準備したものは、たしかに倭人のネットワークであり灰吹法の導入による技術革新だった。しかし、世界の産銀の三分の一を占めるほどの爆発的な増産は、幕藩体制の成立によるかつてない権力集中と、その条件下での生産力の効率的な管理運用がなければ、けっして達成されなかっただろう。

釜山鎮殉節図　1592年の文禄の役（壬辰倭乱）は、日本軍が釜山鎮を急襲して幕をあけた。これと対になる「東莱城殉節図」もある。韓国陸軍博物館蔵。

【年表】

（第１章扉裏より続く）

1550	蠣崎氏とアイヌ首長、講和条約を結ぶ
1551	大内氏の滅亡
1555	このころ、後期倭寇の最盛
1557	ポルトガル人、明よりマカオ居住を許される
1558	松浦鎮信、平戸よりガスパール＝ビレラを追放
1567	明、海禁を解除
1568	織田信長、将軍足利義昭を押し立てて入京
1570	琉球船、東南アジアから姿を消す
1571	長崎にポルトガル船が入港
1571	スペイン、マニラ市を建設
1575	信長、鉄砲隊を駆使して武田軍を破る（長篠の戦い）
1580	大村純忠、長崎をイエズス会に寄進
1587	豊臣秀吉、キリスト教を禁止
1592	秀吉の第１次朝鮮侵略（文禄の役）
1597	秀吉の第２次朝鮮侵略（慶長の役）
1598	秀吉の死、朝鮮侵略おわる
1600	徳川家康、石田三成らを破って覇権を握る（関ケ原の戦い）
1604	家康、松前氏にアイヌ交易権を安堵
1609	島津氏、琉球に侵入（古琉球の終焉）
1609	オランダ東インド会社、平戸に商館を設立
1616	ヌルハチ、後金を建国
1619	ヌルハチ、サルフ山に明軍を撃破
1633	幕府、最初の「鎖国」令を発布（1639完成）
1637	島原・天草一揆（～1638）
1641	オランダ商館、長崎の出島に移転
1644	李自成、明朝を倒す　清軍の北京入城（明清交代）

近世日本の「四つの口」

以上、日本列島の周縁部に視点をおきながら、一六世紀から一七世紀はじめにかけての歴史のうねりを見てきた。それをふまえながら、再度日本の中心部における統一権力の登場をとらえなおすと、どんな像が浮かんでくるだろうか。

まず確認しておくべきはつぎの点である。幕藩体制の成立として帰結する動きは、日本国内の中央集権的支配構造を生み出しただけでなく、国家外の勢力に対する関係の再編成をともなった。これはふつう「鎖国制の成立」として語られるが、従来のように、長崎をおもな舞台として、ヨーロッパ勢力との関係を中核におき、付けたりとして中国人との関係にふれる、といった程度では不充分なことは明らかだ。

もちろん、近年の日本近世史学界では、長崎だけを「鎖国日本」の窓口とみるのでなく、対馬を通じての朝鮮との関係（対馬口）、松前を通じての蝦夷地との関係（松前口）、薩摩を通じての琉球・中国南部との関係（薩摩口）の三つを加えて、〈四つの口〉として把握し、それらの総体として近世の対外関係を考える視点が一般化しつつある。

そのメリットのひとつは、「鎖国」を近世日本に独特のものとしてしまうのでなく、中世からの連続面と断絶面を統一的に理解する視点を提供した点である。

〈四つの口〉のうち対馬・松前・薩摩の三つは、それぞれ対馬藩・松前藩・薩摩藩に国家のもつ対外機能の一部を委譲することでなりたっている。これは宗氏・松前氏・島津氏という中世以来の大名＝地域権力が、それぞれの地理的位置にもとづいてつちかってきた外との関係を、幕藩制の論理のもとに編成したものである。

たとえば対馬藩は、「朝鮮押えの役」をはたすこととひきかえに、一般の近世大名が負担する参勤交代などの「役」を軽減されていた。また宗氏は、藩領の土地生産力をはるかにうわまわる「十万石格」を認められていたが、それは朝鮮外交の重要性と朝鮮に対する体面を幕府が考慮したからである。

では幕府はなぜ対朝鮮外交を直轄しなかったのだろうか。おもな理由は、第一に、中世以来対馬がつちかってきた外交能力なしには、朝鮮外交を円滑に進めることがむずかしかったこと、第二に、朝鮮側も、宗氏以外の者が対日外交の場に出てくることを望まなかったこと、のふたつであろう。江戸時代後期に朝鮮貿易のうまみが薄れ、「朝鮮押えの役」が藩にとって過大な負担になってくると、対馬藩は内地への転封を口にして幕府から援助をひきだすようになるが、対馬をさしおいてその役をはたせる藩はなかった。

似たような事情は、他のふたつの「口」にも指摘できる。

松前藩は、封地のかわりにアイヌとの交易権を知行として家臣に与え（商場《あきないば》知行制）、のちにはこれが商人の請負に委ねられるにいたった(場所請負制)。このシステムによって内地にもたらされる蝦夷地の産物は、上方や江戸における重要な消費物資となり、また長崎の中国貿易における輸出品となった。また松前氏は、いちおう一万石格の大名の家格を与えられていたが、その領知を記した朱印状には、はなはだ異例なことに、アイヌ交易の管轄権しか記されず、石高《こくだか》の記載が欠けていた。

一八世紀末以降、ロシアの勢力が北辺におよび、海防問題がかまびすしくなると、幕府は蝦夷地を直轄領に編入する措置をとったが(東蝦夷地が一八〇二年、西蝦夷地が一八〇七年)、ほどなく松前藩に返さざるをえなかった(一八二一年)。

薩摩藩は、その領知石高のなかに琉球の分もふくめて認められており、その意味で琉球は幕藩制的知行体系に組みこまれていた。しかし琉球王府は、薩摩藩の監視を受けながらも、独立の国家機構を維持して、国内の人民支配を実現し、とくに中国に対しては独立国として冊封関係をもちつづけた。これは「異国」を従える雄藩であることを誇示したい薩摩藩と、対中国関係の復活をさぐるために琉球と中国との関係を利用したい幕府との、思惑《おもわく》が一致した結果であった。

だがそれだけに幕府としては、右の枠組を一方的に変更することは不可能であり、その結果琉球人が自己を「日本」の一部とする意識は育ちにくかった。幕府倒壊の過程で、そ琉球の一部の知識人が清の力を借りて明治政府の圧力をはねかえそうとする動きを示したことは、幕藩体制のもとで琉球のおかれた二重の位置づけを照らし出している。

以上、対馬・松前・琉球の三つの口では、幕府を中心とする中央集権的・官僚制的な対外関係の編成が貫徹せず、中世よりひきつがれた〈領主制的〉ともいうべき特徴が強固にのこった。維新変革のなかで、それらが近代国民国家の一元的な対外関係管理へと移行するにさいして、さまざまな興味ぶかいあつれきが生じたが、それを論じることは本書の守備範囲を超える。

これに対して「長崎口」の性格はまったく異なる。長崎は幕府派遣の奉行が支配する直轄地であり、幕藩体制におけるその役割は、出島のオランダ人や唐人屋敷の中国人の管理だけではなかった。日本の海岸にあらわれる外国船は、漂流であれ通商を目的とするものであれ、すべて長崎に回航され、長崎奉行の取調べを受けるきまりだった。

ここには〈領主制的〉要素は希薄で、江戸からの指示を指揮系統にしたがって実行するという〈官僚制的〉性格が貫いている。「長崎口」こそ中世的分散性を払拭した近世の創造物であり、近代的な対外交通管理を準備したものといえよう。

しかし以上のべたことは、「国民国家としての日本」のあゆみに即して見たかぎりでの、中世から近世への移行の意味にすぎない。世界システムとしての東アジアの歴史に即するならば、この時期の第一の特徴は、中国中心部にとっての辺境地域から、高度に組織された軍事力に支えられたあらたな国家権力が出現したことに求められる。日本の統一権力と、のちに中華を併呑することになる女真勢力（後金→清）である。その出現は、軍事的・政治的な変動にとどまらず、生産力の拡大にともなう経済変動に支えられた、根っこからの動きだった。

当時のアジア人はそれを「華夷変態」ということばで表現している。

辺境の経済ブームとヌルハチの擡頭

遼河・松花江・鴨緑江の三大河が源を発する満州南部に盤拠《ばんきょ》する女真族の一派を、建州女真という。一六世紀後半、そのなかからヌルハチ（一五五九〜一六二六）という英雄があらわれ、一五八〇年代に建州女真を統一、さらに明が朝鮮で日本軍と交戦しているすきに、他の女真諸部族をあわせ、一七世紀はじめには全女真の統一に成功した。さらにはやくも一六一九年、サルフ山で九万の明軍を撃破する大勝利を収め、明の没落を決定づけた。

ヌルハチ　清の太祖（1559〜1626）

この時期の女真族の驚異的な擡頭《たいとう》は、機動的軍事力のみによるものではない。中国中央部のめざましい経済発展が、辺境にまきおこした経済ブームにも支えられていた。その秘密を、岩井茂樹・松浦茂の研究によりながらまとめておこう。

女真居住地域の特産は、高級生薬《しょうやく》の人参《にんじん》、松花江水系の淡水真珠、貂《てん》や狐の毛皮などで、女真の首長層は、これらを中国本土や朝鮮に売ることで、巨大な利潤を得ていた。明は、かれら首長層に都督・都指揮使・指揮使などの武職を授与して、辺境地域の安全を確保するかたわら、かれらに朝貢貿易の権利を認め、あわせて辺境防備線上のいくつかの関門において馬や木材の交易を許した。そのもっとも大規模なものが撫順馬市《ぶじゅんばし》である。皇帝の宝璽《ほうじ》（印章）が捺された武職への任命書は「貢敕《こうちょく》」と呼ばれ、一種の貿易許可証として機能した。

一六世紀なかば以降になると、女真の有力首長が、明側の辺境防備指揮官と結んで、大量の貢敕を手に入れ、貿易の権利を独占するようになる。皇帝発給文書であるはずの貢敕は、北京の管理をはなれ、辺境防備指揮官によってなかば自由に授与されるようになる。こうした辺境交易シンジケートのなかから擡頭してきたのが、辺境防備指揮官サイドでは李成梁（先祖は女真人という。文禄の役の明軍の指揮官李如松の父）、女真サイドでは首長層をたばねる棟梁として「巨酋」と呼ばれた実力者たちであった。

右のような女真族の経済的実態は、素朴な遊牧社会と精強な騎馬軍団、といった通俗的なイメージとはずいぶん異なっている。

およそ女真族は、遊牧主体のモンゴル族とはちがって、農耕を主、狩猟や採集を従の生業としており、意外に定住性の強い民族である。また、第5章で一六世紀前半に黄海上で活動する「獺子《だつし》」のことにふれたが、かれらは一五世紀の末から遼東の海岸で海賊を働いていた。この獺子こそ建州女真であり、その海洋民族としての性格も見のがせない。

そうした社会から、中国中心部の巨大化した消費社会にむけて、人参・毛皮などの高級物産を送りこむ武装商業集団こそ、英雄ヌルハチを生んだ母胎であった。

「巨酋」を生んだ辺境の経済ブームには、日本銀も一役かっている。第5章で紹介した『通文館志』の記事は、朝鮮国境に近い遼東の鳳城周辺の経済的繁栄を述べたあとに、こうつけ加えていた。

わが民（朝鮮人）が市にもっていく物は、人参以下の禁物か、さもなければかならず銀だ。銀は国産品でないので、公私の蓄えにかぎりがある。かつ商人たちは利をむさぼるあまり、銀を備蓄することなく、市のたびに財布をはたいて銀を遼東に送り、一度送ってしまった銀は二度と戻ってはこない。

女真居住地域の特産物とされる人参の一部が朝鮮産であることがわかるが、その人参のほかに、銀が朝鮮商人によって鳳城の市にもちこまれている。「国産品でない」と明記されるこの銀は日本銀にちがいない。当時の遼東の朝鮮国境近辺は、北京の中央政府の威令がおよばない女真および辺境防備指揮官のテリトリーだった。この銀が「巨酋」の手に流れこんだことは充分考えられる。

豊臣秀吉の挑戦と敗北

日本列島を長期にわたってまきこんだ戦国動乱のなかで、戦国大名は、高度に組織化された軍事力を獲得していった。かれらは武力を唯一の頼みとする一種の自信を抱くようになり、それが国際社会における日本の自己意識にもはねかえっていく。

一五四四年、対馬島主の船が朝鮮に来て駿馬《しゅんめ》を求めた。これは先例にない不遜《ふそん》な行為で、なにか異心があるのではと疑われた。そのさい朝鮮のある法曹官僚はこう述べている。

聞くところでは、倭人が中国へ行って、「日本は朝鮮を服従させているから、席次は朝鮮の上にしてほしい」といったそうです。これは倭人を厚遇してきた朝鮮の恩に思いを致さず、かえって驕《おご》りの心を生じ、中国における席次を争うものです。こうした言動は、朝鮮にとってこのうえない恥辱であります。倭国との交隣には節度が必要で、交わりを絶つことはできないとは申しましても、ことここにおよんでは、制限を加えるのもやむをえないでしょう。

北京で問題発言をした「倭人」とは、一五三九年に入明した第十八次の遣明使湖心碩《こしんせき》鼎《てい》の一行と思われる。副使策彦周良は、寧波に入港して、通事周文衡に筆談で「吾が国は高く朝鮮・琉球の上に出《い》づ、是れ曩昔《のうせき》（むかし）以来の規なり」と語った（『初渡集』天文八年五月二一日条）。

この遣明使は事実上大内義隆の送ったものだ。義隆は、領国内に確保した石見銀山のシルバー・ラッシュを背景に、朝鮮に対して強気に出た、と解してはうがちすぎだろうか。

一五四二年に種子島に伝えられた鉄砲は、堺の商人らによって畿内にもたらされ、戦術に大きな変化をもたらした。一五七五年、織田信長が鉄砲隊を組織的に駆使して、精強で聞こえた武田軍を打ち破った長篠《ながしの》の戦いは、戦国の群雄割拠が統一権力の生成へと方向を転じる画期となった。

動乱の最後の勝者となって天下を掌握した豊臣秀吉が、より大きな自信と自尊意識をもって国際社会に臨んだのは、当然のなりゆきだった。秀吉が対外経略のもくろみを公言した最初は、関白になった直後の一五八五年九月だが、「唐国まで仰せ付けられ候」ということばどおり、最初から目標は明にすえられていた。

同時に朝鮮の服属も、かれの構想にとって不可欠のステップだった。一五八七年五月、島津征伐の陣中から妻にあてた手紙に、「高麗の王に早船で「日本の内裏へ出仕せよ、さもなくば来年成敗するぞ」と申し遣わした。私の命あるうちに、唐国まで手に入れる所存だ」とある（『妙満寺文書』）。

一五九二年四月、日本軍は釜山に上陸し、わずか二〇日ほどでソウルを占領した。肥前名護屋で勝報に接した秀吉は、五月一八日、征明成就後のマスタープランを明らかにした。

①後陽成天皇を北京に移し都廻りの一〇カ国を料所とする。姉の子で養子の秀次を大唐関白として都廻り一〇〇カ国をわたす。②日本帝位は良仁《かたひと》親王・智仁《としひと》親王のいずれでもよい。日本関白は羽柴秀保・宇喜多秀家のいずれかとする。③高麗は羽柴秀勝か宇喜

多秀家に支配させる。そして④秀吉自身は「日本の船付き寧波府《ニンポウ》」に居所を定める。

……

中国を中心とする世界システムをまるごと呑みこんでしまおう、できれば天竺まで切り取ろう、という壮大な構想（幻想？）である。東アジアに伝統的な「中華」への尊崇、慕夏《ぼか》思想は、弊履《へいり》のごとく捨てさられている。その背景には、「日本弓箭きびしき国」が「大明の長袖国《ちょうしゅうこく》」ずれに負けるはずがない、という軍事力に寄せる絶大な信頼があった。

さらに注目すべきは、大唐・日本・高麗・天竺のすべてを総覧すべき秀吉自身の居所が、寧波に予定されていたことだ。これはシナ海交易の掌握こそが、帝国支配のかなめと考えられていたことを意味する。この意味で秀吉は、かの倭寇王王直の血をひく〈倭寇的勢力〉の統轄者だ。その出発点は、かれが一五八八年の「海賊停止令」によって、シナ海域に〈海の平和〉の守護者として臨んだときに求められよう。

こうして始まった戦争は、緒戦の快進撃もつかのま、朝鮮人民の抵抗と明軍の参戦によって泥沼化し、朝鮮半島に無残な荒廃を残して、一五九八年、秀吉の死去にともなう日本軍の撤退によって終了した。この失敗は豊臣政権の命とりとなり、わずか二年後には関ケ原で西軍が大敗する。

しかし勝利した明側にとっても、戦争による人的・経済的損失は大きく、中華への反逆がこんなにも公然と試みられたことへの衝撃とあいまって、明の国運は大きく傾いた。

華夷変態と禁教

一六〇九年、ヌルハチは明の支配領域との境界に女真文字の石碑を建てようとしたが、その文案中に「なんじは中国、われは外国、両家は一家」という不遜な表現があった。ついに一六一六年、ヌルハチは後金《こうきん》という国号と天命《てんめい》という年号をたて、明からの自立を宣言した。境界を越えてくる明人を捕殺し、一六一八年には「七大恨《しちだいこん》」を唱えて明に宣戦を布告した。この文書には、中華に対して臆するところがまったくなく、逆に天命われにありという確信にみちている。

このころの後金は、明とくらべ数のうえではとるにたりない勢力にすぎなかった。兵力が約五万、配下の人口が数十万といえば、明ではせいぜい府ひとつ程度でしかない。しかしながら、軍事行動を前提に編成された規律ある社会組織をもつことによる自信と自尊意識は、秀吉と共通するものがある。

一六一九年にサルフ山で大勝利をおさめた後金は、一六二七年と一六三六年には朝鮮半島に侵入し、対日戦争後の復興をはかっていた朝鮮に大きな打撃を与えた。一六四四年、明は李自成の反乱によって内側から崩壊し、すぐに清《しん》（一六三六年に後金から改号）軍が李自成を北京から追いはらって、漁父《ぎょふ》の利をおさめた。

こうして中華の崩壊は現実のものとなった。秀吉の蒔いた種を清が刈り取ったといえるかもしれない。華と夷がところを替えたこの事件（華夷変態）は、中国や周辺地域の人々に対して、根本から世界観の見なおしをせまるできごとだった。

清自身は、みずからを中華の主として認知させるために、国家の制度をととのえ、文化を奨励し、康熙《こうき》・雍正《ようせい》・乾隆《けんりゅう》の盛期を現出した。しかし朝鮮や日本は明の回復を願い、清を容易に中華と認めようとはしなかった。明回復の不可能をさとったとき、朝鮮や日本にこそ華は生きのびている、という文化的自尊意識が出てくる。

また、伝来以来半世紀のあいだに、おもに九州地方や畿内で急激に信者を拡大したキリスト教は、つぎの二点において、統一権力にとって危険な存在となりつつあった。

第一に、信者たちが「日本的華夷観念」をはるかに超越した「デウス」に、死後をもふくめた精神のよりどころを得たことである。それが中世的な「一揆」の伝統と結びつくことにより、幕藩制的な領主支配を拒否するてごわい抵抗の論理となったことは、一六三七～三八年の島原・天草一揆に示されている。

第二に、イベリア両国のカトリックと植民勢力の合作による、日本の「インディアス化」の危険性である。肥前大村領内では、全領民のキリシタン化を望む純忠の政策により、万単位での改宗者があいつぎ、ついに一五八〇年、純忠は長崎と茂木《もぎ》を教会領に寄進するにいたった。これを受けてイエズス会は、ポルトガル人を中心に両地を要塞化し、八七年豊臣秀吉が最初のキリシタン禁令を発すると、キリシタン大名に軍事援助を行なって秀吉への武力抵抗を組織することをもくろんだ。

秀吉や家康は、布教を貿易から切りはなして禁止することを考えていたが、イベリア両国の世界進出が両者を車の両輪として行なわれた以上、それは不可能であった。けっきょく徳川幕府は、キリシタン禁圧を旗じるしに、一六三〇年代までに、対外交通の国家による徹底した管理体制(いわゆる鎖国制)を築くと同時に、在地の郷村にキリシタンがいないことを証明させる「宗門人別改《しゅうもんにんべつあらため》」を通じて、一七世紀なかばまでに、戸籍制度に相当する領民把握のシステムを創出した。

一七世紀、華夷意識と集中的軍事力に支えられた対外交通管理の体制は、日本以外の各国でも再建強化された。清や朝鮮の海禁は一六世紀以前よりずっときびしくなった。一六五三年に台湾から日本に向かう途中、朝鮮の済州島に漂着したオランダ人たちのなめた苛酷な体験は、その息ぐるしさを生々しく伝えている(ヘンドリック゠ハメル『朝鮮幽囚記』平凡社東洋文庫)。

こうして一六世紀のアナーキーな状態は一変した。国家領域を超えて〈地域〉が存立しうる条件は大きく後退し、中央集権的な統一国家権力、いわゆる幕藩体制が、〈地域〉の担い手たちの活動を窒息させていった。

統一権力の生産力的基礎

日本の中世から近世への移行を示す指標はいくつもあるが、もっとも根底的なものは、やはり生産力のかつてない拡大であろう。

まず農業生産力の基礎条件をなす耕地面積に注目すると、一七世紀に幕府や各藩が主導して進めた新田開発によって、水田面積は約二倍になったといわれる。農業技術の進展による反あたり収量の増大と相乗して、この時期には史上有数の農業生産力拡大が実現した。それに支えられて、幕藩権力は、あらゆる生産力を石高《こくだか》（米の生産量）に換算して、それを領主階級の知行体系を表示する尺度とすることができた。

鉱工業の第二次産業分野でも、生産力の拡大は驚異的である。

戦国の動乱が列島各地の金銀山開発を加速し、第5章で見たように、技術革新をともなう生産量の爆発的な増大を生んだ。しかし、日本銀が世界の総生産の三分の一を占める、というような事態は、一七世紀、幕藩制国家による生産設備および労働力編成の組織化がなければ、実現することはなかっただろう。

　また窯業の分野でも、秀吉軍が朝鮮から連れてきた陶工が九州各地に磁器焼成技術をもたらし、一七世紀前半には中国・景徳鎮《けいとくちん》の色絵《いろえ》磁器と肩を並べるほどの技術水準に到達する。明清交代の混乱による景徳鎮の一時的不振を埋めるように、有田焼（海外では積出し港の名をとって伊万里《いまり》と呼ばれた）を中心とする北九州の磁器は、東南アジアやヨーロッパにまで販路を拡げた。磁器焼成技術を欠いていた中世窯業の段階とくらべると、あきれるほどの進歩の早さである。

　さらに第三次産業分野として水運をとりあげてみよう。

　日本列島周辺の海上では、比較的早くから長距離の廻船《かいせん》が営業しており、とりわけ一五世紀の瀬戸内海航路のにぎわいぶりは、「兵庫北関入船納帳《いりふねのうちょう》」がよく示している。しかし秀吉の朝鮮侵略戦争にともなう軍需物資の輸送には、各地の港町の有力海運業者が総動員され、結果として全国規模の有機的な物流システムを登場させた。これは中世にはなかった規模での物の動きであったにちがいない。

　この経験をひきつぐかたちで登場した本州を一周する東廻り・西廻り航路には、千石積クラスの大船が投入され、江戸時代における上方・江戸の二中心的物流構造を支えた。こうした海運の変貌は港町の盛衰に直結し、中世にさかえた港町であっても大船の繋留

有田焼（古伊万里）　左は染付芙蓉手鳳凰文皿。出光美術館蔵。VOCはオランダ東インド会社の略号。右は色絵花鳥文皿。佐賀県立九州陶磁文化館蔵。

できない浅いところは没落を余儀なくされる。

近世の海運が中世では想像もつかないほどの巨富の源泉であったことは、北陸の港町に残る北前船船主の壮麗な屋敷が教えてくれる。

以上に生産力拡大の例をいくつか示したが、それらはいずれも社会のなかから純経済的に自生してきたものとはいいがたい。戦国の権力分散状況を克服して中央集権的な支配システムを作りあげた統一権力が、さまざまな生産手段や技術力や労働力を有効に編成してはじめて、実現しえたものである。しかし逆に、かつてなく強大な統一権力の誕生を根底で支えたものが、この時期の生産力拡大であったことも事実である。

統一権力の生成と生産力の拡大とは、どちらかが原因で他が結果だ、というような単純な関係ではなく、両者の働きがうまく相乗したところに、車の両輪のごとく走り始めたのである。そして双方のいずれにも、一六～一七世紀のアジアに生起した世界システムの変貌と、端緒的な資本主義世界経済との接触が決定的な作用をおよぼしていた。

荒海に揺れる木の葉――秀吉と波多三河守

中世から近世への移行期は、社会のありかたが劇的に変貌をとげた時代である。この時を生きた人々は、個々の意思をはるかに超えた力に衝き動かされ、引きずり回される思いを味わった。そこには人の世の浮き沈みがとりどりに見られた。だが波多《はた》三河守《みかわのかみ》ほど極端な天国と地獄を見た人もめずらしい。

波多氏は、肥前国上松浦《かみまつら》党《とう》の佐志《さし》一族に属し、東松浦半島のつけねにある波多を名字《みようじ》の地とする。室町時代を通じて群小武士のひとりにすぎなかったが、戦国末の鎮《しずむ》（のち親と改名）のとき、岸岳《きしだけ》城に拠って上松浦諸氏の盟主的存在となった。同族有浦《ありのうら》氏の系図「松浦有浦系図」によれば、鎮は肥前国高来《たかぎ》郡の領主有馬晴純の実子で、中絶していた波多家を再興した。平戸松浦氏との対抗上、有馬氏から送りこまれたものらしい。しかし松浦・龍造寺《りゅうぞうじ》・大村氏などのはざまにあって勢力は伸び悩み、戦国大名と呼ぶにはあまりに未熟な存在でしかなかった。

肥前名護屋城　本丸から北、東シナ海を望む。撮影／堤勝雄

そんな平凡な地方領主の運命を変えたのが、天正一五（一五八七）年の秀吉の九州征伐である。秀吉は三月に九州へ下向し、はやくも五月には島津氏を屈伏させ、六月二六日、筑前筥崎《はこざき》の陣で茶会を催した。確証はないが、波多親もこれに参加したと思われる。

秀吉には親に注目すべき理由があった。東松浦半島は、朝鮮に軍勢を渡すにはなくてはならぬ橋頭堡《きょうとうほ》である。天正一九（一五九一）年に兵站《へいたん》基地として築かれた名護屋城は、まさに波多領内にあった。

いっぽう、上松浦一帯は朝鮮系の技術の影響を受けた窯業の先進地で、中世末期には磁器を焼くことも可能な連房《れんぼう》式登り窯が登場していた。この時期の窯業が茶湯《ちゃのゆ》と密接な関係を有したことはいうまでもない。上松浦の領主たちのあいだでは、秀吉政権との接触よりまえから、相当洗練された茶の文化が根づいていたとみられる。

こうして波多親と豊臣大名や豪商とのつきあいが始まった。天正一六（一五八八）年正月、おそらく博多から、国元を預る有浦高《たかし》に宛てた親の手紙には、加藤清正・小西行長・小早川隆景・鍋島直茂・神屋宗湛《そうたん》ら、そうそうたる名前があらわれてくる。

まもなく親は秀吉の命によって上洛の途についた。「少身と申し、初めての上洛と申し、家の安堵さえ有るべきや否やにて罷り上り候」（三月晦日付親書状）という心細い旅だったが、かれを待っていたのはめくるめくような日々だった。京都から有浦高に宛てた三通の手紙（二月二六日付をa、三月五日付をb、三月三〇日付をcとする）を読んでみよう。

親が秀吉から目をかけられるについては、京都の奉行浅野長吉（長政）のとりなしが物をいった。何より気になる家の安堵についても、長吉の力によって案ずるまでもなかった。親が長吉に最大級の謝意と賛嘆をくりかえしているのも無理はない。

浅野殿御懇にて候間、何事も心安く罷《まか》り居り候。（a）

かくの如きの段も、偏《ひと》えに弾正殿（長吉）御芳志まで候。奇特《きどく》千万に候。（c）

万端《ばんたん》浅野殿御心、懇志謝し難く候。洛中洛外衆も、「浅野殿へ仰せ入れられ候事、奇

岸岳城と岸岳古窯跡　岸岳城は岸岳山頂付近のやせ屋根に立地する。上は岸岳山麓にある16世紀後半の唐津焼の古窯。下は三の丸と二の丸を区切る堀切。撮影／熊谷武二

特の仕合《しあわ》せ」と申事候。天下に於ての御威勢、上様（秀吉）の外《ほか》には弾正殿と見え申し候。（b）

花の都の数寄《すき》の場にも、長吉の導きで交わることになった。

洛中洛外の名所旧跡、当時の見事さ、名人の能乱舞、万事に下向を忘るる計《ばか》りに候。浅野殿御数寄にて候間、毎日乱舞まで候。茶湯・乱舞のさかりと見え候。見せ申たさ〳〵。浅野殿の謡《うたい》、洛中の名人のよりも承わる事に候。（a）

「茶湯・乱舞のさかり」に「万事に下向を忘るる計り」の夢のような日々が続く。長吉の謡は洛中の名人も顔負けの上手だったらしい。

親が短い上洛中に交わった茶人たちの顔ぶれも豪華である。

宗易《そうえき》・宗及《そうぎゆう》へ御茶給わり候。名物《めいぶつ》ども多々拝見申し候。細川殿へも召し出され、御茶下され、種々御等閑（疎略な扱い）なく御雑談ども、中々書中に尽し難く候。なかんづく易よりは御道具数々給わり候。京都に於て茶湯の色をこそ上げ申し候。外実《がいじつ》（外

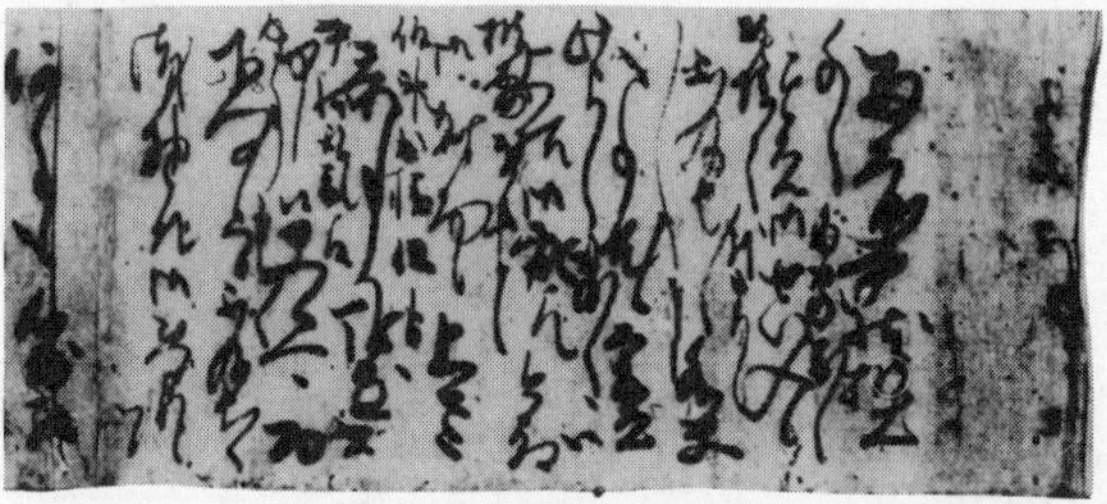

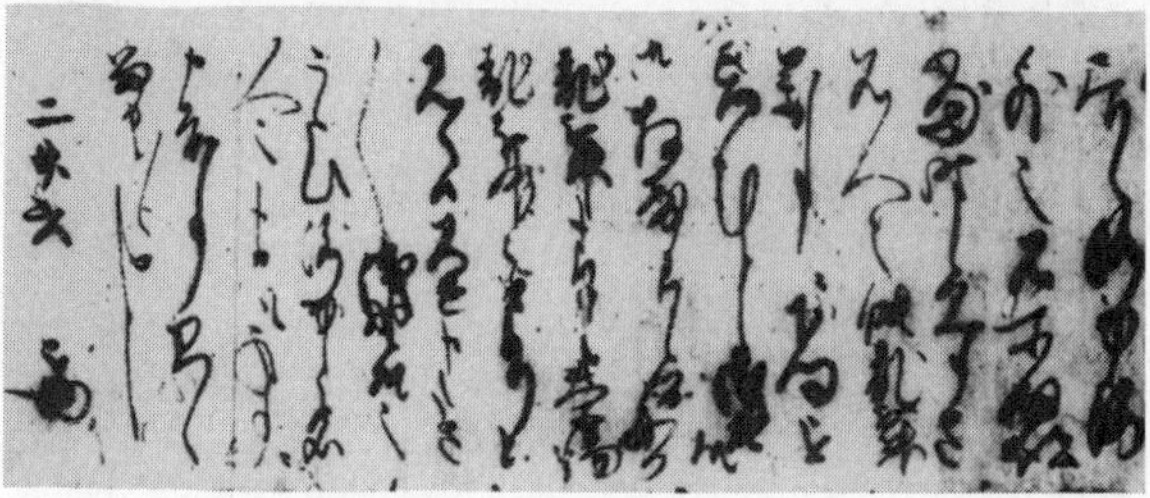

「有大《(有浦大和守高)》まいる申給へ　親より」

尚々当家万〳〵安堵之躰まて候〳〵。此よしおの〳〵へ披露有へく候。伯神出播但より書状、取乱候て、返事不申候〳〵。

両度書状披見、其元御せい入候。不及申候〳〵。水夫之事尤候。爰元ハ上様御煩候て、今朝御対面候。上意忝事、難尽書中候。早々可為下向候之間、不及申候〳〵。浅野殿御懇にて候間、何事も心安罷居候。洛中洛外之名所旧跡、当時之見事さ、名人之能乱舞、万事ニ下向を忘計に候。浅野殿御数奇にて候間、毎日乱舞まて候。茶湯乱舞之さかりと見え候。見せ申たさ〳〵。浅野殿之うたひ、洛中之名人之よりも承事ニ候。申度事中〳〵留申候〳〵。かしく。（下略）

波多親書状　天正16年２月26日付で有浦正に宛てたもの（a）。有浦家文書158（佐賀県立図書館所蔵）より。

聞実儀の略で「内外ともに」の意）この事に候〳〵。彼の手前見せ申したく候〳〵、天下一とはさてこそ申し候えと、存じ候事まで候。中〳〵言語に絶し候。（b）

宗易は千宗易つまり利休、宗及は堺の豪商津田宗及である。親はこのふたりから茶を給わり、多くの名物（名の聞こえた茶湯道具）を見せてもらった。細川幽斎《ゆうさい》からも声がかかり、茶を給わって親しく雑談を交わした。なかでも宗易からは数々の茶道具を給わるというもてなしぶりで、親は宗易の点前《てまえ》こそ天下一と絶賛している。親自身も茶のたしなみに自信をつけ、「今度《こたび》の在京に、形の如くの名人に罷り成り候て罷り下るべき事ども、多くは下向の節、意の如く大笑□」（b）と書いている。

親の寵児ぶりは物見高い京童のあいだで評判になった。秀吉は京都滞在費用として米三〇石を長吉を通じて親に給与したが、ふつう国衆《くにしゅう》はみずから蔵元《くらもと》へ出かけて米を受け取るのに、親の場合は、秀吉の特別のはからいで、「下野《しもつけ》殿御小宿まで駆けさせ申し候由、奉行を以て御口能《くちきき》にて、車にて洛中を渡され候」ということになった。下野殿とは「松浦有浦系図」によれば親の実弟で、実名は左《たすく》。有浦威の養子となって有浦家を継いだ。高の父になる。親の上洛に同行していた左の旅宿へ、車に載せて米が届けられたのである。親や左は上京《かみぎよう》の小川町（京都御所と西陣の間あたり）に宿をとっていたらしいが、

「小川町中の京童も奇特のよし申す事候、洛中の面目を播《ほどこ》し候事」と親は書いている(b)。

三月二七日、長吉のもとへ秀吉の御成《おなり》があり、「(親に) 公家の位を御免候、諸大夫《しょだいぶ》に任ぜらるるの由　上意」が伝えられた(c、以下も同じ)。親は三〇日に参内し、三河守の官途を賜った。その上「氏をも　殿下様（秀吉）のをと仰せ下され、豊臣氏に相定められ」た。親程度の国衆に豊臣姓が許されたのは破格の待遇である。かれが「家の面目、一代の名誉、後代の連続、大慶極りなく候」と狂喜したのも当然だろう。

身の幸運が時の勢いによるものであることを、親は知っていた。……「当御代の躰とは申しながら、かくの如きの事どもは、悴家《かせいえ》（拙家）に於て近代承わり伝えず候」「然れども当世に彼様の類ども多々候の間、我等も生得の高運にてこそ候らん」。そこにかれは神仏の意思を見た。……「ただただ氏神の御加護までに候〱」「何と候ても彼様《かよう》の名利《みょうり》は人作《にんさく》にあらず〱」。国元に「上下万民精に入り候ずるは、誠精信心《せいせいしんじん》の外これ有り難く候」と申し送っているのも、そうした心情のあらわれである。

さらにかれはこうも書いている。……「かくの如きの事どもは、悴家に於て近代承わり伝えず候、空おそろしく候」「人も我身も知らぬは人間の身上に候」。有頂天のなかにしのびこむかすかな不安。それは五年後に現実となる。

天正二〇（一五九二）年四月に始まった朝鮮侵略戦争において、波多親は第二軍の鍋《なべ》島直茂《しまなおしげ》の麾下《きか》に入れられた。かれは、龍造寺氏の家臣から身を起こしたなりあがり者に従うのが不満だったらしい。（松浦鎮信・有馬晴信・大村喜前《よしあき》・五島純玄《すみはる》ら肥前の傍輩《ほうばい》たちは、みな独立の軍団を率いて、宗義智《よしとし》・小西行長とともに第一軍を構成している。）直茂と出兵をともにせず、渡海後も直茂に従わずに慶尚道の熊川《ウンチョン》あたりに留まって動こうとしなかった。

これが怯懦《きょうだ》のふるまいとして秀吉の逆鱗《げきりん》に触れた。翌文禄二（一五九三）年二月五日、朝鮮から国元の有浦高・馬場道二に送った長文の手紙で、親は、ようやく都（ソウル）入りをして「少し去年以来の外聞を引きなおし」たと述べ、あるいは「そこ元の者ども、機弱り、郷中の破却先だち候わん事、無念に候」と国元を気遣っている。ことにつぎの一節は、強がりと愚痴がいりまじってあわれを誘う。

当弓箭の行《てだて》に依り、身上の儀は、更に覚えなく候。日本国中人なみなり。頼む所は御神慮天道ばかりに候なり。然りと雖も、この節進退破却の儀、少しも悔なく候。第一は悴家の届《とどけ》（苦境に耐えること）、第二には弥太母子遠□の式に、我等爰元《ここもと》にて打ち果て候えば、彼の進退まず相残る事に候。幸い千万々に候。さて又かくの如く申し候と

波多三河守像　岸岳北麓の法安寺に鎮座。撮影／熊谷武二

て、ただ爰にて死にたきにあらず候間、何とぞ成るべき限りは相歎き候て、存命すべく候間、是又愚智には有るまじく候えば、気遣い入るまじく候。

讒言による濡れぎぬだとの弁明も空しく、ついに同年五月一日、親は領地没収の憂き目にあい、身柄は黒田長政に預けられた。このとき、豊後大友氏の当主義統《よしむね》と、薩摩島津氏庶流で出水《いずみ》の城主忠辰《ただとき》も、同様の処分を受けている。

このころ、日本軍は明・朝鮮軍に対して受け身にまわっており、四月一八日には一年間確保したソ

「岸岳末孫」のひとつ　撮影／熊谷武二

ウルを明け渡さざるをえなくなっていた。兵たちには厭戦気分がはびこりつつあり、三人の処分には多分に見せしめの要素があった。義統の処分を発表した秀吉朱印状に、「大明国御取あい半《なか》ば、右臆病者の儀は、三国《さんごく》に憚《はばか》り候事に候の間、見こりのために候」とある。

こうして波多親は、歴史のうねりに呑みこまれて姿を消した。だがかれの居城岸岳の周辺では、三河守はいまも生き続けている。

岸岳西北側の北波多村では、地区ごとに「岸岳末孫《ばっそん》」と呼ばれる土饅頭や中世石塔を集めた塚があって、たたり神として畏怖と信仰の対象となっている。また北麓の法安寺は、三河守とその家臣の怨霊を慰めるため、一九二三年（！）創建された。七〇周年となる一九九三年には三河守の巨像が造立され、新四国八十八カ所の霊場として繁盛している。

時代の激動にもてあそばれた三河守の運命が、人々の共感を誘うのであろうか。

【付章】島津史料からみた泗川の戦い——大名領国の近世化にふれて

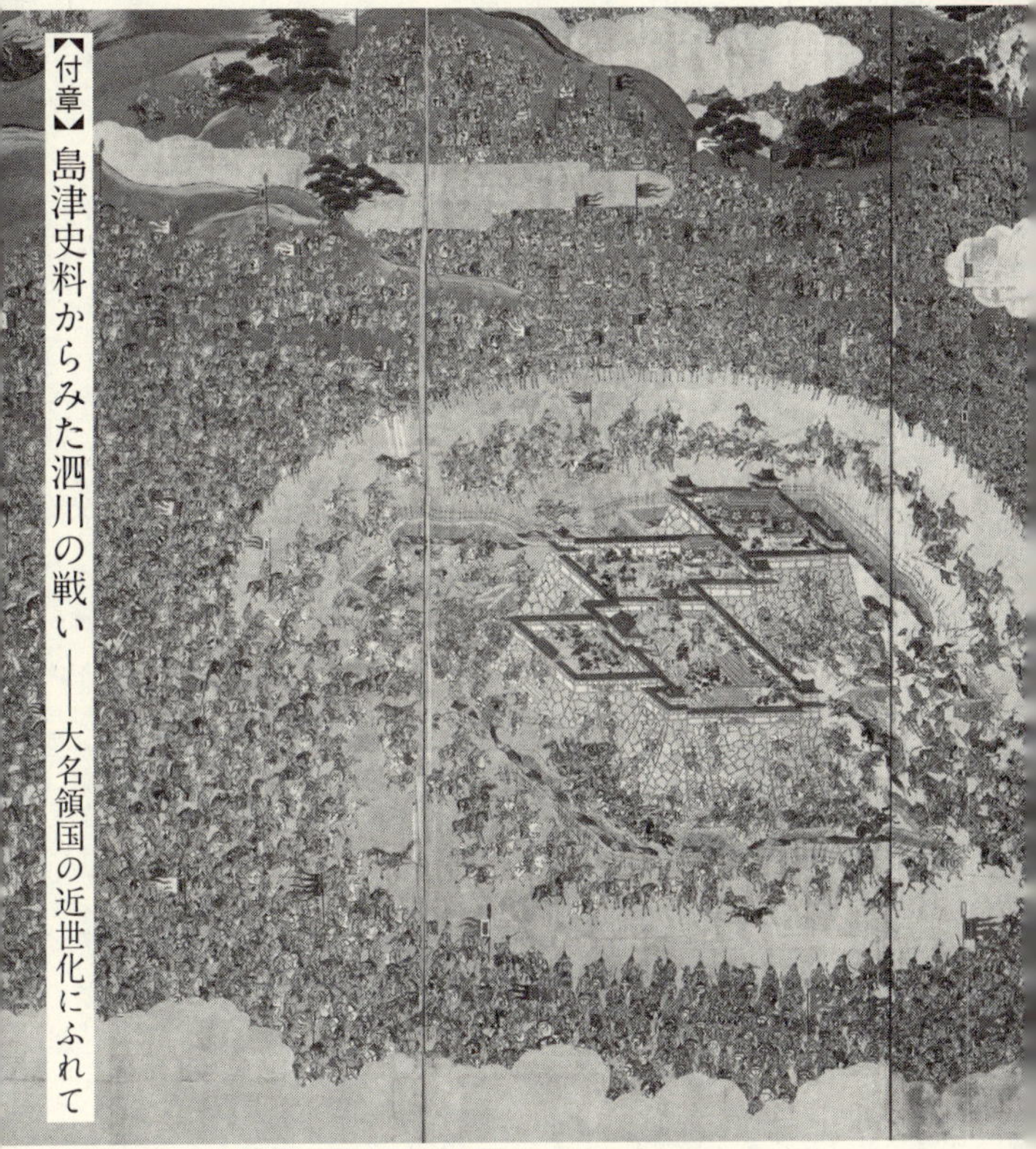

蔚山《ウルサン》城の戦い　明・朝鮮の大軍に囲まれた加藤清正ら日本勢。財団法人鍋島報效会蔵「朝鮮軍陣図屛風」より。

はじめに

文禄・慶長の役（壬辰・丁酉倭乱）の終盤、慶長三年＝万暦二六（一五九八）年九月後半から一〇月一日にかけて、中路提督董一元《とういちげん》率いる明軍および慶尚右兵使鄭起龍《チョンギョン》率いる朝鮮軍が、島津軍のたてこもる泗川《サチョン》新寨（泗川倭城）を攻撃して、大敗を喫した。史上に名高い「泗川の戦い」である。

李烱錫《イヒョンソク》『壬辰戦乱史・中巻』[1]の推算によれば、明・朝鮮軍の総数は三万六七〇〇人で、うち朝鮮軍は二二〇〇人というから、両者の割合は約一五対一である。明軍の数が圧倒的に多いので、以下、煩を避けてたんに「明軍」と呼ぶこととする。これに対する島津軍の数は、同書の推定によれば約八〇〇〇人で、明軍の約四分の一である。

この戦いについて、日本側では、圧倒的多数の敵軍を殲滅《せんめつ》して、日本軍が安全に朝鮮半島から撤退するのに貢献したとして、島津軍の勇戦が称揚され、多数の記録がこの戦闘を特筆している。他方韓国側では、この戦いおよびその前後に島津軍が行った大量虐殺と「鼻切り」の残虐行為がくり返し強調されてきた。しかしそのわりには、この戦闘自体の実証的な研究は少なく、後年の編纂物である『征韓録』を中心史料として戦闘の経過を叙述する、という域をそれほど出ていない。[2]

そこで本章では、『征韓録』以外にも豊富で多様な史料が残されている島津史料を用いて、島津軍がどんな組織のもとに、何を求めて異国の地で戦ったのかを考えたい。その目的は、戦争の実体を当事者の眼で具体的に認識することにある。もとより島津軍の残虐行為を免罪しようとするものではない。

課題に接近するための方法としては、まず島津軍の軍団編成の特徴を確認し、ついでその特徴をもたらした一六世紀末の島津領国の構造を分析し、その上にたって戦争の目的について考えてみたい。これらの点については、すでに山本博文氏が、(3)領国内部の路線対立や兵農未分離に基づく兵士の自力参戦を指摘しているが、その分析は、軍団編成の非統一性や戦場における行動の特異性にまでは及んでいない。本章の独自性は、その問題を泗川の戦いという具体的な戦闘の状況に即して考えたところにある。

ふたつの「討捕首注文」

『島津家文書』のなかに、「慶長三年十月一日、於朝鮮国泗川表討捕首注文之事」と題する文書がある(大日本古文書『島津家文書之二』〔以下『島二』の如く略記〕一〇七〇号)。これによると、首の総数は三万八七一七であり、その内訳は「鹿児嶋方之衆《かごしまかた》」の分が一万一〇八、「帖佐方之衆《ちょうさかた》」の分が九五二〇、「富隈方之衆《とみのくまかた》」の分が八三八三、「伊集院源《いじゅういん》次郎手」の分が六五六〇、「北郷《ほんごう》作左衛門尉手」の分が四一四六となっている。また総数の後に「此外切捨不数知《きりすてかずしれず》」と記されている。

翌慶長四（一五九九）年一月九日、徳川家康以下の豊臣政権「五大老」は、「於今度朝鮮国泗川表、大明・朝鮮人催猛勢相働《あいはたらき》候之処、父子（島津義弘《よしひろ》・忠恒《ただつね》）被及一戦、則切崩、敵三万八千七百余被切捕之段、忠功無比類候（今回朝鮮国の泗川方面において、大明・朝鮮人が軍勢を総動員して猛攻をかけてきたところ、義弘・忠恒父子が一戦を交え、敵を切り崩して、三万八千七百余人の首を取ったことは、比類なき忠功である）」と称賛して、島津忠恒（のち家久《いえひさ》と改名）に「薩州之内御蔵入給人分、有《あり》次第一円」を与えた（『島二』四四〇号）。さきの「首注文」は、この五大老連署状とほぼ同文の五奉行連署状案の奥に記されている。ここに、「首注文」の「三万八七一七」という数字は、豊臣政権によって確認されたわけで、つまりは日本側の公式記録となった。島津氏は、これに「数知れず」という「切り捨て」分を加えて、「大明人八万余兵撃亡《うちほろぼし》畢」と称するようになる（慶長四年六月上旬に島津義弘・忠恒父子が高野山奥の院に建てた「朝鮮陣戦没者供養碑」、『鹿児島県史料・旧記雑録後編三』（以下『鹿旧三』の如く略記）七五六号）。

この数字は、李烱錫氏の推定した明・朝鮮軍の総数三万六七〇〇をはるかに上回っており、誇張があることはいうまでもない。明軍の数については、戦闘直後から誇大な情

表1　ふたつの「首注文」

	A	B	減少率（%）
鹿児嶋方之衆	10,108	8,045	20.41
帖佐方之衆	9,520	7,577	20.41
富隈方之衆	8,383	6,672	20.41
伊集院源次郎手	6,560	5,222	20.40
北郷作左衛門尉手	4,146	3,301	20.38
合　　計	38,717	30,817	20.40

報が飛び交っていた。戦闘に参加した兵士が国元に送った書状においてすでに、「江南仁数万騎」（一〇月二六日白尾幸孝書状、『鹿旧三』五三〇号）とか、「唐人廿万程」（一〇月一八日長崎某書状、『鹿旧三』五三三号）とか、はては「紅南人八十万騎程」（一〇月六日竹内実吉書状、『鹿旧三』五〇九号）とか、信じがたい数字がならんでいる。

ここに、島津家の「御文庫拾七番箱十四巻中」にあって、『薩藩旧記雑録後編』巻四二に「此一書、首数減少スト雖《いえども》、参考ノ為載置《ためのせおく》也」という注記付きで収められたもうひとつの「首注文」がある（『鹿旧三』五〇三号）。これを首注文B、前述のものを首注文Aとする。首注文Bは総数が三万八一七で、首注文Aより実数で七九〇〇、割合で約二〇・四パーセント減少している。さらに興味深いことに、「鹿児嶋方之衆」以下の内訳においても、その減少率はほとんど同一である（表1）。

この事実が語るのは、再調査によって首数が増減したということではない。もしそうならば、どの内訳においても増減率が同じということはありえないからである。事実は、まず首注文Bが作成され、その数字を約二五・六パーセント水増しして中央に報告したものが、首注文Aだと考えられる。総数の差が七九〇〇という切りの良い数字になっていること、増加率も切りの良い二五パーセントにきわめて近いことも、数字の操作が行われた証拠ではないか。

じつは、以上の推論を裏づけてくれる一次史料が存在する。この年一〇月一二日、大島忠泰は、国元の妻に「十月一日ニ廿まんほとつめよりせめ候、むま(午)の時ほとに、きつて御いて候へハ、そのまゝてきくつれ候、ちんせう(晋州《チンジュ》)の河まて五里のあひた、のも山もきりふせなされ候、大かたそろい候くび三まん八百十四、くびつかニ入候、そのほかちんせうちかく候の山なとハ、いかほと候共かき(限)りしれ申さす候」と書き送っている(『鹿旧二』一〇二五号)。明軍の総数は誇大だが、首数は首注文Bとの差わずか三である。なお、一〇月六日に記された竹内実吉の書状にも、「てき三万人之くひそろい申候、其外切すてかすしれす候」とある(『鹿旧三』五〇九号)。

以上より、公式の数字よりも「三万八一七」の方が実際に近いことがわかった。『薩藩旧記雑録後編』巻四二に引く「義弘公御譜」によれば、首数の調査は、戦闘の翌日に、諸将・士卒たちが昨日斬戮した敵の首を集め、細密に数を数えて行われた。おそらく兵士ひとりひとりが自分のあげた首級を持ち寄ったのだろう。その上で各首から削ぎ落とした鼻を、一〇個の大樽に詰めて日本へ送った（『鹿旧三』四八八号）[4]。先に引いた大島忠泰の手紙には「やうやくはなをそき候て、かくゑもんにもたせ中候」とあるから、討ち取ったその場で鼻を削ぐ場合もあったらしい。

それでは、首数が「鹿児嶋方之衆」以下五つのグループごとに集計されたのはなぜだろうか。それは、全島津軍を構成する五つの軍団は独立性がかなり強く、各軍団ごとの戦功を別個に計算する必要があったからだろう。つまり泗川の戦いにおける島津軍は、ひとつの指揮系統のもとに統合された均一な軍隊ではなかったのである[5]。そこで、五軍団それぞれの性格分析が必要となる。

島津軍の内部構成

まず、「鹿児嶋方之衆」「帖佐方之衆」「富隈方之衆」の三つを一括して検討しよう。これらは、島津家の新旧の当主である義久《よしひさ》・義弘・忠恒配下の軍団である。

義久（一五三三〜一六一一）は天正一五（一五八七）年の秀吉の島津征伐当時に島津家当主であったが、跡継ぎとなる男子がなく、同一七年に弟義弘の長男久保《ひさやす》を家督後継者に定めた。同二〇（一五九二）年の文禄の役（壬辰乱）では病気を理由に渡海せず、義弘が兵一万を率いて参陣した。文禄三（一五九四）～四年に秀吉の命で島津領の検地が行われ（太閤検地）、義久は島津家の本拠である鹿児島から大隅《おおすみ》国富隈（別名「浜之市《はまのいち》」、鹿児島県隼人町）に所替えとなった。「首注文」の「富隈方之衆」はこの義久配下の軍団を指すが、泗川でこれを指揮したのはもちろん義久ではない。義久・義弘・忠恒三代の家老を勤めた図書頭《ずしよのかみ》忠長《ただなが》（一五五一～一六一〇、義久・義弘の叔父尚久《なおひさ》の子）、あるいは永禄八（一五六五）年に義久から帖佐を拝領した右馬頭《うめのかみ》以久《ゆきひさ》（一五五〇～一六一〇、義久・義弘の叔父忠将《ただまさ》の子）あたりが、指揮を代行したかと想像される。

義弘（一五三五～一六一九）は義久より二つ年下の同母弟で、天正一七（一五八九）年以降、家督後継者の父として実質的に島津家を率いていた。同二〇年の文禄の役に遅ればせながら参陣。文禄四（一五九五）年にいったん帰国、太閤検地後の所替えで大隅国栗野《くりの》から同国帖佐（鹿児島県始良《あいら》町）に移った。慶長二（一五九七）年三月再度朝鮮へ渡り、慶長の役（丁酉再乱）の島津軍を指揮した。「首注文」の「帖佐方之衆」はこの義弘配下の軍団である。

忠恒（一五七六～一六三八）は義弘の三男で、天正二〇（一五九二）年九月に巨済《コジエド》島で病死した兄久保に替わって一七歳で家督後継者となり、文禄二（一五九三）年に父のあとを追って朝鮮へ渡った。同四年一〇月、太閤検地後の所替えで義久に代わって鹿児島の領主となり、慶長三（一五九八）年二月、正式に島津家の家督を継承した（『島三』一五一七号）。「首注文」の「鹿児嶋方之衆」はこの忠恒配下の軍団であるが、当主になってまもない若年の忠恒がどの程度これを掌握していたかには疑問がもたれる。

つぎに「伊集院源次郎手」「北郷作左衛門尉手」であるが、前者は島津家三代久経《ひさつね》の甥の子久兼《ひさかね》に始まる伊集院家の源次郎忠真《ただざね》、後者は島津家五代貞久《さだひさ》の弟資忠《すけただ》に始まる北郷家の作左衛門尉三久《みつひさ》が、それぞれ率いる軍団である。ともに鎌倉時代に島津本宗家から分れた家だが、この時代には本宗家に対してきわめて強い独立性を保持していた。

太閤検地の結果、文禄四（一五九五）年六月に、義久は七万三〇〇〇石増の一〇万石、義弘は八万八〇〇〇石増の一〇万石の知行を与えられたが、同時に伊集院忠棟《ただむね》（法名幸《こう》侃《かん》、忠真の父）に五万九〇〇〇石増の八万石、前に紹介した以久（義久・義弘の従兄弟）に一七〇〇石増の一万石の知行が、秀吉から直接に認められた（『島二』一〇九五号）[6]。検地の前、伊集院忠棟の知行は義弘を九〇〇〇石も上回る二万一〇〇〇石だったが、検地後も義久・義弘に匹敵する石高を確保している。これは忠棟がいちはやく豊臣政権にとりいって、太閤検地の島津側の実施責任者になるなど、島津領国を豊臣政権の支配下にくみこむのに大きな役割を果たしたからである。忠棟の名は明にまで知られていた。万暦二二（一五九四）年の福建巡撫許孚《きょふ》遠《えん》回文に、「吾知《われしる》、爾《なんじ》義久及幸侃并左右用事諸臣、倶有英烈・正気・忠愛」とある（『島三』一二三六号）。

文禄四（一五九五）年六月の知行方目録には北郷氏の名がみえないが、同年一〇月七日の島津領内所替えに際して北郷三久に発せられた「返地目録」によれば、三久は薩州平佐《ひらさ》・天辰《あまたつ》・宮里・高江・塔之原《とうのはら》・久富木《くぶき》・川上の七カ所に一万一五四三石余の知行を得ている（『鹿旧二』一六一四号、なお『本藩人物誌』〔『鹿児島県史料集XIII』〕の三久の項参照）。この宛行が秀吉直々のものであったことは、慶長二（一五九七）年一月の安宅秀安《あたけひでやす》書状に「御国御検地被 仰付、役なしニ拾万石義久、同拾万石者義弘、其外北郷・右馬頭（島津以久）并幸侃知行之御支配迄も、上様御直《じき》ニ被 仰出候（御領国の検地を秀吉様がお命じになり、その結果義久に無役で一〇万石、義弘におなじく一〇万石、そのほか北郷三久・島津以久・伊集院忠棟の知行分の配分までも、秀吉様から直接に命じられた）」とあることで確かめられる（『鹿旧三』一七一号）。さらに同三（一五九八）年に作成された「帖佐方軍役究目《きめ》録」によれば、義弘配下の軍団の軍役を支える総石高八万二〇七七石余のうち、定軍役分が三万七一四三石余（約四五・三パーセント）、奥方以下七項目合わせて七六〇二石余（約九・三パーセント）に対して、北郷持分がなんと三万七三三一石余（約四五・五パーセント）を占めていた（『鹿旧三』三九三号）。義弘配下の軍団の半分近くを北郷氏が支えていたことがわかる。

以上の分析によって、島津軍が五つのかなり独立性の強い軍団の寄せ集めであったことが判明した。しかしその一方で、「島津家高麗軍秘録」(『続群書類従』二〇輯下)は、慶長二(一五九七)年に義弘が再度朝鮮へ渡海した際の「又八郎忠恒公御供之衆」の筆頭に、島津忠長・同忠倍《ただます》・同以久・伊集院忠真・種子島久時《たねがしまひさとき》・北郷三久・島津久賀《ひさよし》・伊集院久治《ひさはる》・比志島国貞《ひしじまくにさだ》らの名を掲げている。また「面高連長坊《おもだかれんちょうぼう》高麗日記」(『鹿旧三』三四六号)同年一〇月二八日条にも、「若殿さま」(忠恒)配下の「大将衆」として以久・忠真・久時・加治木兼三《かじきかねみつ》・三久・忠長・忠倍・喜入忠政《きいれただまさ》・入来院重時《いりきいんしげとき》・久治・国貞の一一人があげられている。これらの史料からは、忠恒の軍事指揮が広い範囲に及んでいたかに見える。

これらの人々[7]のうち、久賀は義弘の嫡女を妻としており、忠長も後述のように忠恒に忠誠を誓う起請文の名宛人になっているから、義弘・忠恒の与党とみられる。しかし、近親である以久と、家臣でもきわめて強大な伊集院忠真・北郷三久は、前述のようにほとんど独立した軍団の長であった。さらに、加治木兼三は伊集院忠棟の三男であり、入来院重時は以久と北郷時久《ときひさ》(三久の父)の娘との間の子であるから、右のグループの一員とみなされる。また、種子島久時は義久の烏帽子子《えぼしご》であり、比志島国貞は慶長元(一五九六)年に義久の家老となっている。伊集院久治は忠棟・忠真父子とは遠い血筋で、むしろ文禄元（一五九二）年に義久の家老となっている点に注目すべきであろう。右の三人は「義久派」と考えてよさそうである。(8)

以上のように、形式的には忠恒の指揮下に属していても、かれの軍団の主だった人々は忠実な臣下とは言いがたい性格をもっていた。そのうえ、父義弘が指揮する軍団は「帖佐衆」とよばれて、まったく忠恒の指揮系統の外にあった。「島津家高麗軍秘録」にも、忠恒御供衆とはまったく別に、「義弘公御供之人数」として六五人の名前が記されている。

ぬぐいきれぬ「中世」

以上のような島津軍の非統一的、寄せ集め的な性格は、島津領国における社会のあり方に根をもっていた。当主権が義久・義弘・忠恒の三人に分有されていたことは、領国支配にも当然あらわれる。

朝鮮撤退直後の慶長三（一五九八）年一一月、豊臣政権を代表する石田三成は、島津領の「蔵入《くらいり》」（島津氏直轄領）の算用を確実に実行するよう命じているが、その文書は鹿児島・富隈（浜之市におなじ）・帖佐の各代官中に宛てられている（『鹿旧三』五八三号）。これをうけて島津氏が領国中に年貢・諸役の収納について通達した文書も、又八郎（忠恒）・兵庫頭《ひようごのかみ》（義弘）・龍伯（義久）の連署で、鹿児島・富隈・帖佐三者に宛てられている（『鹿旧三』五八二号）。ひとりの当主の意思や命令が下に貫徹していくのではなく、三人の「当主」のもとに地理的にも分かれて存在する三つの官僚機構（忠恒のものが鹿児島、義久のものが富隈＝浜之市、義弘のものが帖佐にあった）に、別々に意思が下達された。

また、義弘・忠恒が朝鮮在陣中の同年四月、留守を守る義久が配下の役人たちに発した条書に、「留守居談合中、何篇無用捨、憲法ニ諸式可申付事（留守居を勤める談合中は、何ごとも気を抜かずやり方を申し付けるように）」「代官衆、談合中より可申付公役、無油断可入念事（談合中が決定した公役については、代官衆が念を入れて実行するように）」・「浜市・帖佐・鹿児嶋三方《さんぽう》、何事も談合候て可申定事」などとある（『鹿旧三』四〇〇号）。先にふれた同年一一月の石田三成の示達にも、「三殿《さんとの》蔵入年々算用之儀」とか「三方役人中へも堅申遣事ニ候」といった表現がある（『鹿旧三』五八三号）。これらの事実は、当主権力の絶対性が未熟で、領国支配が「談合中」「代官衆」「三方役人中」といった家臣たちのヨコの連携に依存していたことを物語っている。

慶長二（一五九七）年五月、朝鮮在陣中の忠恒は、再度の開戦で全羅道経略のため一万の兵を出すように、という朱印状をうけとり、鹿児島方の奉行三人につぎのような示達を発した（『鹿旧三』二二七号）。

鹿児島方格《「イニ角」》之儀、為両三人入精、七月中必参陣候様ニ可申渡候、簡要候、別而乗馬衆於無人ハ外聞不可然儀候間、其才覚題目候旨、幸侃江申遣候間、定浜之市方・帖佐方・鹿児嶋方銘々ニ可被相触候、其地方格之人数幷馬早々渡海此時ニ候、（鹿児島の〈方角〉については、お前たち三人が力を尽くして、七月中に必ず参陣するよう申し渡せ。これが肝心だ。とりわけ乗馬衆が少なくては外聞もよろしくないので、その才覚が肝心だと幸侃に言ってある。幸侃からきっと浜之市・帖佐・鹿児島三方へそれぞれ伝達されるはずだ。いまこそ鹿児島の〈方角〉としても人数と馬を早々に渡海させるように）

伊集院幸侃の権限の大きさや、「三方」の分立もさることながら、「方角」ということばに注目したい。藤木久志氏によれば、「方角」とは、戦国大名の領国にあって、在地領主層が地域的に結合して在地の法秩序を担ったものを言い、大名権力の基盤となる一方で、大名の恣意を制約する役割をも果たした。[9]「三方」おのおのはそのような在地領主連合という実体をもち、義久・義弘・忠恒はその上に乗っかっていたにすぎない。島津領国が中世の「一揆的構造」を色濃く残していたことは明瞭である。

おなじことを別の面から物語るのが、領国首脳部相互に交わされる起請文《きしようもん》である。起請文というのは、文面に列記された多数の神々に対して、もし相手との約束を守らなかったら、どんな罰をわが身に蒙ってもかまわない、と誓う文書である。慶長三（一五九八）年二月、忠恒は以久に対して、「御家御家督之儀依被仰付、龍伯様　武庫様御同前ニ、至拙者永々無別心可被抽忠節由、以　神載承旨、誠以感悦無極候（今度私に当家の家督を仰せ付けられたので、義久様・義弘様に対してと同様、私に対してもながく別心なく忠節を尽くすという旨を、あなたが神かけて誓われたことは、まことに感悦のきわみです）」という起請文を呈した（『島三』一五一七号）。翌三月、以久は忠長に対して、「奉対　龍伯様　義弘様　忠恒様、以久事別而無二心可抽奉公候、就中於子々孫々、毛頭不存二心様ニ可申聞置事（義久様・義弘様・忠恒様に対して、決して二心なく奉公をつくしますとともに、子々孫々にもその旨をしかと申し置きます）」という起請文を呈した（『鹿旧三』三八三号）。忠長の立場は忠恒の後見役と考えられる。

戦国時代、大名たちは合従連衡《がつしようれんこう》のなかでしばしば起請文をとり交わして、相手の裏切り行為を神の威力によって封じようとした。この場合両者は、誓いを立てた神々に対して基本的に対等の関係に立つ。忠恒と以久の場合、誓約の内容は忠恒を島津家の家督としてもりたてることだから、両者が実体として対等ということはありえない。しかし、以久の起請文には、「雖為親子兄弟之間、右対　御三殿様、於存逆心者、為我等同心申間敷事（三殿様に対して逆心を懐く者には、たとえ親子兄弟の間柄であっても決して荷担しない）」とか、「当対　御家悪心之旨を捽、到傍輩中、自今以後致誓紙間敷候、勿論此以前も起請取替《とりかわし》不中事（島津家に対して悪意を懐いて、仲間同士で起請文をとり交わすことはしない）」という条項がもりこまれている。当主忠恒の側は、家臣たちの親類や仲間のあいだに反島津本宗家の一揆的結合が生まれる危険性を察知していた。とりわけ、家臣団の相互で起請文をとり交わすことに本宗家が警戒しているのは、起請文が中世的な「一揆的構造」のなごりを色濃く残す文書様式だったからである。

こうした中世のなごりをうち破って、島津家が近世大名に脱皮するには、いくつものハードルを越える必要があった。「首注文」で三人の「当主」とは別に集計されていた伊集院氏と北郷氏に対して、その後の本宗家はどう対処しただろうか。

義久・忠恒に匹敵する八万石の大身を誇る伊集院家に対しては、朝鮮から撤退してまもない慶長四（一五九九）年三月、忠恒が京都の伏見で伊集院忠棟を殺すという荒療治に出た[10]。翌年忠棟の嫡子忠真（「首注文」に出る源次郎その人）が本拠地庄内《しょうない》（宮崎県都城市およびその周辺）で反乱に決起し、忠恒は鎮圧に手間どって、けっきょく徳川家康の仲介で忠真の知行を一万石に減らすというあいまいな形で決着した（庄内の乱）。

忠恒の行為は、家臣というにはあまりにも大きな伊集院氏の勢力を殺ぐことなしに、島津家は近世大名として生き延びられない、という判断によるものだろうが、なお自力で伊集院氏をたたき潰す力はなかったのである。また豊臣政権の側も、本拠地伏見で起きた私闘を処罰することさえできず、島津本宗家の保護者として、事態をあいまいに処理するしかなかった。中央政府も領国大名も、まだ中世から脱しきれない不安定な状態に置かれていた。しかし慶長七（一六〇二）年には、伊集院一族の殺害が家康の黙認のもとに行われ、ようやく島津本宗家の絶対的優位が確立する。

一方北郷家に対しては、島津本宗家は対照的な方法をとった。北郷三久の甥の子で当時の北郷家当主忠亮《ただすけ》が跡継ぎなくして早世したのをさいわいに、寛永一一（一六三四）年、忠恒の三男久直《ひさなお》を養子として北郷家に送りこむことで、島津本宗家は北郷氏のとりこみに成功した。しかしその間には、北郷家の家老北郷久俊やその父忠泰、叔父久仍《ひさより》が切腹させられるという事件が起きている。

泗川における島津軍団

では、以上分析した島津軍団は、泗川の戦いで具体的にどう動いていただろうか。戦いの全体を概述する史料は多いが、個々の軍団単位の動きがわかる史料はきわめて乏しい。そんななかで、ここに紹介する「出水《いずみ》衆中伊東玄宅《げんたく》申出」（以下「申出」と略記）は、後年の回想録ではあるが貴重である。『薩藩旧記雑録後編』には漏れており、これまでの研究で使われた形跡はない。鹿児島大学附属図書館玉里《たまざと》文庫・東京大学史料編纂所・鹿児島県立図書館に写本が所蔵されている。(11)

この史料の奥書には「右御合戦之様子、御記録所へ入用ニ付、従島津図書殿御書之条、銘々覚候通被書出候、御望之由候間、写如此候、（島津久通《ひさみち》から、泗川合戦の様子が記録所で入用につき、銘々記憶している通りを書き出すように、という御書があったので、このように書写した）以上」とある。島津久通（一六〇四〜七四）は図書頭忠長の孫で、寛永一八（一六四一）年より「島津家系図」の編纂に携わり、正保二（一六四五）年より長年にわたって家老を勤め、寛文一一（一六七一）年には『征韓録』を編集した。「申出」は、久通が主導した島津家の歴史編纂の過程で、泗川の戦いに参加した伊東玄宅が記憶をたどって記述したものと考えられる。玄宅は、小田城落城後常陸から流れてきた伊尻常陸坊の三男で、慶長三（一五九八）年一四歳のとき朝鮮へ渡り、忠恒に召し仕われて、泗川の戦いでは主君に飲み水を差し出したり、主君の差し替え用の太刀を持ったりした（『本藩人物誌』一七頁）。若者ながら、忠恒周辺の状況をもっともよく目撃できる立場にあったわけで、その証言はかなり信頼がおけるといえよう。

ところで、『薩藩旧記雑録後編』巻四三に、万治三（一六六〇）年一一月七日の日付をもつ「伊東壱岐入道玄宅覚書」という史料がある（『鹿旧三』六三九号、以下「覚書」と略記）。その前書に大意つぎのようなことが記されている。[12]

奥関介入道の自筆の書物を見たが、[13]以前私が御文書所よりお尋ねがあって差し出した書付とは相違があった。「いいかげんなことを申したのであろう」と殿様に思われるのも迷惑なので、改めて申し上げる次第である。

圏点を付した「書付」こそ「申出」に違いない。「申出」と「覚書」をくらべると、後者がはるかに長文であるが、おなじ表現を用いた部分があって、「覚書」は「申出」の改訂版であることがわかる。以上より、「申出」の原本は万治三（一六六〇）年より以前に成立していたことが明らかである。

「申出」は冒頭に、明軍が大挙して泗川へ攻めてくる三日前、「晋州《チンジュ》番手」の軍勢が、義弘の命で泗川新寨に退いたことを記している。敵にわざと弱みを見せておいてふところ深くひきこむという、義弘の深謀遠慮として有名な作戦である。その「晋州番手」には、忠恒の配下から三原重種、義弘の配下である「帖佐衆」からは箕輪重長があたっていた。各城塞に配置された軍勢は、複数の軍団の混成であったことがわかる。同様のようすは「古館」(泗川古城)の番手にも見られ、忠恒軍から相良《さがら》頼豊・勝目兵右衛門、以久配下の「右馬頭殿衆」から川上忠実が任についている。この相良・勝目のふたりは泗川総攻撃の前日の夜中に明軍と戦って討ち死にした。川上は具足に矢が林のように刺さり(『征韓録』には三六本とある)、具足を脱ぐのもままならない状態だったが、かろうじて生きのびた。新寨から古館に急を告げた「御不断衆」のメンバー財部《たからべ》盛清も、明軍の矢で多くの傷を負っている。この御不断衆は義弘・忠恒の命を現場に伝える役人であろう。

一〇月一日当日の記事を見よう。

明軍の攻撃は午前一〇時ころに始まった。忠恒は大手口左の櫓《やぐら》に陣どって、間近に迫る敵にみずからも鉄砲や矢を放って応戦した。おなじく右の櫓には伊集院忠真が陣どった。寄手《よせて》の携えていた火薬に引火し、最初は石火矢《いしびや》(大砲)のような音を発したが、やがて雷のような大爆発を起こし、近くにいた兵が焼死した。寄手の動揺を見て、島津兵が城外に打って出、明軍は敗走を始めた。忠恒みずからも追撃に加わったが、深追いしようとするのを本田親正・鎌田次右衛門・木脇祐辰《きのわきすけとき》の三人が馬の口を取ってひきとめた。

明軍は城の向かい側の丘に天蓋を張って、「赤支度」で陣どっていた。城からようすを見ていた義弘は、曽木重松《そきしげひさ》を使者として忠恒に「早く城に籠もれ」と伝えたが、そのうちに、忠長配下の「図書殿衆」に攻め立てられて、敵陣が崩れた。忠長のところにはもはや「図書殿衆」はおらず、義弘配下の「鹿児島方」から野添帯刀《のぞえたてわき》ひとりが付いていた。乗馬衆や徒衆《かちしゅう》がわれ先に敵を追い、忠長が声を懸けたのにも気づかず、その場を通り過ぎていった。忠恒も馬で駆けだしたが、その後の忠恒のようすを玄宅は見ていない。

島津軍は泗川から晋州まで五里のあいだ、逃げる敵に追いついて首を取った。一一月二日付の五奉行の感状には「被遂御一戦、則時被追崩、晋州川向迄五里之間追詰、悉被討果、残党等晋州大川へ被追入（一戦を遂げられ、直ちに敵を追い崩され、晋州川〈南江《ナムガン》〉対岸までの五里を追撃して殲滅なさり、残党を晋州大川へ追い落とされた）」とある（『島二』九九〇号）。五大老の感状もほぼ同文である（『島二』四三九号）。

島津忠長といえば、帰国後浅野長政から「戦功の第一は忠長にある」と称賛をうけたほどの勇将だが、そのかれでさえ配下の軍団を完全に統率していたとはいえない。逃げる敵を追う兵たちの耳には、彼の声は届かなかったのである。また総大将のはずの忠恒も、全軍の指揮などどこへやら、一兵士と同様、敵の首を取るのに夢中になる始末だった。

なぜ戦うか

では島津軍は、異国の地泗川で、何を求めて戦ったのだろうか。慶長の役（丁酉再乱）の基本的性格が、秀吉政権のレベルでは領土獲得をねらった侵略戦争であることはいうまでもないが、領国大名である島津氏の、あるいは従軍した兵士ひとりひとりのレベルでは、政権レベルとは趣を異にする動機づけが存在していた。そこでつぎの三つのレベルに分けて「なぜ戦うか」を考えてみよう。

まず政権レベルの戦争目的をよく示すのは、慶長二（一五九七）年九月一五日に慶尚道・全羅道の各邑に掲げられた榜文《ぼうぶん》であろう。慶尚道の丹城《タンソン》と昆陽《コニャン》、全羅道の康津《カンジン》と海南《ヘナム》に掲げられたものが史料として残っている（『島二』九七〇〜九七三号、『鹿旧三』三一〇〜三一一号、『豊公遺文』）。いずれもほぼ同文で、「土民百姓」と「上官（官人）」を区別して、前者には郷邑に還住して農耕に専念することを呼びかけるが、後者は妻子従類にいたるまで殺し、住宅には放火する。そして土民以下に上官の隠れ場所の密告を奨励し、また還住を拒んだ土民は放火・殺害する、と述べている。

また、同月に秀吉側近の武将が占領地支配を担当する大名に出した書状には、「年貢率の決定は百姓が受け入れやすいように慎重に行え」「百姓には、「心底《しんそこ》より日本の御百姓になる気持ちがあるならば、郡の上官・侍分の住居を教えるか、あるいはその身柄を差し出すかせよ。しかるべき褒美をとらせる。さもなくば日本をあなどるものとして、一郡撫で斬りにする」と知らせよ」（以上、『鹿旧三』三一三号）[14]「郡之館中事をさはき候役人、六人相定而有之由ニ候、又一村ニ三人ツヽ、肝煎《きもいり》有之事候（紛争を裁く役人を一郡に六人ずつ、また一村に肝煎を三人ずつ置くように）」（『鹿旧三』三二四号）などとある。

傲慢な支配者意識丸出しではあるが、単純に侵略地を略奪し荒廃させるのが目的ではなく、支配階級を根絶やしにした上で民衆支配を実現する意図があった。

この施策はある程度の効果をおさめた。「面高連長坊高麗日記」の慶長二（一五九七）年九月末から一〇月にかけての記事に、山から「さるみ」（韓国語の사람で、「人」の意）が海南の城邑に集団で出てきたこと、彼らのもってきた情報によって「上官狩」が行われたこと、が見えている。しかし「さるみ」が心底「日本の御百姓」になるはずもなく、翌年一月六日の石田三成あて義弘書状には、いったん還住してきた百姓たちが、在郷に残っていた親類までも召し連れて山中に逃散を企てていることが記されている（『鹿旧三』三五五号）[15]。

つぎに島津氏の領国主としての立場からはどうか。もちろん戦争に勝利すれば、恩賞に与《あず》かって領国を拡大できるという思惑《おもわく》はあり、その限りでは政権レベルと一致している。しかし当時島津氏の置かれた状況はもっとせっぱつまったものだった。

太閤検地は、畿内の先進的な社会にあてはまる基準を、むりやり辺境である島津領におしつけた。形の上では石高も大名直轄地も飛躍的に増加したが、在地社会の抵抗は根強く、百姓の「走り」があいつぎ、耕地は荒廃していた[16]。それでも、豊臣政権の言いなりに検地を実施し、直轄地から戦費をひねり出して朝鮮に出陣し、めざましい戦功をあげない限り、待ちうけているのは改易やとり潰しだった。実際、島津氏は検地終了後の文禄四(一五九五)年一〇月に、領内限りではあるが「所替」を余儀なくされたことは、さきに見たとおりである。また長年九州で競いあってきた豊後の大友氏は、当主義統《よしむね》の朝鮮でのふるまいが臆病だったとして、とり潰しの憂き目にあっている。

最後に、個々の兵士たちの参戦にはどういう動機があっただろうか。中世の武士にとって、恩賞地の獲得につながる合戦の勲功は、何よりも敵の首級によって計量された。なかでも味方を出し抜いてあげた「先駈け」の功こそ、もっとも評価にあたいする行為だった。そうした行為は集団行動の論理とはあいいれないから、兵士は経費自弁で戦場に赴くことが前提であった。

では文禄・慶長の役における島津軍はどうだったか[17]。島津義弘は、天正二〇(一五九二)年四月末に遅ればせながら渡海したときのようすを、「我等乗船を始、供衆已下之船迄一円不来候て、借船にて、小姓をさへめしつれ候ハて、親子のミ令渡海、迷惑仕候、又手船等参候人衆も、中途爰《ここ》かしこに令延引、肝煎とても不参候（われらの乗船をはじめ、供衆以下の船まで、まったく来ず、借り船で小姓さえ召し連れず親子だけで渡海し、困り果てた。また、自分の船で来た軍勢も、途中のあちこちで滞留していて、伝令さえもやってこない）」と記している（『鹿旧二』九七〇号）。また、後年に記された史料ではあるが、元和二（一六一六）年の「児玉利昌軍功覚」は、文禄四（一五九五）年六月に島津義弘・忠恒が朝鮮の巨済島に在陣の際、利昌は自力で渡海し、翌年七月まで軍務についたという。慶長元年（一五九六）の忠清道経略にも、利昌は六反帆の船に主従七人と船頭・水手八人を乗せて、「自力自船」で従軍した（『鹿旧四』一三七九号）。

慶長二年二月に忠恒が朝鮮から国元の義弘に送った書状に、「人数渡海之船以下其外つもり等之儀、或出物或自力にて相調可罷立なと丶候て、事延ニ可罷成と申候つる（渡海に必要な兵や船の数の見積もりにあたって、あるいは臨時の賦課により、あるいは自力で、準備して参陣すべし、などと言っていては、事がのびのびになってしまうでしょう、と以前申し上げました）」とあり、「縦《たとい》理之御沙汰ニ候共、自分之調にてハとても急ニハ罷成ましく候（たとえ理にかなったやり方をとっても、自力での準備ではとうてい急の役には立ちません）」と嘆いている（『鹿旧三』一八二一号）。しかし七月の義弘からの指示には、

「国元より自舟にて罷渡候程之人数者、其元《そこもと》よりから嶋（巨済島）までも自船にて罷渡候様ニ可被仰付候（国元から自分の船で朝鮮入りした軍勢には、そちらから唐島までも自船で渡海せよと命じて下さい）」とあるだけだった（『鹿旧三』一二六三号）。

現実の島津軍は、太閤検地の創出した直轄地からの年貢によってではなく、領内の武士たちの自力によって支えられていたことがわかる。そのような世界では、獲得した敵の首数が多いほど、期待される恩賞の額も多くなる。その結果、戦闘そのものの勝敗がはっきりした後も、ひたすら首取りに熱中することになる。戦闘直後の一〇月一八日、長崎六郎右衛門という兵士は、泗川から出した書状に「一人ニて三十人、又廿人、又一人二人不切人ハ無之候、扨又《さてまた》人々小者共、しろかねの百目弐百目、又十匁廿匁ツヽ、不取者もなく候（ひとりで三十人、二十人の首を取った者もおり、ひとりふたりを斬らなかった者はおりません。さてまた人々の従者たちで、銀を百匁二百匁、あるいは十匁二十匁ずつ取らなかった者もおりません）」と書いている（『鹿旧三』五三三号）。日本軍の朝鮮撤退を容易にしたという以上の意味はない泗川の戦いにおいて、首数や戦死者数があれほど厖大になった理由は、島津軍が中世的な「自力」の論理で行動したことにある。例の鼻削ぎも、倒した敵の数をもっとも簡便にカウントする方法として採用されたものだった。

停戦と撤退

泗川の戦いがあったのは、慶長三（一五九八）年八月一八日に秀吉が伏見城で死去してから一月半も後のことである。五大老は明軍と講和して兵を朝鮮から撤退させることに決し、徳永寿昌《じゆしよう》・宮下豊盛《とよもり》のふたりを朝鮮に送って、その方針を諸軍に伝えさせた。秀吉死去の六日後に徳永・宮下がさし出した起請文には、「朝鮮表御無事之儀、加藤主計頭手筋ニて可相済歟、小西摂津守手筋ニて可相済歟、両人申分承届、何之道にも日本之御為可然手筋ニて相究《あいきめ》候様に、可申渡候（朝鮮表の和議については、加藤清正のやり方で行うべきか、小西行長のやり方で行うべきか、両人の言い分をよく聞き届けて、いずれにせよ日本のためになるやり方で決定するよう、言い渡します）」とある（『鹿旧三』四五〇号）。清正と行長は、天正二〇（一五九二）年の開戦当初からことごとくいがみあってきたが、そのもつれは戦争の終結までついに解けなかった。また起請文の別の条には、「何れも在番之頭々談合之刻、御為をも不被存、抜懸之存分被申族在之者、有様に可申上候事（朝鮮在番の大名衆と和議について談合の際、国家のためを考えずに抜け駆けの考えを申す者がいたら、ありのままに申し上げます）」とある。ここには、国家（豊臣政権）レベルと大名レベルで戦争の目的にズレがあったことが暗示されている。

八月二五日、徳永・宮下の派遣を告げる秀吉朱印状が義弘らに発せられた。同日付の増田《ました》長盛副状には「上様御煩此一両日弥被成御快気候、可御心安候」とある（『鹿旧三』四五八号）。在朝鮮軍の動揺を恐れて秀吉の死去は伏せられたのである。徳永・宮下が泗川新寨に至ったのは、島津軍大勝利の一週間後で、一一月一五日を期して諸軍が釜山に集結するという方針が伝えられた。一〇月一三日には、明軍の司令官茅国器《ぼうこくき》の参謀ふたりが泗川新寨に至り、そこに順天《スンチヨン》在番の小西行長と船奉行寺沢正成も会して、和議がなった。

二五六頁で紹介した「出水衆中伊東玄宅申出」は、後半で、島津軍が泗川新寨を出てから釜山に着くまでのようすを描いている。島津軍は予定より遅れて泗川を離れ、一一月一六、一七日のころに晋州湾口にある興善島《ちやくせん》（昌善島《チヤンソン》）に渡り、小西軍が順天から到着するのを待った。しかし小西は、和議に反対の水軍統制使李舜臣《イスンシン》が率いる朝鮮水軍に海上を封鎖されて、身動きがとれない状況だった。そこで島津軍は、立花・寺沢・宗・高橋らの軍とともに、救援のため西へ進み、一一月一八日、本土と南海島とを隔てる狭い海峡付近で朝鮮・明の水軍と衝突した。李舜臣の戦死で名高い露梁津《ノリヤンジン》の海戦である。

島津の陣から小西の陣へ使者として赴いた敷根頼豊は、行長に「小西殿引取られ候儀は、番船道口を張切申候間、罷り成らず（小西殿の撤収は、朝鮮側の番船が行く手を遮断しておりますので、不可能です）」と告げ、行長も引き留めたが、頼豊は使者船であるよしを朝鮮側に説明して通過した。使者船には敵であっても手を出さないという、戦争のルールが顔を見せていておもしろい。また、島津軍の出船の描写では、義弘が「帖佐方之衆」を召し連れ、「鹿児嶋方之衆」も義弘の「御下知」に従ったという。忠恒配下の鹿児島衆も実質上義弘が指揮していたことがわかる。

玄宅の属する忠恒軍も義弘のあとを追って出船した。六反帆《ろくたんぼ》ばかりの船に出会ったので近づいてみると、中乗の井尻半兵衛が負傷して船中に伏せていたが、起きあがって言うには、「惟新様（義弘）御船ばかり何事なく候、御供立の船一艘も残り申さず候、此船も惣別手負候て、櫓取一人にて候、流れ候ても参り、御左右申し上ぐべく候由、催し仰せ付けられ候（義弘様のご乗船だけは無事ですが、それを護衛する船は一艘も残っていません。この船もみな負傷して、櫓取りがひとり健在なだけです。義弘様は「潮まかせにでも忠恒のもとへ参り、状況を報告するように」と、私にお命じになりました）」。ここで忠恒は鎧を着し、関船[18]に乗り移った。本船には宅間与八右衛門がひとり残り、玄宅らを引き受け、櫓《ろ》を励まして忠恒の船を追った。見れば、義弘の船一艘と「余所衆」の船三艘が、多数の敵船に囲まれていたので、忠恒は義弘の船と敵船の間に乗り入れた。敵船に鼻を向けていたのは忠恒の船だけで、他の僚船は艫《とも》を向けていた。義弘の船は危機を脱し、他の船も敵の正面を避けたが、忠恒の船一艘だけは、諸船が一里ばかりも退くまでその場所を動かなかった。その日の晩、諸船は興善島を出発し、翌日釜山《プサン》浦へ着船した。その後、南海島にとり残されていた樺山《かばやま》軍の救出に成功して、全島津軍が釜山に集結したのは、一一月二二日である。

島津軍は一一月二四日に釜山を発して、一二月一〇日に博多に帰着した。明軍は「石《し》曼子《まづ》」の勇猛ぶりを後々まで語りついだという。

おわりに

本章で「出水衆中伊東玄宅申出」を紹介し、また「奥関助覚書」にも言及した。島津軍の一員として朝鮮に転戦した兵士たちが、江戸時代になってから記憶をたどって記述した覚書類は、ほかにも多数残されている。しかしこれまでの研究では、史料的価値が低いと考えられたためか、ほとんど使われていない。

たとえば北島万次氏は、著書『朝鮮日々記・高麗日記』に「出水衆中伊東玄宅高麗陣覚書」以下六種の書名をあげているが、叙述の材料としては、「大重平六覚書」を若干使っている程度である。北島氏は、これらを「清正高麗陣覚書」「宇都宮高麗帰陣物語」など「諸大名の戦記物」と同列に置き、朝鮮侵略における自己の武勇や功名をアピールするためのものと性格づける。[19]しかし、これらの覚書類の多くは、島津久通を中心に進められた島津家の歴史（とりわけ『征韓録』）編纂の過程で、材料として収集されたものである。語り手自身の武勇や功名を強調することはあんがい少なく、忠恒ら主君の動向の描写に重点が置かれているように思われる。[20]

もちろん、戦闘の経緯をクロノロジカルに確定する史料としては、文体の点でも、記憶のふたしかさの点でも、大きな限界があることはいうまでもない。しかし、戦争に参加した一般兵士の身の丈《たけ》から、かれらの見た戦争の実相を生々しく描き出してくれている点で、他の史料にないユニークさがある。『薩藩旧記雑録後編』に引用された「樺山紹剣自記」「長谷場《はせば》越前自記」「大島久左衛門忠泰高麗道記《こうらいみちのき》」「新納《にいろ》忠増《ただます》日記」「新納忠元勲功記」「大重平六覚書」「佐多民部左衛門覚書」「伊東壱岐入道覚書」や、『続群書類従』所収の「島津家高麗軍秘録（淵辺量右衛門《ふちのべかず》覚書）」は、活字で読むことができるが、鹿児島大学附属図書館・鹿児島県立図書館・東京大学史料編纂所・内閣文庫などの機関に、写本として所蔵されているものも少なくない。「奥関助覚書」「帖佐彦右衛門覚書（書上）」「川上久国泗川在陣記」「川上久国雑話」「伊東玄宅由緒書幷高麗入覚書」「伊勢貞昌書出」「菱刈《ひしかり》休兵衛朝鮮奉公覚」などである。追々紹介していきたいと思っている。[21]

(1) 日本語版、一九七七年刊、東洋図書出版、七四二頁。

(2) 最新のものとして、山本博文『島津義弘の賭け――秀吉と薩摩武士の格闘――』(読売新聞社、一九九七年)がある。

(3) 山本博文『幕藩制の成立と近世の国制』(校倉書房、一九九〇年)第二部「幕藩制的大名領国の形成」。

(4) 原文はつぎの通り。「慶長三年十月二日、使諸将士卒所昨日斬戮之聚敵首、細密算之、則凡三万八千七百十七級也、此外斬棄草莱与没溺河水者不知其数、所聚之首悉劓之、盛十大樽献于日本」。

(5) 中野等氏は、慶長の役における島津軍を「軍団としての有機性を発揮し得た」と評価する(『豊臣政権の対外侵略と太閤検地』校倉書房、一九九五年、四〇三頁)。しかしこれは文禄の役時の「日本一之遅陣」(『鹿旧二』八八三号)と比較しての評価であって、指揮系統の分立という状況を否定するものではあるまい。

(6) 幸侃・以久のように、島津家中で秀吉から直接に安堵朱印状をもらった者を、「御朱印衆」と呼ぶ。桑波田興「外様藩藩政の展開―薩摩藩」(『岩波講座日本歴史』近世二、一九七五年、九二頁)によれば、文禄三(一五九四)年当時の御朱印衆は、両名のほか出水《いずみ》城主島津忠《ただ》辰《とき》と都之城《みやこのじょう》城主北郷氏であった。なお、太閤検地の結果打ち出された島津領の総石高は五七万八七三三石で、義久・義弘・幸侃・以久に与えられた計二九万石を除く二八万八七三三石の内訳は、以下の通り。給人本領一四万一二二五石、給人加増一二万五三〇八石、寺社領三〇〇〇石、太閤蔵入一万石、石田三成被下分六二〇〇石、細川幽斎被下分三〇〇〇石。中野等氏は、検地の結果生まれた支配体制を「文禄四年体制」と名づけ、くわしい分析を加えている（前掲書、三七三頁以下）。

(7) これらの人物の実名比定や経歴については『本藩人物誌』に依拠した。

(8) 山本博文氏は、久治・国貞と鎌田政近の三人が石田三成に直接指名されて忠恒の供として朝鮮に参陣したことを、「三成の意図は、検地の反対勢力となりうる義久派の重臣を朝鮮に追い出すことにあった」と評価している（注(3)書、二五九頁）。

(9) 藤木久志『戦国社会史論』（東京大学出版会、一九七四年、二五〇〜二五七頁）。

(10) 中野等氏は、この事件を「地域的自立性の復活」という観点からのみ評価するが、一面的であろう（前掲書、四一一〜四一二、四一九頁）。

(11) 現在のところ下記の四種類の写本を確認している。

①鹿児島大学附属図書館玉里文庫『諸旧記・上』所収「出水衆中伊東玄宅申出」：島津家玉里邸旧蔵本。明治二〇年に「平田本」との校合がなされた。奥書は「平田本」からの転写。な

お「平田本」の実体は不明であるが、③がその系統を引くようである。
②鹿児島県立図書館蔵『古雑史』所収「奥関介入道休安高麗陣覚」：①と同系統の写本で、奥書を欠く。①と甲乙つけがたい善本。「虎嘯福島図書」の蔵書朱印がある。書名は筆写者の錯誤であろう。
③東京大学史料編纂所架蔵写本「朝鮮国泗川戦場之大抵」：伝来不明。誤脱がきわめて多いが、①②とは系統の異なるテキストで、参考になる点がある。末尾の「戊寅十月廿三日写　鈴木恭」の文字はこの本にのみある。
④鹿児島県立図書館蔵『朝鮮役及関ケ原役ニ於ケル井上主膳覚書外二十六名申出聞書自記日記上申状』所収「出水衆中伊東玄宅高麗陣覚書」：昭和四年に河野通久が①をカタカナ交りに改めて書写したもの。
本章の末尾に、テキストの全文を、①を底本に③で不足を補って掲げた。
(12) 原文はつぎの通り。「此書物、出水浄円寺、奥関介入道江所望与、関介方自筆之書物被持来候間、見申候、玄宅かまひ不申儀候得共、前ニ御文書所より就御尋、承候通書付差出申候、関介方之書物とは致相違候条、大方を中候与可被思召候、迷惑存候間申上候、」
(13) 東京大学史料編纂所架蔵謄写本「高麗日記」（都城島津家蔵本写）、および『旧典類聚』巻五（東京大学史料編纂所架蔵写本）所収、「奥関助覚書」がこれにあたる。忠恒の側にいた奥関助（実名未詳、法名休如あるいは休安）が、文禄二（一五九三）年の忠恒上洛から慶長役の終了までの見聞を記した覚書で、泗川の戦いにかなりの紙数を割いている。「高麗日記」の識語に「亥八月十五日」とあり、万治二年己亥（一六五九）の成立と推断できる。なお『旧典類聚』について山本博文氏の、「高麗日記」について歴史学研究会編集委員会のご教示を得た。

(14) 原文はつぎの通り。

一、当納之儀、五の物を一ッ可致納所歟、又四分一可運上歟、百姓請相候様ニ、かろ〱と不可過御分別事、

一、百姓前御定事澄候上ニて、重而可被仰聞様子者、従日本被仰出分者、百姓等命をたすけ、屋宅無放火、かれら望様還住被仰付候、此段忝と百姓等口上ニ述候処者、無証拠候、底根日本之御百姓ニ於可成所存者、郡之上官・侍分之有家をつけしらせよ、さなくハ搦ても来れ、褒美者上官の上下ニよりて、或者其身之名田を令扶助歟、或者其身之古郷を宛行歟、此否偽有間敷候、かく事分而被仰聞候ニ、上官を不搦来、隠家をも於不告知者、先方を重くし、日本を軽るの子細ニ候間、如奥郡撫切ニあるへきと下知あらは、大略上官・侍之有家をも致案内者、又搦来事もあるへきと存候、左様ニ候へハ、京都（ソウル）方之者共と百姓等とハ、永代遺恨之もといたるへき事、

(15) 中村栄孝『日鮮関係史の研究・中』（吉川弘文館、一九六九年）二一六〜二一九頁、北島

万次『豊臣政権の対外意識と朝鮮侵略』(校倉書房、一九九〇年)二六〇～二六八頁参照。
(16) 慶長五(一六〇〇)年五月の島津義弘書状(『鹿旧三』一一〇八号)に「廿万石之蔵入之内、七八万石もあれ候へき由、さて〳〵笑止之至りニ候、取分《とりわけ》帖佐方蔵入荒地多之由候」とある。また、山本注(3)書、二一七～二二〇頁参照。
(17) 以下に述べる兵士の自力参戦については、山本注(3)書、二二四～二三七頁に的確な分析がある。
(18) 「室町時代、瀬戸内海の主要航路上の港湾を中心に設けられた海関所属の船から転じて、戦国時代から江戸時代にかけて使われた軍船の船型の呼称。安宅船より小型で軽快な行動力をもつ軍船で、周囲に防御装甲をもつ矢倉を設け、適宜、弓・鉄砲の狭間をあける。安宅船とともに水軍の中心勢力を形成し、慶長一四(一六〇九)年安宅船が禁止されてからは諸藩の水軍の基幹勢力となった」(『日本国語大辞典』)。
(19) 北島万次『朝鮮日々記・高麗日記——秀吉の朝鮮侵略とその歴史的告発——』そしえて、一九八二年、三五六～三五七頁。
(20) 「島津家高麗軍秘録」の筆者淵辺元真は、執筆のいきさつを「高麗入之義ニ付、御記録方御用ニ付、御文所奉行平田清右衛門殿ゟ、愚老相知之趣委細ニ書付可差出由、承り候間、覚之趣あらあら書記差出候」と説明している。この覚書の冒頭には、亥(万治二年)八月一八日付の執筆要項が掲げられているが、その要求は慶長の役における義弘の動向を節目ごとにたどることにあって、筆者自身の功名を語ることにはなかった。

(21) ほんの一例として、「高麗日記(奥関助覚書)」から、慶長二(一五九七)年九月に島津軍が全羅南道海南《ヘナム》に進駐して、人狩札とも名づくべき木札を用いて朝鮮人強制徴用を行ったことを伝える記事を紹介しよう。これに続いて、海南近郊の村里において、忠恒の指揮のもとに行われた撫で斬りのようすが記されているが、長文なので割愛した。

「はいなん(海南)と申古城の内に　御両殿様(義弘・忠恒)御陣を被成候。日数三四拾日御逗留被成、ひノ木ニ而長サ八寸計広サ七八分ニ札七八百程御作せ被成、表ニハ嶋津さかミと書付、裏ニは日付被成、通事七八人ニ而山之口江御登せ被成、右之札を被下、従夫《それより》御手ニ付さるみ七八百人妻子召連罷下、はいなん内の田作取納《でんさくとりおさめ》御させ被成候。城之内に七八間之塗蔵《ぬりぐら》を九ツ御作せ被成、右之米をたわらにさせ、右之蔵に入置被成候」

付録

「出水衆中伊東玄宅申出」(鹿児島大学附属図書館玉里文庫『諸旧記・上』所収)全文

高麗御陣覚　(異筆)「明治二十年以平田本校合ス」

一晋州番手之主取三原諸右衛門(重種)殿、帖佐方ゟハ箕輪治部左衛門(重長)殿抔《ナド》番手ニ而候、泗川江猛勢寄来候

三日前ニ、以御下知番手衆引取被申候事、

一古館番手相良玄蕃殿(頼豊)・勝目兵右衛門殿、并右馬頭殿(島津以久)衆主取ニ而川上六郎(忠実)兵衛殿番手之由候、此外之衆ハ不存候、彼番手之衆ハ早々引取可被申之由候得共、物［頭を］見申候而引可申之由被申候間、泗川江寄来候前之日夜中ニ、御不断衆之内財部甚兵衛(盛清)御使ニ而、番手衆急退可申由被仰出候処、はや夜中ゟ古館を攻申候、然共甚兵衛ハ敵之中を罷通り、御使を申届被罷帰候、半弓之矢余多手負被申候得共、痛不申、相良玄蕃殿ハ則戦死ニ而候、勝目兵右衛門殿ハ御城近迄退被申候得共、玄蕃殿打死之儀跡ゟ参り候人江相尋、返合打死之由、川上六郎兵衛殿ハ中間肩ニ掛退為申由候、則忠恒様御出被成、六郎兵衛御覧候、我等も御供申候間見申候、具足之上ニ半弓之矢過分ニ当り候之故、具足被抜候儀者不罷成由ニ而、其儘被居候を見申候事、

一昆陽之儀ハ不存候事、

一御城江漢南人寄来候ハ巳之刻程ニ而候、弐拾万之賊と承候、忠恒様其朝払暁御廻被成、直ニ大手之口江被成御出候、其時猛勢寄来申候ニ、御稲荷二ツ敵ニ掛り候を、御傍衆見被申候而被申上候、忠恒様直ニ被成御覧、御拝被遊候、左様ニ而大手之口左之矢倉江被成御座候、敵勢近く寄来候而、先ツ御鉄炮十放計被遊、夫ゟ御弓ニ而御手矢二十為被遊之由、其時分承候、翌日御手矢ハ取候而被差上候、無之矢一ツも無之御座候由、右式ニ候処、寄来候敵塩硝壷ニ火入候而、石火矢之様ニ鳴申候、則過分ニ有之塩硝ニ火移、雷之様ニ鳴申候、其辺之敵皆々焼殺申候、其仕合ニ御城ゟ切出

被成候、本門ハ明得不被申、脇之くゞり門ゟ御出被成候、我等ハ御矢倉江御差替之御腰物を持罷居候、若輩之故拾町計ハ御供仕候、夫ゟ取離れ申候、御供ハ本田与兵衛《(親正)》殿・鎌田次右衛門殿・木脇《(祐辰)》三左《右》衛門殿、此三人御馬之口を取、[御懸出し被成候を引留申候、其内ニ敵の大将]御城向之岡長曾我部殿古陣場江天蓋を張居候、其人数ハ赤支度ニ而候、右大将之衆一手ニ返申候を、惟新様自御城被成御覧、曾木五兵衛《(重松)》御使ニ而、忠恒様早々先城江可被成御籠之由候処ニ、又赤支度之衆崩れ申候、是ハ図書殿御こたへ被成、御働を以崩れ候通、野添帯刀殿度々被申候を承候、図書殿衆無人ニ而候、鹿児嶋方ゟハ野添殿壱人為被罷居由候、乗馬衆其場を被掛退候衆共江、図書殿被成御覧、御言を被掛候得共、為被罷通衆有之由ニ被申候、夫ゟ忠恒様御馬を御駈出し被成候間、其后之事ハ見不申候、敵ハ晋州迄五里之間追打ニ而候事、

一猛勢寄来候時早々鉄炮仕間敷由、御下知ニ而候通、其時分承候事、

一御城大手之口右之矢倉江は伊集院源次郎《(忠真)》殿御座候事、

一泗川御引陣ハ慶長三年十一月十六七日ニ而候哉と覚候、小西殿《(行長)》同前ニ御引陣可被成候間、御城ゟ五六里も御座候半興善嶋ニおひて御待合可被成之由、御約束ニ而、着船嶋ニ而御待被成候得共、小西殿遅御座候、小西殿江御使ニ被参候敷根仲兵衛殿、参候而被申上候は、小西殿被引取候儀者、番船道口を張切申候間、不罷成由候、仲兵衛殿をも小西殿被引留候得共、使者船之由申分可罷通と申候而、番船之中を通為被参之由候、惟新様被成御出、可被及御覧とて、帖佐方之衆迄を被召

列、其日之七ツ時分ニ御出船御座候、鹿児嶋方之衆も被参候て、御下知ニ而は無御座由候、其翌朝、夜中ゟ石火矢事之〔々〕敷興善《チャクセン》嶋江聞得申候ニ付、忠恒様も可被成御出候とて、早朝ニ御出船候処ニ、鉄炮之音曽而無御座候、南海口岡江見当候而、煙過分ニ立申候、御船中被仰候は、小西殿江被遊御取合浜遊ひは御座候哉と咄合候、然処ニ六反計之船流候而参候、御船近く参候而ゟ、中乗井尻半兵衛手負ニ而被伏居候が、起上り被申上候ハ、惟新様御船計無何事候、御供立之船一艘も残り不申候間、此船も惣別手負候而、櫓取壱人ニ而候、流れ候而も参り、御左右可申上候由、催被仰付候通、半兵衛被申上候、其ゟ御鎧を召、関船ニ御乗被成、本船ニハ宅間与八左衛門一人我々若輩之者迄被召置候、本船も櫓数ニ而候故不後参候、見申候得は、惟新様御船壱艘、余所衆之船三艘、〔敵〕船ハ大分之義ニ候、忠恒様御船ハ敵之船と惟新様御船と之間ニ御乗入被成、敵船江鼻を向候而御座候、余之船ハ敵船ニともを向ケ御座候、然処ニ余所衆之船ハ則退申候、鹿児嶋衆御供立之船も過分ニ参候、早々忠恒様被成御退候ハヽ、惟新様も可被成御退由ニ而、皆々はつし申候得共、忠恒様御船壱艘計、諸船之一里程も退申迄ハ其儘被成御座候、左様ニ候而、其日之晩ニ着船嶋を皆々出船ニ而候、忠恒様御船惣別出船之已後御出船被成候、翌日は早々釜山浦江御着船候、釜山浦江御座候内、南海ゟ捨置候小船を以到寄来候者、樺山殿大将ニ而士衆七拾人程ニ而、南海之城を持御座候之由、夫ゟ御触御座候者、樺山殿南海ニ被上候、御捨被成人ニ而無之候間、心有士ハ繰取ニ可被参之由候、夫ゟ迎之衆余多被参候、南海之城ハ宗対馬守(義智)殿御座候処、是も惟新様江被相付番船ニ被為逢候、漸城下江船を乗付、人計乗セ候て、被相迦候故、弓鉄炮衣裳其外惣別被捨置候を以、右之衆無口能城を為被持之由候通、御船ニ而承候、南海ゟ樺山殿ハいつれも頓而釜山浦江被退取、軍衆同前帰帆ニ而候事、

平田本ニ云、

右御合戦之様子、御記録所へ入用ニ付、従島津図書（久通）殿御書之条、銘々覚候通被書出候、御望之由候間、写如此候、以上、

［戊寅十月廿三日写　鈴木恭］

（1）［　］内は東京大学史料編纂所架蔵写本「朝鮮国泗川戦場之大抵」（4140.5／31）によって補った。

（2）「惟新様」「忠恒様」の前を欠字にすべし、という書きこみがあるが、省略した。

あとがき

日本の中世前期史から研究生活を始めた私にとって、一六世紀、戦国時代の歴史は、長いあいだ、魅力はあるが気軽には手を出しかねる禁断の花園だった。列島の各地から独自の歴史の足音が聞こえ、近世社会という巨大なシステムがうぶごえをあげる、混沌とした時代。それは私の手にあまる複雑さにみちていた。

その後問題関心が中世後期へと移動し、分野では対外関係史へと収斂するにともなって、日本史の一六世紀は、アジア規模、さらには世界史的文脈における巨大な変動の一部として理解しなければならない、と考えるにいたった。だがそれでもなお、一九八八年に最初の著書『アジアのなかの中世日本』をまとめた時点では、一六世紀史を列島と外の世界との交通が衰退する時期という、あやまった見方でみていた。

その一六世紀の列島周辺の歴史を、はじめて具体的かつ総体的に考える機会を与えてくれたのが、『週刊朝日百科日本の歴史別冊・歴史を読みなおす14・環日本海と環シナ海——日本列島の十六世紀』（朝日新聞社刊、一九九五年。この長いタイトル、何とかなりませんか）の「責任編集」の仕事だった。この一冊は、八割近くを私が執筆し、コラム的な記事を、石井米雄・菊池俊彦・高良倉吉・佐藤信・宇田川武久・岩井茂樹・遠藤浩巳の各氏に書いていただいた。ふんだんに図版をもちいてビジュアルな理解をはかった企画のライン・アップに連なって、手前味噌だがそれなりにおもしろくしあがったように思う。『歴史を読みなおす』シリーズは、刊行物の性格としては雑誌に近く、いつでも書店で手にとれるものではない。それが心残りだったので、「ちくま新書」からお誘いがあったときに、『歴史を読みなおす』のなかで私が執筆した部分を中心にしてまとめたいと提案し、筑摩書房の了解をえた。

稿を改めるにさいしては、大幅に筆を加えて、叙述に一貫性をもたせるよう留意した。『歴史を読みなおす』は図版中心のコンセプトがあったため、叙述としては切れぎれの印象が強かったので、第1章の前半と第6章の大半を書き下ろして、私の主張したい論点が前面に出るようにした。また第2~5の各章についても、叙述の前提となる一五世紀の状況を書きくわえ、また各章間のつながりぐあいも改善した。引用史料は可能なかぎり現代語訳して掲げた。

対外関係を研究する者のひとりとして、私が中世に魅かれるのは、国家や制度の枠組みがまだ固まっておらず、国境をまたぐ〈地域〉空間といったものを設定することが可能で、現代にもつながるさまざまな可能性を歴史のなかに探ることができる、そういう時代だからである。そして一六世紀とは、そんな中世が、かなりかっちりしたわくぐみをもつ近世という時代へと移る変動期である。

中世史家の多くが抱いている近世のイメージは、中世のはぐくんだ可能性を堅苦しいわくにはめて摘みとっていった時代、という暗いものである。私もその例外ではないが、本書では、アジア史や世界史の文脈における巨大な変動のなかに、日本の中・近世移行期を位置づけることによって、近世社会の獲得したもの、達成した水準についても、注意をおこたらなかったつもりである。

本書がはたして、冒頭に記したような「一六世紀から一七世紀前半にかけての、日本列島および周辺地域・海域の歴史」と呼ぶにふさわしい叙述となりえているかどうか、賢明なる読者諸兄の御判断にゆだねるほかはない。

最後になったが、私のヨタ話に何度も忍耐づよく耳を傾けて、少しずつ本書がかたちをなすのに力を貸してくださった、筑摩書房の湯原法史氏には、心よりの感謝をささげたい。また手塩にかけた企画の一冊が、このようなかたちに変身することを快く認めてくださった、朝日新聞社出版局の廣田一氏にも、ひとことお礼を述べたい。

一九九七年七月二一日

文庫版あとがき

一五年前に「ちくま新書」から出した旧著が、装いをあらたに文庫版で再登場することとなった。新書版自体が一九九五年刊の「週刊朝日百科日本の歴史別冊・環日本海と環シナ海」をベースにしたものだったから、三度目のお目見得ということになる。新書版は、「列島史から世界史へ」という副題のとおり、かなり勢いこんで書いた本だったが、重刷の知らせに接することもなく埋もれかけていた。それだけに、今回入手しやすいかたちで出版していただけることは、著者として喜びに堪えない。

しかし一五年も間を経て出すからには、何らかの付加価値がなくては申しわけない。そこでいくつかの化粧直しを施すことにした。

第一に、付章として「島津史料からみた泗川の戦い」を増補した。島津氏という大大名ですら、近世への移行期というきびしい時代を耐えきるのは並大抵でなかったことを、具体的な事例にそって叙述しており、学術雑誌に掲載された論文とはいえ文体も軟らかめなので、本書に収めてもそれほど違和感はないだろう。よりわかりやすくするため、史料の現代語訳をいくつか追加した。

なお、付章の初出論文は、一九九八年一一月二〇日に泗川文化院・対外関係史研究会（日本）・慶尚大学校南冥学研究所の主催により、韓国慶尚南道泗川市の泗川プラザホテルで開かれたシンポジウム「泗川の歴史と壬辰倭乱」において口頭で発表し、翌九九年三月刊の『南冥学研究』（慶尚大学校南冥学研究所）第八輯に韓国語で掲載された論文「島津史料からみた泗川戦闘」（張源哲氏訳）の日本語原文に、多少の手を加えて、『歴史学研究』七三六号（二〇〇〇年五月）に発表したものである。

第二に、図版を大きくし、かつ相当数ふやした。図版中心の出版物だった最初の「週刊朝日百科」にかなり戻った感があるが、近年撮影した写真なども加えて、歴史の現場に立つ臨場感を高めるよう気を配った。本書で言及した各地には、南米のポトシをのぞいてすべて訪れたことがあり、その体験を踏まえた歴史ルポルタージュという色あいをもたせるべく、努力したつもりである。

第三に、通読の便のためルビを大幅にふやし、史料の引用形式をよりわかりやすくあらため、引用史料はできるだけ原典にあたって誤脱を正した。

いっぽう、この一五年間の研究により、すでに古くなってしまった解釈や記述については、全面的な改稿は困難であり、また復刊の趣旨にも沿わないので、原則として手をつけなかった。ただ、「勘合」の形状については、新書版には田中健夫説に従った解説図を掲げていたが、本書の解説の労をとられた橋本雄氏らの研究で一新されている。そこで橋本氏にその成果を集約した図をあらたに作成してもらい、掲げることとした（二五頁）。また、「郷紳」の定義が不正確だったので修正した（三四頁）。さらに、一二三頁のクルス『中国誌』からの引用は、新書版では岡本良知『十六世紀日欧交通史の研究』（弘文荘、一九三六年）一一四頁にある要約的記述を村井がリライトしたものだったので、本書では講談社学術文庫版『クルス「中国誌」――ポルトガル宣教師が見た大明帝国』（日埜博司訳、二〇〇二年）第23章からの引用にさしかえた。

以下、近年の研究で塗りかえられた諸点のうち、主要なものについて簡単にコメントしておきたい。

（1）「夷千島王使」と安藤氏を関連づける解釈に対しては、長節子氏から詳細な批判があり、対馬宗氏による偽使説が唱えられて、現在有力になりつつある（『中世国境海域の倭と朝鮮』〈吉川弘文館、二〇〇二年〉第二「偽使の朝鮮通交」）。しかし安藤氏の関与ぬきに宗氏が本文に述べたような地理認識を得たとは考えがたく、長氏のような「対馬一元説」にはなお納得のいかないものを感じる。（本書四三頁）

(2)十三湊の発掘調査はその後精力的に進められ、街村集落北寄りの前潟湖岸から船着き施設が発見されるなど、本文で予想した方向での復元が進んでいる。(本書四六頁)

(3)一五五〇年のアイヌ両首長・蠣崎季広間の協定については、大石直正『中世北方の政治と社会』(校倉書房、二〇一〇年)第十五章「帆を下げる」が、新しい解釈を提示している。(本書五八頁)

(4)琉球の薩摩への従属化が時期を降るほど進むという歴史認識に対しては、島津史料の言説に眩惑された見方だとする批判が黒嶋敏氏によってなされ(「琉球王国と中世日本―その関係の変遷」『史学雑誌』一〇九編一一号、二〇〇〇年)、これを承けて筆者は、島津権力の分裂・弱体が目だった戦国期に、琉球が島津本宗家をもふくむ南九州の諸領主勢力を主従制のもとに置こうと試みていたことを指摘した(「古琉球をめぐる冊封関係と海域交流」村井章介・三谷博編『琉球からみた世界史』山川出版社、二〇一一年)。(本書九〇・一〇九頁)

(5)「鉄砲伝来の実像」については、新書版刊行後諸説が発表され、ポルトガル人の到達地点はどこか、伝来の年代は一五四二年か四三年か、『鉄炮記』に登場する「大明儒生五峯」はあの王直か、一五四二年以前にポルトガル人とは無関係にアジア域内での伝来があったのか、等をめぐって熱い議論が交わされている。私の考えはとりあえず

「鉄砲はいつ、だれが、どこに伝えたか」(『歴史学研究』七八五号、二〇〇四年)にまとめておいたが、その後も、伊川健二『大航海時代の東アジア――日欧通交の歴史的前提』(吉川弘文館、二〇〇七年)、的場節子『ジパングと日本――日欧の遭遇』(吉川弘文館、二〇〇七年)、中島楽章「ポルトガル人日本初来航再論」(『史淵』一四六輯、二〇〇九年)などで、多様な見解が示されている。(本書一三三頁)

(6)石見銀山は二〇〇七年六月、世界文化遺産に登録された。(本書一六六頁)

ふりかえってみると、本書で私がもっとも書きたかった部分は、第6章末尾の「荒海に揺れる木の葉――秀吉と波多三河守」だったような気がする。秀吉が天下人にのしあがっていった一六世紀末は、社会層の上下や如何を問わず、明日のわが身がどうなっているかさえ見当のつかないきびしい時代だった。島津氏が生命を永らえて明治維新にも大きな役割を果したのと対照的に、九州で島津と覇を競った大友氏には、御家とりつぶしという苛酷な運命が待っていた。しかし両者を分けたのは紙一重の差だったともいえる。それどころか、大渦をひきおこした張本人の秀吉でさえ、世界征服の野望はおろか、豊臣家の存続さえ保障することができなかったのである。

そんな時代の荒波にもろに洗われ、わずかな時間に天国と地獄を体験し、それを数通の手紙に切々と書き残したひとりの地方領主がいた。それが波多三河守親である。私は若いころ、それらの手紙をふくむ「有浦文書」を一冊の本にまとめる仕事を、故福田以久生氏と共同で手がけた（『肥前松浦党有浦文書』清文堂出版、一九八二年。『改訂松浦党有浦文書』同、二〇〇一年）。そこで出会った希有な人生をぜひ紹介してみたい。そう考えて、「週刊朝日百科」でとりあげることにした。

　その取材旅行で佐賀県北波多村（当時）の波多城、古唐津窯跡、岸岳城など、波多氏ゆかりの地を訪れて、三河守の怨念が現代にまで生きていることを知った。村内に点在する中世の石塔や塚が「岸岳末孫《ばつそん》」と呼ばれ、祟りを怖れて手つかずのまま残されている（「岸岳末孫」のなかには三河守の生きた時代よりも古い年代と思われるものも多い）。さらに驚いたことに、三河守を祀る法安寺が一九二三年に創建され、七〇周年の一九九三年には三河守の巨像まで建立された。三河守の苛酷な運命は、民俗のなかにたしかに語り継がれていたのである。

　一九四九年生まれの私が生きてきた六〇年余は、日本史のなかでまれにみる戦争《いくさ》なき時代だった。右肩上がりの経済成長に支えられて、未来は予測可能な範囲におさまり、人生設計を立てることも容易に見えた。ところがここ数年というもの、そうした前提の多くが崩れさりつつある。新しい未来を拓くかに見えたユーロ圏の拡大やオバマ米大統領の改革政策は、急速に色あせてしまった。いっとき「政権交代」に沸いた日本も、たしかな見通しを示せる政治勢力がひとつもないままに、短期政権があいつぎ権威は失墜するいっぽうという惨状である。そして、それを追い撃ちするかのように、大地震、大津波そして最悪レベルの原発事故という三重苦がのしかかる。

現在私たちは、一六～一七世紀の社会変動にも似た激動の入口に立っているのかもしれない。過ぎ去った時代を生きた人びとや諸勢力が、荒波にもまれつつどうあがいたのかを知ることは、そこから今すぐ役立つ指針を得ることはむずかしいとしても、乱世を生きることへの共感と共同体験をもたらしてくれるかもしれない。

村井章介

二〇一二年二月

参考文献

〔第1章〕（および本書全体について）

木宮泰彦『日華文化交流史』冨山房　一九五五年
中村栄孝『日鮮関係史の研究　上・中・下』吉川弘文館　一九六五・一九六九年
小葉田淳『中世日支通交貿易史の研究』刀江書院　一九六九年
田中健夫『中世対外関係史』東京大学出版会　一九七五年
西嶋定生『日本歴史の国際環境』東京大学出版会　一九八五年
佐久間重男『日明関係史の研究』吉川弘文館　一九九二年
荒野泰典・石井正敏・村井章介編『アジアのなかの日本史　Ⅰ～Ⅵ』東京大学出版会　一九九二～一九九三年
濱下武志『朝貢システムと近代アジア』岩波書店　一九九七年
大隅和雄・村井章介編『中世後期における東アジアの国際関係』山川出版社　一九九七年
濱下武志・辛島昇編『地域史とは何か』〈地域の世界史1〉山川出版社　一九七七年
村井章介『国境を超えて　東アジア海域世界の中世』校倉書房　一九九七年

〔第2章〕
海保嶺夫『日本北方史の論理』雄山閣　一九七四年
同　『中世の蝦夷地』吉川弘文館　一九八七年
北海道・東北史研究会編『北からの日本史』〈函館シンポジウム〉三省堂　一九八八年
菊池徹夫・福田豊彦編『北の中世　津軽・北海道』〈よみがえる中世4〉平凡社　一九八九年
網野善彦編『日本海と北国文化』〈海と列島文化1〉小学館　一九九〇年
北海道・東北史研究会編『北からの日本史第2集』〈弘前シンポジウム〉三省堂　一九九〇年
羽下徳彦編『北日本中世史の研究』吉川弘文館　一九九〇年
浪川健治『近世日本と北方社会』三省堂　一九九二年
北海道・東北史研究会編『海峡をつなぐ日本史』〈上ノ国シンポジウム〉三省堂　一九九三年
国立歴史民俗博物館編『中世都市十三湊と安藤氏』新人物往来社　一九九四年
菊池勇夫『アイヌ民族と日本人　東アジアのなかの蝦夷地』朝日選書　一九九四年
小口雅史編『津軽安藤氏と北方世界』〈藤崎シンポジウム　北の中世を考える〉河出書房新社　一九九五年

〔第3章〕
伊波普猷『古琉球の政治』東京堂書店　一九二二年（全集第1巻　平凡社）
東恩納寛淳『黎明期の海外交通史』帝国教育会出版部　一九四一年（全集第3巻　第一書房）

小葉田淳『中世南島通交貿易史の研究』刀江書院　一九六八年
高良倉吉『琉球の時代　大いなる歴史像を求めて』筑摩書房　一九八〇年（新版　ひるぎ社　一九八九年）
窪徳忠『中国文化と南島』第一書房　一九八一年
高良倉吉『琉球王国の構造』吉川弘文館　一九八七年
同　『琉球王国史の課題』ひるぎ社　一九八九年
紙屋敦之『幕藩制国家の琉球支配』校倉書房　一九九〇年
琉球新報社編『新琉球史　古琉球編』琉球新報社　一九九一年
村井章介『東アジア往還　漢詩と外交』朝日新聞社　一九九五年
斯波義信『華僑』岩波新書　一九九五年

〔第4章〕

岡本良知『十六世紀日欧交通史の研究』弘文荘　一九三六年（増訂版　六甲書房　一九四二年）
幸田成友『日欧交通史』岩波書店　一九四二年
李献璋「嘉靖年間における浙海の私商及び船主王直行蹟考」（『史学』34巻1・2号）一九六一年
田中健夫『倭寇　海の歴史』教育社歴史新書　一九八二年
種子島開発総合センター編『鉄砲伝来前後　種子島をめぐる技術と文化』有斐閣　一九八六年
外山幹夫『松浦氏と平戸貿易』国書刊行会　一九八七年

岸野久『西欧人の日本発見　ザビエル来日前日本情報の研究』吉川弘文館　一九八九年
五野井隆史『日本キリスト教史』吉川弘文館　一九九〇年
染田秀藤『ラス・カサス伝　新世界征服の審問者』岩波書店　一九九〇年
洞富雄『鉄砲　伝来とその影響』思文閣出版　一九九一年
安野真幸『港市論　平戸・長崎・横瀬浦』日本エディタースクール出版部　一九九二年
宇田川武久『東アジア兵器交流史の研究　十五〜十七世紀における兵器の受容と伝播』吉川弘文館　一九九三年
高瀬弘一郎『キリシタンの世紀』岩波書店　一九九三年
J＝パーカー（大久保桂子訳）『長篠合戦の世界史　ヨーロッパ軍事革命の衝撃一五〇〇〜一八〇〇年』同文館　一九九五年
村井章介「鉄砲伝来再考」（『東方学会五十周年記念論文集』東方学会）一九九七年

〔第5章〕
藤田豊八『東西交渉史の研究　南海編』岡書院　一九三二年
小葉田淳『金銀貿易史の研究』法政大学出版局　一九七六年
村井章介「中世倭人と日本銀」（竹内・村井・川勝・清水・高谷著『日本史を海から洗う』南風社）一九九六年

〔第6章〕

朝尾直弘『鎖国』〈日本の歴史 14〉小学館 一九七五年
『講座日本技術の社会史 1〜6』日本評論社 一九八三年
藤木久志『豊臣平和令と戦国社会』東京大学出版会 一九八五年
荒野泰典『近世日本と東アジア』東京大学出版会 一九八八年
R＝トビ（速水・永積・川勝訳）『近世日本の国家形成と外交』創文社 一九九〇年
加藤榮一『幕藩制国家の形成と外国貿易』校倉書房 一九九三年
村井章介『中世倭人伝』岩波新書 一九九三年
閔徳基『前近代東アジアのなかの韓日関係』早稲田大学出版部 一九九四年
松浦茂『清の太祖ヌルハチ』白帝社 一九九五年
岩井茂樹「英雄ヌルハチ」（村井章介編『歴史を読みなおす14・環日本海と環シナ海』朝日新聞社）一九九五年
中村質編『鎖国と国際関係』吉川弘文館 一九九七年

解説　日本史と世界史とをどうつなげるか――現在的課題への処方箋

橋本　雄

はじめに

本書の著者・村井章介氏（以下「著者」と記す）は、東京大学史料編纂所に一七年間勤めた後、同大学文学部・人文社会系研究科で二〇年来教鞭をとってこられた日本史研究者である。約四〇年のあいだ、著者が中世史研究のみならず、日本の歴史学界を牽引しつづけてきたことは、衆目の一致して認めるところであろう。

著者の学問領域等については、ご自身がまだ現役だということもあり、ここで詳しく書くことは避けたい。ただかいつまんで述べておくと、そのカヴァーする領域は、国家や王権、幕府や在地社会、法や経済、あるいは古文書学・史料学といった、いわゆる戦後歴史学のメインストリームにとどまらない。それまでどちらかといえばマイナーであった「対外関係史」という視角を積極的に用いて、日本中世史を文字通り塗り替えてきたといえる。「網野史学」のような派手さはないが、堅実かつダイナミックな学風で多くの者を惹き付けてきたし、「境界」論や国際意識論、港町研究など、著者の学説が歴史学界全体に与えた影響は計り知れない。そして、対外関係史そのものの研究が深まっただけでなく、対外関係史を抜きにして日本史を語ることはもはや不可能、という状況を作りだしたことも特筆に値するだろう。

隠しだてするのもおかしいので最初に打ち明けておくが、解説子は著者の教え子である。著者や読者の期待にどれだけ応えられるか不安でもあるが、以下、できるかぎり冷静かつ冷徹に、本書の紹介と批評とを綴ってみたい。

著者の歴史学の特徴

視野の広さと緻密さとを兼ね備えるところが著者の学問の最大の魅力だが、その特徴を強いて三つ挙げるとすれば、次のようになるだろう。第一に確かな史料解釈とそれに裏付けられた緻密な考証、第二にスケールの大きな歴史像の提示、第三に徹底した現場主義、である。

著者の正確な史料の読解に裏付けられた歴史叙述は、実に淡々としていて、とくに近年の論文に見られる犀利な筆致には、むしろ背筋が寒くなるほどだ（「鉄炮伝来再考」〈『東方学会創立五十周年記念　東方学論集』同学会、一九九七年〉・「倭寇とはだれか」〈『東方学』一一九号、二〇一〇年〉など）。そして、著者の歴史叙述に活かされる史料はどれも良質で、そのテーマを語る上で不可欠なものばかりである。それゆえに、一般書としては珍しいほどの史料引用の多さも、読者を飽きさせることがない。史料をして事実を語らしめる実証研究の粋を感得することができよう。

また、史料に篤実な著者の〝語り〟が、いつの間にか歴史の大枠の流れをつけかえていることに、われわれはしばしば気づき驚かされる。しかも、歴史の大局を論じるからといって、浮き足だった概念を濫用するようなことは一切ない。仮に何らかの新しい概念を提示するにしても、奇をてらった言葉を振りかざすことはなく、「国境をまたぐ地域」や「環シナ海地域」、「環日本海地域」(以上、著者『アジアのなかの中世日本』〈校倉書房、一九八八年〉参照)、「マージナル・マン」(著者『中世倭人伝』〈岩波新書、一九九三年〉参照)などのように、あくまでも自然で平明な言葉を持ってくるのが常である。だから、専門家でなくとも瞬時にその概要を理解できるし、中学や高校の教育現場などでもすぐに応用が利くのだろう。

そして、歴史の現場を訪れたうえで史料を読んでいるから、分析や解釈には臨場感があふれている。「村井ゼミ」では、凍てつく出雲路や雪の石見銀山、灼熱の太陽光線下の沖縄グスク群、雨後のぬかるんだ春日山城など、徹底的に歩かされた記憶があるが、これも、われわれ後学たちに歴史を具体的につかむ姿勢を身につけさせる訓練だったのだろう。出不精の解説子も、著者を含む共同研究などにおいて、韓国南岸地域や中国寧波周辺など、海外の史跡・港町めぐりを幾度もご一緒させていただいた。本書の後半（第4～6章）には、こうした著者自身の経験が惜しみなく注ぎ込まれている。

このように、本書には、以上のごとき著者の学問的姿勢が、おそらくもっとも凝縮されて詰まっていると言えるだろう。

本書の魅力——画期性と重要性

元版（ちくま新書版）のタイトル『海から見た戦国日本——列島史から世界史へ』によく示されているように、本書は「海」つまり海域交流の側から日本列島の「戦国」時代史を見つめ直し、「列島史」という枠組みを超えて「世界史」を展望しようとしたものである。あるいは、「世界史」のなかに日本の「戦国」史を有機的に組み込もうとする試み、と言い換えても良いだろう。それゆえ本書では、群雄が割拠して天下取りのために合従連衡を繰り広げる、といった一般的な戦国時代像とは一線を画し、列島内外の交流のなかから「近世国家」が登場してくる必然性を解明しようとしている。

だからというべきか、そのためにというべきか、本書が世界史の分岐点ともいうべき一六世紀（および一七世紀前半）に焦点をあてていることは実に重要である。「ひろい眼で見れば、この時代は、人類史上はじめて世界史と呼べるような地球規模の連関が、端緒的に生まれた時代だった」からだ（本書第1章・一二頁）。歴史教育における世界史と日本史との融合が懸命に模索されている昨今、これほど時宜を得た学問的成果もないだろう。

本書を通読すればすぐに分かることだが、日本列島を取り巻く東アジア・東南アジアの一六・一七世紀は、おおよそ以下のような流れで説明できる。――それ以前の明朝を中心とする国際秩序（明初の朝貢体制）が徐々に崩壊し（一五一〇年三浦の乱、一五一一年マラッカ王国陥落、一五二三年寧波の乱、一五五〇年代の嘉靖大倭寇などの諸事件を参照）、後期倭寇の簇生《そうせい》やヨーロッパ勢力の東漸といった混沌状態――これを近世史家・荒野泰典氏の造語を借りて〈倭寇的状況〉と呼ぶ――を経験してから、一七世紀後半以降の相対的安定に向かう、というものである（最近の著者稿「「東アジア」と近世日本」〈歴史学研究会・日本史研究会編『日本史講座5　近世の形成』東京大学出版会、二〇〇四年〉も参照のこと）。

ところで、「あとがき」にも書かれているように、著者は一九八八年に第一論文集『アジアのなかの中世日本』（校倉書房）を刊行した時点では、「一六世紀史を列島と外の世界との交通が衰退する時期という、あやまった見方でみていた」（二八〇頁）。その謬見を是正するのに一役買ったのが、盟友ともいうべき荒野泰典氏との一九九〇年における対談、とりわけ次のような荒野氏の村井同著への評言であったことは疑いない。

一六世紀から一七世紀にかけて、特に環シナ海の地域は未曾有の活況を示すのであって、行き詰まったのは、国家が掌握している関係ですね。むしろそれが行き詰まること自体が、一六世紀の地域の活況の結果だとぼく（荒野氏）は思っていて、一六世紀後半に成立してくる国家群というのは、この地域の活況をふまえて、それを自分の側に取り込むことによって、ようやく国家を形成し得たという関係にあると思えるので、その辺に若干、問題点を感じます。一六世紀のきちんとした研究が、ぼく自身もそうですが、今後の課題かなと思います（対談「前近代の対外関係史研究をめぐって」、歴史科学協議会編『新しい中世史像の展開』山川出版社、一九九四年、一二一～一二三頁。初出は『歴史評論』四八〇号、一九九〇年）。

著者はその後、三年のうちに一五・一六世紀の日朝関係史を刷新する前掲『中世倭人伝』（一九九三年）を書き上げ、さらに翌々年には本書の元となる『週刊朝日百科日本の歴史別冊　環日本海と環シナ海』（一九九五年）を上梓している。つまり、先の荒野氏の指摘を受けてからわずか四、五年のうちに、著者はまったく新しい一六世紀対外関係史像を築きあげたのである。さきの発言の荒野氏（「日本型華夷秩序の形成」〈朝尾直弘ほか編『日本の社会史1　列島内外の交通と国家』岩波書店、一九八七年〉）や中国史家の岩井茂樹氏（「一六・一七世紀の中国辺境社会」〈小野和子編『明末清初の社会と文化』京都大学人文科学研究所、一九九六年〉など）、さらに古くは日明関係史の大先達・佐久間重男氏（『日明関係史の研究』吉川弘文館、一九九二年）らの研究が基礎になっているとはいえ、一六世紀の環シナ海地域史の新たなスタンダードがかくもすばやく誕生したことに、あらためて驚嘆せざるをえない。

なお、私事にわたり恐縮だが、解説子はある共同研究のプロジェクトで「一六世紀」という約百年間の東アジア海域史を叙述する試みに参加したことがある（東京大学出版会より近刊予定）。だが、細かな事実関係や素材の多寡、いくつかの概念規定はともかく、大枠の史的展開は本書や岸本美緒氏の論文（『岩波講座世界歴史13　東アジア・東南アジア伝統社会の形成』〈岩波書店、一九九八年〉巻頭総論）を突破できなかった。そして、最近、さる高校世界史教科書の執筆・編集に小生も携わることになったのだが、本書の記述や視点は大いに役に立った。その点でも、本書の重要性や画期性を深く嚙みしめた次第である。

「世界システム論」を鍛えなおす

本書第1章は、ウォーラーステインの世界システム論（あるいは「世界＝経済」の成立論）から説き起こしている。著者は、その史観に一定の評価を与えつつも、独自に「アジアの世界システム」を解明していく必要性を訴える。ウォーラーステインの世界システム論が、いかに（それなりに？）的を射ていようとも、アジアに関する事実誤認や軽視は覆い隠しようがないからである（J・L・アブー＝ルゴド『ヨーロッパ覇権以前――もうひとつの世界システム』上・下〈佐藤次高ほか訳、岩波書店、二〇〇一年〉、羽田正『新しい世界史へ

——地球市民のための構想』〈岩波新書、二〇一一年〉なども参照）。加えて、現段階では過度に抽象的な議論よりも、具体的な史実を踏まえ、中世から近世、そして近代への変転を見据えていくことが重要と思われる。そのケース・スタディとしても、本書は非常に有用だと考える。

本書の後段（第5章）で本格的に扱われる世界史上の銀の問題も、岸本美緒氏の東アジア「近世」論（『東アジアの「近世」』〈世界史リブレット、山川出版社、一九九八年〉）が正面から取りあげ、カリフォルニア学派のデニス＝フリン氏が一六世紀を「銀の世紀」と呼んだことなどから（フリン『グローバル化と銀』〈秋田茂・西村雄志編、山川出版社、二〇一〇年〉参照）、近年とみに注目を集めている。ただ、とりわけ後者のフリン著書において日本銀への論究は手薄であり、欧米のグローバル経済史研究の分野においても、本書はもっと参照されるべきであろう。そうした意味でも、本書は早急に英訳される必要があるように思う。

境界領域の実態をとらえる

第2章「蝦夷地と和人地」は、本書ではめずらしく、〈環日本海地域〉の実相に迫った部分である。北奥の十三湊《とさみなと》や道南の函館地域を軸に、北方世界と中世日本とのさかんな交易・交流をえがく。勝山館の発掘成果などが盛り込まれており、考古学との接点をさぐる試みとしても興味深い。とくに、和人とアイヌとを単に対立的に描く〝松前史観〟(あるいは〝『新羅之記録』史観〟)と決別したことは改めて注目すべきであろう。

第3章「古琉球の終焉」では、一転して南の琉球王国に視点を移し、古琉球が近世初期に薩摩島津氏によって従属させられるまでの過程を見通す。尚真王・久米村・『歴代宝案』・辞令書・五山系禅僧といったキイワードで、手際よく琉球王国の一五・一六世紀史がまとめられている。最後の禅僧論は、著者のオリジナルな研究を直接に下敷きにしたものだ(著者『東アジア往還』〈朝日新聞社、一九九五年〉第五章)。また、本章の随所で、朝鮮人漂流民の供述(漂流・送還過程の体験談)が効果的に引かれているのも、「朝鮮王朝実録を読む会」三五年継続(!)の面目躍如といえよう。

第4章「ヨーロッパの登場とアジア海域世界」・第5章「日本銀と倭人ネットワーク」は、巻末の文献リストを見ても分かるように、著者自身のオリジナルな研究がほとんど基礎になっている(前掲著者稿「鉄炮伝来再考」・同「中世倭人と日本銀」〈竹内実ほか『日本史を海から洗う』南風社、一九九六年〉)。本書の白眉と見て間違いなかろう。両章において示された新知見は多数あるが、①鉄炮伝来の年次の見直し(一五四三年でなく一五四二年への変更)、②鉄炮伝来時のジャンク船の「大明儒生五峯」を後期倭寇王直と完璧に比定した考証、③銀の精錬技術「灰吹法」の伝播を実現させた〈ソウル商人―朝鮮地方官僚―倭人〉の人的連鎖の発見、④遼東地域にまで延伸していた銀の交易ネットワーク(〈倭人―倭通事

—ソウル商人—中国北京に向かう通事〉のつながり）の解明、などはとくに注目されよう。

最後の第6章「統一権力登場の世界史的意味」では、豊臣秀吉政権や女真族ヌルハチ権力に注目し、比較史とも関係史ともいうべき史論が展開される。明清交替（当時の言葉で「華夷変態」）を、「秀吉の蒔いた種を清が刈り取った」もの（二二二頁）と述べるのは、けだし至言である。著者はまた、一六・一七世紀（中・近世移行期）東アジアの特徴として、「中国中心部にとっての辺境地域から、高度に組織された軍事力に支えられたあらたな国家権力が出現したこと」（二二三頁）を挙げるが、それを単なる政治史理解には終わらせない。この変化は、「生産力の拡大にともなう経済変動に支えられた、根っこからの動き」（同頁）でもあったからである。とりわけ、豊臣政権の朝鮮侵略戦争を契機につくりあげられた軍需物資の全国的流通システムは、そのまま近世幕藩制国家を支える基盤となった。著者が明らかにしようとした、「近世社会の獲得したもの、達成した水準」（元版「あとがき」、二八二頁）の顕著な一例ということができよう。

ところで、本章の主人公の一人に、肥前国上松浦の波多三河守親《ちかし》がいる。彼の人生が秀吉政権の動向によって浮沈するさまが描かれ、個人にとっての朝鮮侵略は何だったのかという問題意識に誘われる。波多親は中小領主というべき存在だが、この時期、本書元版では正面から論じられなかった朝鮮侵略戦争のなかで、多くの雑兵たちも人生を狂わされた（李舜臣『乱中日記——壬辰倭乱の記録』全三冊〈北島万次訳注、平凡社東洋文庫、二〇〇〇～二〇〇一年）、藤木久志『新版・雑兵たちの戦場――中世の傭兵と奴隷狩り』（朝日選書、二〇〇五年）参照）。そうした課題への著者なりのアプローチが、今回あらたに増補された、「島津史料からみた泗川の戦い」（初出二〇〇〇年）であろう。侵略戦争そのものや当時の島津軍団の実相に、兵士たちの従軍記録を用いて迫るという異色の論文だ。通常ならあまりに主観的だとして敬遠されがちな史料から、いったい何を読み取りうるのか。メディア論一般としても非常に興味深い。

本書への批判・異見・意見の数々

以上、感想を交えつつ本書の内容に触れてきたが、本書刊行後の研究により、異論や疑問が出された箇所も少なくない。以下、主なものを列挙し、コメントを付すことにしよう。

①夷千島王遐叉の正体はだれか

一四八二年に朝鮮王朝に通交して大蔵経を求請した、夷千島王《えぞがちしまおう》遐《か》叉《しゃ》名義の通交主体を安藤氏とする説（第二章・四三頁）への批判。この使者の素性に関しては、対馬人が仕立てた偽使であったと見なす長節子氏の詳密な異論・反駁がある（長『中世 国境海域の倭と朝鮮』（吉川弘文館、二〇〇二年）第二部）。この長説（夷千島王＝偽使説）を支持する最近の北方史の概説としては、大石直正「北の周縁、列島東北部の興起」（大石ほか『周縁から見た中世日本』（日本の歴史14、講談社学術文庫、二〇〇九年）一〇七～一〇九頁）、菊池勇夫「蝦夷島と北方世界」（同編

『日本の時代史19　蝦夷島と北方世界』〈吉川弘文館、二〇〇三年〉四五頁）がある。他ならぬ解説子も、実は同様の偽使説（安藤氏非関与説）に立つ（拙著『中世日本の国際関係――東アジア通交圏と偽使問題』〈吉川弘文館、二〇〇五年〉第四章など）。ただし、使者が進物として昆布を携行したり、北方の知識をまがりなりにも持っていたことから見て、函館から博多に至る活発な日本海交易が存在していた点は間違いない。あるいは安藤氏と対馬宗氏との接触もあったかもしれないが（著者稿「見直される境界空間」〈『根津美術館紀要　此君《しくん》』三号、二〇一一年〉七三頁頭注9参照）、卑見では、それをこの夷千島王使節の通交と直接関わらせる必要はないように思う。

②琉球王国の最盛期はいつか

一六世紀前期を中心とする第二尚氏王朝の尚真王代を「琉球王国の最盛期」と見なすこと（第三章・八一頁）への疑問。確かに、尚真王代には、版図の拡大や家臣の集住・官僚化政策がいちじるしく進んだ様子がうかがえる。しかしながら、近年、明代中国史・琉球史家の岡本弘道氏により統計的に解明された琉球王国の朝貢貿易の実数は、これに根底から疑問を投げかける。すなわち、琉球の明への朝貢貿易の頻度は一五世紀前半（洪武帝～永楽帝時代）が最盛期だったというのである（岡本『琉球王国海上交渉史研究』〈榕樹書林、二〇一〇年〉第一章参照）。ただその一方で、琉球の貿易船隻の物理的大きさに着目すると、朝貢頻度の下がる一五世紀後半期に、従前の倍の大きさの船が使用されるようになるのだともいう（前掲岡本書第四章参照)。その理由について岡本氏は詳述を避けているが、朝貢頻度の縮減を積載量でカヴァーしようという琉球側の企図に出たものであることは間違いない。また、これと関連して、大田由紀夫氏によって近年指摘されている、一四八〇年代ころの東アジア海域全般での物流の拡大、という現象も考慮に入れると(大田「渡来銭と中世の経済」〈荒野泰典ほか編『日本の対外関係4 倭寇と「日本国王」』吉川弘文館、二〇一〇年〉一七五頁以下参照)、むしろ一五世紀後半期の船隻の巨大化は、隣国間の民間交易の拡大がもたらした可能性もあるのではないか。少なくとも、貿易や流通という面から考えると、従来通りに尚真王代を古琉球の最盛期と見ることには、現在、相当な留保が必要というべきであろう。

なお、やや脇道に逸れるが、先の岡本氏は、一五二〇年代になると、琉球船の規模がまた半減して「小型化」することを指摘している(前掲岡本書第四章)。その理由が何かは気にかかるが、いまだ定見を見ていない。たとえば、遠く博多の遺跡群や堺の環濠都市遺跡などでは、個別出土銭の枚数が一六世紀前半期にとつぜん減少するといい(櫻木晋一『貨幣考古学序説』〈慶應義塾大学出版会、二〇〇九年〉第四章など参照)、これもまた琉球船の「小型化」とまったく無関係ではないだろう。一五一〇年の三浦の乱や一五二三年の寧波の乱は、思った以上に大きな影響を〈環シナ海地域〉に投げかけていたのだろうか。いずれにせよ、尚真王の「政治」は、こうした海域世界の危機に応じたものであった可能性を想定しておきたい(前掲岡本書二四一頁ならびに同書に対する拙評〈『東洋史研究』七〇巻三号、二〇一一年、八一頁〉も参照）。

③薩琉（日琉）関係のとらえ方

近世初頭の一六一三年、「大明国福建軍門老大人」に対して出された日明勘合貿易復活に関する琉球の外交文書（「与大明福建軍門書」）に関し、この島津氏による外交は、琉球の外交顧問というべき僧録司＝円覚寺住持春蘆祖陽が島津氏の外交ブレインの文之玄昌（南浦玄昌）の弟子であることから生まれた――つまりは文之と春蘆との連繫プレイで生まれた〝カイライ外交〟であった――とした点（第3章・一一四頁）への「批判」。文之―春蘆の連携の有無はともかく、日明貿易の復活を希求する江戸幕府・島津氏の要請通りに琉球が忠実な仲介役を実際に果たしたかどうかは確かに問題であり、この点は研究史上も議論になってきた。最近、琉球史家の豊見山和行氏が〝仲介否定（非実在）説〟を明確にし、著者村井氏の「見解は推定にすぎず、明確な史料に基づく仲介説にはなっていない」と述べた（豊見山『琉球王国の外交と王権』〈吉川弘文館、二〇〇四年〉第Ⅱ部第二章、引用は一五〇頁）。金地院崇伝（以心崇伝）の『異国日記』に「琉球よりかくの如き書を遣り候事は成らざる由に候」（元和八年六月一二日条）とある通り、琉球王国側は「軍門書」を拒否していたとおぼしいからである（上原兼善『島津氏の琉球侵略――もう一つの慶長の役』〈榕樹書林、二〇〇九年〉二四六頁も参照。ただし、島津氏から琉球王国に対して、「軍門書」の送達がそもそも命じられていなかった可能性もある〈渡辺美季「琉球侵攻と日明関係」『東洋史研究』六八巻三号、二〇

○九年、一一三頁参照〉）。

だが、この「批判」は豊見山氏の勇み足であろう。著者はこのときの「軍門書」が実際に明に送られた（福建に到達した）とは一言も述べていない。外交文書たる「軍門書」がつくられた経緯を問題にしているのみである。著者の意図を勝手に忖度《そんたく》すれば、前章（本書第2章）で旧態依然たる〝松前史観〟を相対化したように、本章のこの部分では、旧来の薩琉関係史観に異を唱えることに主眼が置かれていたのではないだろうか。

従来は、単に琉球と島津とを敵対的に描き、なおかつ島津がつねに琉球の上位にあったとする〝島津史観〟が幅を利かせていた。しかしながら、手前味噌で恐縮だが、一五・一六世紀、琉球王国と交易相手先となった日本の勢力は、室町幕府→細川氏→大内氏→島津氏と変遷・重層化し（拙稿「撰銭令と列島内外の銭貨流通」〈『出土銭貨』九号、一九九八年〉など参照）、さらに微細に見ていくと、一六世紀前中期段階には、島津諸庶家や種子島氏、相良氏など、多種多様な通交主体が琉球側に臣従しつつ通交貿易を繰り広げていた（著者「古琉球をめぐる冊封関係と海域交流」〈村井ほか編『琉球からみた世界史』山川出版社、二〇一一年〉）。つまり、琉球王国が向き合っていたヤマトの勢力は、島津本宗家だけではなかったのである。そして驚くべきことに、琉球側は日本側諸勢力に対し、明確な優位を保つ時期さえあったのだという。著者も指摘するように、その背景に、島津本宗家の統一政策に反発する庶家・諸氏の動きがあったことは間違いない。そして、そうした競合状況のなかで、琉球は自身の国際的地位を高めることに成功したのである。

④鉄炮伝来はいつのことか　鉄炮伝来年次を新たに一五四二年とする結論（第4章・一二八頁以下）に関する批判。周知の通り、通説は鉄炮伝来を一五四三年のことだとする。それが一五四二年のことであったとなると、年代語呂合わせも、「以後、予算増える」でなく「以後、死人増える」に変わってしまう。これは半分冗談だけれども、教科書執筆者や歴史系教員、受験生の立場を考えると、単なる冗談では済まされない。日本史、さらには世界史構成上の一大事である。

本書の立場は明確で、これまで曖昧にされてきた日本側史料（『鉄炮記』・『種子島家譜』）やヨーロッパ側史料（『諸国新旧発見記』・『東洋遍歴記』など）、中国側史料（『籌海図編』・『日本一鑑』）を厳密に突き合わせ、『鉄炮記』中の二度のポルトガル人渡来年次を一年繰り上げることを提案したものだ。すなわち、ポルトガル人初来・再来の年次を一五四三年・四四年でなく、一五四二年・四三年だと結論している。なお、日欧関係史家の清水紘一氏は、『織豊政権とキリシタン――日欧交渉の起源と展開』（岩田書院、二〇〇一年）などで、別の論拠から著者と同じ一五四二年鉄炮伝来説を提起していた。また、銃砲史家の宇田川武久氏は、鉄砲の日本への多元的・波状的な伝播を一貫して主張している（宇田川『東アジア兵器交流史の研究――十五～十七世紀における兵器の受容と伝播』〈吉川弘文館、一九九三年〉など参照）。

では、なぜ著者はこのような史料操作をしたのであろうか。それは、主には『鉄炮記』内の〝矛盾〟を解消するためである。『鉄炮記』には、一五四四年に再来したポルトガル人が銃底の塞ぎ方を伝授し、「歳餘にして」、つまり一五四五年を越えた翌年の一五四六年に、種子島銃が初めて完成したとある。ところが別の箇所を読むと、一五四五年にその種子島銃を持った人間が遣明船に乗り込んだのだという。つまり、種子島銃の自家生産達成に一年のズレが生じているのである。この〝矛盾〟が、長らく研究史上の難題《アポリア》として立ちはだかっていた。そこで著者は、ポルトガルの初来・再来年次を一年繰り上げ、「歳餘」を経た一五四五年に種子島銃が遣明船に持ち込まれたとして、辻褄を合わせたのである。

ところが、本書の一五四二年説に対しては、あいついで批判が出された。中島楽章「ポルトガル人の日本初来航と東アジア海域交易」(『史淵』一四二輯、二〇〇五年)・同「ポルトガル人日本初来航再論」(『史淵』一四六輯、二〇〇九年)や伊川健二『大航海時代の東アジア――日欧通交の歴史的前提』(吉川弘文館、二〇〇七年)第二部第二章、的場節子『ジパングと日本――日欧の遭遇』(吉川弘文館、二〇〇七年)第四章などである。解説子の見るところ、もっとも完成された批判を展開しているのは中島論文と思われる。端的に言えば、氏は、ヨーロッパ側史料(『諸国新旧発見記』に先行する「エスカランテ報告」)に見える一五四二年渡来先を、史料に忠実に、「レキオス」=琉球と解すべきだと主張する。つまり、欧文史料と日文史料との年次を、無理にすりあわせて一致させる必要はなく、それぞれ別のポルトガル人の動きを記したものとして理解すべきだということである。そのため、一五四三年のポルトガル人の種子島到来も「漂着」ではなく、種子島を目指して意図的に来航したものであったと中島氏は評価している。

この問題に関して、解説子は中島説を基本的に支持する。やはり鉄炮伝来は一五四三年の出来事であったという判断である。しかしながら、この一五四三年説を採ったとしても、ポルトガル人の再来は翌四四年となり、「歳餘にして」種子島銃の自家生産が始まるのはその翌々年の一五四六年であることには変わりがない。盤石の論証を示すかのごとき中島論文でも、この「歳餘」文言に基づく『鉄炮記』内の矛盾（種子島銃の自家生産の開始は一五四五年か四六年なのか）という難題は、解消され切ったわけではない。結局、問題はある意味でふりだしに戻ったといえよう。この問題については、当時、種子島で艤装されていた遣明船団の動向をもう一度洗い直すことが不可欠であり、いずれ解説子なりの考えを発表するつもりである（拙稿「天文・弘治年間の遣明船と種子島」〈『九州史学』一七一号、二〇一五年〉）。ともあれ、日本・種子島への鉄炮伝来を一五四三年のこととする旧説は、今なお有力であると言わねばならない。

なお、日本への鉄炮伝来が世界史的問題として重要なことはもちろんだが、日本の銃砲（史料では「鳥銃」などと見える）が東アジア史・世界史に与えた影響も無視することはできない。この点に関しては、前掲宇田川著書（とくに第三編）のほか、久芳崇『東アジアの兵器革命――十六世紀中国に渡った日本の鉄砲』(吉川弘文館、二〇一〇年)が示唆に富む。

⑤イベリア勢力の動向と新史料の続出

第4章で手薄な南蛮貿易やポルトガル人そのものの動向に関しては、最近、岡美穂子氏による労作『商人と宣教師　南蛮貿易の世界』(東京大学出版会、二〇一〇年)が公刊され、ポルトガル商人の多元的な存在形態が具体的に示された。また、斯界の泰斗・高瀬弘一郎氏による『大航海時代の日本――ポルトガル公文書に見る』(八木書店、二〇一一年)や前掲伊川著書『大航海時代の東アジア』などによって、陸続と新たな南欧史料が紹介・分析されつつある。今後さらに、この分野の飛躍が望めよう。なお、本書元版と同時期に刊行された生田滋『大航海時代とモルッカ諸島――ポルトガル、スペイン、テルテナ王国と丁字貿易』(中公新書、一九九八年)も、本書のテーマと密接に関わり、またその守備範囲の外側を補強するためにも、読者には一読をおすすめしたい。

⑥一五・一六世紀転換期をどう評価するか

最後に、望蜀の言というより、単なる無いものねだりになってしまうが、本書では、一五世紀末から一六世紀に至る対外関係の転換過程に関する具体的説明が若干貧弱であるように感ずる(各章にも適宜言及されているが、まとまった記述としては第1章・二七頁を参照)。もちろん、本書が一六世紀をメインテーマとしており、どちらかといえば一七世紀・近世段階への展望を主に掲げているのだから、ある意味で仕方ないのだが、本書で叙述したような〝列島の一六世紀的状況〟がなぜ生まれたのかの説明が、いま少し書き込まれていても良かったのではないか。

これまた手前味噌だが、前掲拙著『中世日本の国際関係』第五章〈原論文は久留島典子ほか編『展望日本歴史11　室町の社会』〈東京堂出版、二〇〇六年〉にも採録〉は、この〝穴〟をいくぶんか埋めた作業だといえよう。室町幕府・将軍家が握っていた外交権——即物的には日明勘合や日朝牙符《がふ》などの通行証明手段——の分散過程を、応仁・文明の乱以降の将軍権力の分裂問題と関わらせ、西日本地域の国家的な通交関係が萎縮していくさまをデッサンしたものである。もっとも、両世紀転換期の北方史・安藤氏論について解説子はまったく手つかずで、ほかならぬ著者が企画編集に加わった『北の環日本海世界——書きかえられる津軽安藤氏』（山川出版社、二〇〇二年）や、長谷川成一ほか編『北方社会史の視座』第一巻（清文堂出版、二〇〇七年）などが、この間の重要な成果として挙げられる。

おわりに

以上のごとき異論や意見は、学問・研究が進めば当然出てくるものであって、むしろそれ自体は歓迎すべきものであろう。またそれゆえにわれわれ後進たちは、今後も引き続き著者の研究に挑戦し続けなければならない。しかしながら、上記の諸点を見ても明らかな通り、その多くは些細な問題であって、本書の全体的叙述が大きく覆されるようなことは今後もないだろう。読者は当分のあいだ、本書に示された〝列島およびその周辺の一六世紀〟の大枠に安心して浸っていることが許されるはずである。

そして前段にも若干述べたように、現在は、世界史教育と日本史教育との不幸な分断状況を何とか解消しようという方向に、学界も教育界も動いている（桃木至朗ほか編『海域アジア史研究入門』〈岩波書店、二〇〇八年〉・髙橋昌明「新科目「歴史基礎」の特徴と具体化に向けて」〈『学術の動向』二〇一一年九月号〉・著者稿「日本史と世界史のはざま」〈『学術の動向』二〇一一年一〇月号〉など参照）。われわれは現在、歴史学や歴史教育を今後どうするのかという、国民的課題に直面しているのである。こうした問題を考える上でも、「列島史から世界史へ」の架橋を果たした本書が大きな指針を与えてくれることは間違いない。本書をいかに読み、何を汲み取り、どう活かしていくか。それは読者＝われわれ国民自身にかかっている課題だとも言えるだろう。

（北海道大学大学院文学研究科准教授）

本書は一九九七年十月二十日、筑摩書房より、ちくま新書『海から見た戦国日本――列島史から世界史へ』として刊行された。

文庫化にあたり、誤字などを訂正し、次の一篇を増補した。

「付章　島津史料からみた泗川の戦い――大名領国の近世化にふれて」（初出『歴史学研究』七三六号、二〇〇〇年五月）

琉球の時代　高良倉吉
いまだ多くの謎に包まれた古琉球王国。成立の秘密や、壮大な交易ルートにより花開いた独特の文化を探り、悲劇と栄光の歴史ドラマに迫る。（与那原恵）

博徒の幕末維新　高橋敏
黒船来航の動乱期、アウトローたちが歴史の表舞台に躍り出てくる。虚実を腑分けし、稗史を歴史の中に位置付けなおした記念碑的労作。（鹿島茂）

朝鮮銀行　多田井喜生
植民地政策のもと設立された朝鮮銀行。その銀行券等の発行により、日本は内地経済破綻を防ぎつつ軍費調達ができた。隠れた実態を描く。（板谷敏彦）

近代日本とアジア　坂野潤治
近代日本外交は、脱亜論とアジア主義の対立構図により描かれてきた。そうした理解が虚像であることを精緻な史料読解で暴いた記念碑的論考。（苅部直）

増補 モスクが語るイスラム史　羽田正
モスクの変容――そこには宗教、政治、経済、美術、人々の生活をはじめ、イスラム世界の全歴史が刻み込まれている。その軌跡を色鮮やかに描き出す。

日本大空襲　原田良次
帝都防衛を担った兵士がひそかに綴った日記。各地の空爆被害、斃れゆく戦友への思い、そして国への疑念……空襲の実像を示す第一級資料。（吉田裕）

餓死《うえじに》した英霊たち　藤原彰
第二次大戦で死没した日本兵の大半は飢餓や栄養失調によるものだった。彼らのあまりに悲惨な最期を詳述し、その責任を問う告発の書。（一ノ瀬俊也）

城と隠物の戦国誌　藤木久志
村に戦争がくる！　そのとき村人たちはどのような対策をとっていたか。命と財産を守るため知恵を結集した戦国時代のサバイバル術に迫る。（千田嘉博）

裏社会の日本史　フィリップ・ポンス　安永愛訳
中世における賤民から現代社会の経済的弱者まで、また江戸の博徒や義賊から近代以降のやくざまで――フランス知識人が描いた貧困と犯罪の裏日本史。

古代の朱　松田壽男

古代の赤色顔料、丹砂。地名から産地を探ると同時に古代史が浮き彫りにされる。標題論考に、「即身佛の秘密」、自叙伝「学問と私」を併録。

横井小楠　松浦玲

欧米近代の外圧に対して、儒学的理想である仁政を基に、内外の政治的状況を考察し、政策を立案し遂行しようとした幕末最大の思想家を描いた名著。

古代の鉄と神々　真弓常忠

弥生時代の稲作にはすでに鉄が使われていた！　原型を遺さないその鉄文化の痕跡を神話・祭祀に求め、古代史の謎を解き明かす。（上垣外憲一）

増補　海洋国家日本の戦後史　宮城大蔵

戦後アジアの巨大な変貌の背後には、開発と経済成長という日本の「非政治」的な戦略があった。海域アジアの戦後史に果たした日本の軌跡をたどる。

日本の外交　添谷芳秀

憲法九条と日米安保条約に根差した戦後外交。それがもたらした国家像の決定的な分裂をどう乗り越えるか。戦後史を読みなおし、その実像と展望を示す。

世界史のなかの戦国日本　村井章介

世界史の文脈の中で日本列島を眺めてみるとそこには意外な発見が！　戦国時代の日本はそうとうにグローバルだった！（橋本雄）

増補　中世日本の内と外　村井章介

国家間の争いなんておかまいなし。中世の東アジア人は海を自由に行き交い生計を立てていた。私たちの「内と外」の認識を歴史からたどる。（榎本渉）

武家文化と同朋衆　村井康彦

足利将軍家に仕え、茶や花、香、室礼等を担ったクリエイター集団「同朋衆」。日本らしさの源流を生んだ彼らの実像をはじめて明らかにする。（橋本雄）

古代史おさらい帖　森浩一

考古学・古代史の重鎮が、「土地」「年代」「人」の基本概念を徹底的に再検証。「古代史」をめぐる諸問題の見取り図がわかる名著。

ちくま学芸文庫

世界史《せかいし》のなかの戦国日本《せんごくにほん》

二〇一二年四月十日　第一刷発行
二〇二一年六月五日　第五刷発行

著　者　村井章介（むらい・しょうすけ）
発行者　喜入冬子
発行所　株式会社　筑摩書房
東京都台東区蔵前二―五―三　〒一一一―八七五五
電話番号　〇三―五六八七―二六〇一（代表）
装幀者　安野光雅
印刷所　三松堂印刷株式会社
製本所　三松堂印刷株式会社

ISBN978-4-480-09444-5 C0121